Hiddensee
das Capri von Pommern

Hiddensee

das Capri von Pommern

Reprint der Auflage von 1924

Ein Reiseführer
und Erinnerungsbuch

Arved Jürgensohn

Artcolor Verlag

Herr Andreas Arendt, Inhaber der Inselbuchhandlung auf Hiddensee, stellte uns das Original freundlicherweise zur Verfügung.

Gesamtherstellung: W. A. S. Media Productions GmbH, Hamm/Westf.
Printed in Germany 1997
ISBN 3- 89261-226-9

Vorwort
zur zweiten Auflage.

Das vorliegende Büchlein über Hiddensee, 1913 zuerst erschienen, etwa 2 Jahre später bereits völlig ausverkauft, ist seitdem beständig verlangt worden. Schon 1916 und dann 1921 wurde eine neue Auflage geplant und vorbereitet, stieß aber auf Schwierigkeiten und wurde daher immer wieder verschoben.

Inzwischen hat sich in Hiddensee sehr viel verändert. Die schöne Insel ist nun auch schon in weiteren Kreisen bekannt. Die Zahl der städtischen Ansiedler auf ihr hat sich stark vermehrt, besonders seit 1919. Auch ist bereits eine ganze Literatur über sie erschienen. Verschiedene Romane haben sie zum Schauplatz ihrer Handlung gemacht. Filmgesellschaften wählten sie öfter für ihre Darstellungen. Als Vogelschutzgebiet spielt sie eine wichtige Rolle und soll die Vogelwarte in Rossitten sogar an Bedeutung übertreffen. Auch für den Segel- und Wassersport erscheint sie wie geschaffen. Diese Dinge waren zu berücksichtigen.

Den Wortlaut des Buches habe ich zum größeren Teil völlig umarbeiten müssen. Der Inhalt ist wesentlich bereichert worden und berücksichtigt die ganze Literatur seit Jahrhunderten bis auf die Gegenwart. Ueber den Fund des berühmten Hiddensee-Goldschmucks, über Goethes Hiddenseeausspruch, über die Klosterkirchen und die Klostergeschichte wird manches Neue gebracht. Neu hinzugekommen sind auch die Kapitel über die Tier- und Pflanzenwelt sowie über das Vogelleben der Insel und den Vogelschutz.

Zu den vielen Abbildungen sollten noch einige Dutzend neue hinzukommen. Leider sind aber die schon vor längerer Zeit angefertigten Druckplatten zum größten Teil durch Oxydation verdorben, sodaß diese Absicht nicht verwirklicht werden konnte.

Nicht unterlassen möchte ich, allen denen hier wärmstens zu danken, die mich durch Auskünfte, Mitteilungen oder sonstige wertvolle Beiträge bei dieser Arbeit unterstützt haben. An dem uralten, seit Jahrhunderten eingebürgerten Inselnamen „Hiddensee“, als dem einzig berechtigten, halte ich nach wie vor fest. Im Schlußkapitel wird das näher begründet.

Da ein Reisehandbuch nicht fortlaufend von A bis Z durchgelesen zu werden pflegt, sondern der Leser nur die ihm wichtigen Abschnitte liest, so sind manche Tatsachen in mehreren Abschnitten wiederholt worden, wenn das wünschenswert erschien. Der Wechsel von größerer und kleinerer Schrift ermöglicht es ferner, die Hauptsachen und die oft nebensächlichen Einzelheiten leichter zu übersehen.

Berlin-Friedenau, den 20. Juni 1924.

Arved Jürgensohn.

Vorwort
der ersten Auflage.

Schon vor hundert Jahren hat das liebliche Eiland Hiddensee schwärmerische Verehrer besessen, die seine Reize in Vers und Prosa verherrlichten. Aber sie waren in Vergessenheit geraten. Hiddensee mußte für unsere Zeiten erst neu entdeckt werden. Auch heute findet es wieder Freunde, die seine Schönheit nicht genug preisen können, selbst wenn sie die Pracht südlicher Landschaften sehr wohl kennen. Die Zahl solcher Verehrer nimmt stetig zu. Doch noch weite Kreise wissen nichts von ihm, kennen kaum seinen Namen. Solchen Kreisen die Schönheit der Insel zu erschließen und sie den alten Freunden durch mancherlei neue Mitteilungen näher zu rücken, ist der Zweck dieses Büchleins. Es will zugleich ein möglichst übersichtlicher und praktischer Führer, aber auch eine Studie sein, die manches Unbekannte ans Licht fördert. Seine Karten ermöglichen einen schnellen Ueberblick, seine Bilder machen es zugleich zu einem kleinen Erinnerungsalbum. Schon etwa vor einem Jahrzehnt war es geplant. Doch erst jetzt, wiederholten Einladungen der Verlagshandlung folgend, habe ich es ausgeführt. Inzwischen sind ja schon ein paar andere Bücher über Hiddensee erschienen, die hier auch erwähnt werden. Doch Form und Inhalt des meinigen weichen wesentlich davon ab.

Nicht unterlassen möchte ich, allen denen warm zu danken, die durch tatsächliche Mitteilungen, durch Mitarbeit an den Karten, durch Ueberlassung von Bildern oder Beschaffung und Darbietung von Büchern und anderem Stoff die Herstellung dieses Werkchens freundlich gefördert haben. Ich kann sie nicht alle einzeln erwähnen, weil ihre Zahl groß ist.

Es gibt ja freilich Menschen, auf die die natürlichen Reize Hiddensees keinen Eindruck machen oder die etwas ganz anderes dort suchen. Etwa so wie jener Berliner meinte: „Venedig, nein, da ist nichts los. Nicht mal ein gutes Glas Bier gibt es da." Oder ähnlich, wie ein weltbekannter französischer Mathematiker, der bei der Vorlesung schöner Verse eines berühmten Dichters zum Schluss meinte: „Mais qu'est-ce que cela prouve?" Andere endlich sehen Hiddensee nur bei Regenwetter und sind dann eins, zwei, drei mit ihrem Urteil fertig. So schrieb eine Dame 1912 in einem Zeitungsaufsatz von der „bis zur Ungenießbarkeit herben Landschaft" Hiddensees, „die etwas Unerbittliches hat und so schwermütig ist, daß die hellste Sonne sie nicht froh machen kann." So etwas stimmt heiter. Von Capri kann man das alles auch sagen, wenn man in der schwarzwolkigen Regenzeit dort ist. Doch hier gilt, was Fr. v. Schönholz 1837 von Rügen überhaupt schrieb: „Gerade dieses Ländchen mit seinen hundertfältigen kleinen sich drängenden Wunderszenen ist am wenigsten geeignet für eine Wanderung in Siebenmeilenstiefeln." Es „will verstanden und empfunden sein. Seine Naturszenen wirken nicht allmächtig, und urplötzlich auf die Phantasie; sie sprechen mit sanften Zungen; erwärmen allmählich, doch um so dauernder, statt auf den ersten Anblick betäubend zu entzücken."

Berlin-Friedenau
und
Hiddensee-Kloster

Arved Jürgensohn.
Im Juli 1913.

1. Bild des Buchdeckels: **Die Lietzenburg in Kloster auf Hiddensee.**

2. **Weidende Kuhherde auf der Wiese bei Kloster auf Hiddensee.**
Gemalt von Oskar Kruse-Lietzenburg.

3. **Der berühmte Hiddenseer Goldschmuck,**
nach der Sturmflut von 1872 in Neuendorf gefunden.

4. **Das Norderende von Vitte auf Hiddensee.**
Gemalt von Oskar Kruse-Lietzenburg.

Inhalts-Verzeichnis.

Die Karten und Ortspläne des Buches.

Nr. 1. Hiddensee und Umgegend (Nord-Rügen) 1 : 275 000 ⎫
Nr. 2. Neuendorf und Plogshagen, 1 : 10 000   ⎪
Nr. 3. Vitte, 1 : 6000   ⎪
Nr. 4. Kloster, 1 : 6000   ⎪
Nr. 5. Grieben, 1 : 6000   ⎬ Als
Nr. 6. Der Dornbusch, 1 : 20 000   Beilage
Nr. 7. Uebersichtskarte der Insel Hiddensee, 1 : 50 000 ⎪
Nr. 8. Stralsund, 1 : 100 000   ⎪
Nr. 9. Hiddensee und Rügen (nebst Stralsund), 1 : 1 000 000 ⎪
Nr. 10. Reisewege nach Stralsund und Hiddensee von Ham- ⎪
       burg – Berlin — Stettin, 1 : 4 000 000   ⎭

—·—❋—·——

1. Reisewege nach der Insel Hiddensee.

(Vgl. Karte Nr. 1 u. 7—10)

Vom Festland aus, also von Berlin, Hamburg, Stettin usw., nach Hiddensee fährt man zunächst mit der Eisenbahn bis Stralsund (Hauptbahnhof) und besteigt dann im Nordhafen einen der Dampfer, die uns im Sommer täglich, vor dem Kriege wars sogar 3 bis 4 Mal am Tage, in angenehmer Fahrt über das hübsche, wenig bewegte Binnenmeer auf die Insel führen. Doch kann man von Rügen aus auch andere Wege wählen, die hier näher aufgeführt werden. (Eisenbahnfahrpreise für 1 km seit dem 1. März 1924: IV. Kl. 3 Pf., III. 4,5; II. 6,6; I. 9,6 Pf. (Früher 2, 3, 4,5 u. 7 Pf.)

*A. Vom Festland aus:

1. Von **Berlin** nach **Stralsund.** Abfahrt v. Stettiner Bhf. (Auch v. d. Berliner Vororten über Berlin durchgehende Fahrkarten und Gepäck=scheine — rechtzeitig vorher bestellt — möglich.) Zwei Fahrwege:

a. Berlin - Stralsund (Haupt-Bhf.) über Neustrelitz-Neubrandenburg (Nordbahn), **225 km** (früher in 3½ bis 4 Std. mit Eilu. Schnellzügen) jetzt wohl etwa 4—5 Std. Mit Personenzügen etwa 7¼ Stdn.

b. Berlin - Stralsund über Angermünde-Pasewalk-Greifswald, **242 km**, in etwa 4¼—4½ Std. mit Schn.-Z. u. 5—7¼ Std. mit Personenzug

Fahrpreise für beide Wege gültig: also, nach der km-Zahl (225) berechnet, ohne Aufrundung auf 10 Pf., in Personen- u. Eil-Zügen: IV. Kl.: 6,75 M.; III. Kl.: 10,10 M.; II. Kl.: 14,85 M. Dazu nötigenfalls Schnellzugszuschläge. Fahrpreis=änderungen nicht ausgeschlossen.

Abfahrt der **Dampfer** in Stralsund v. d. Fährbrücke (Nordhafen) nach Hiddensee im Sommer 3½ Uhr nachm., im Frühling u. Herbst u. Sonntags, früher.

Fahrpreise Stralsund - Hiddensee: (Vergleiche Zeitungs - Anzeigen). Nur I. Klasse (früher 1,60 Mark) in Frage kommend, da II. Kl. (Vorderdeck) mit Güter- und Viehtransporten belastet und gewöhnlich für fremde Reisende nicht zur Verfügung steht. 1924: Fahrpreis I.: 3 Mark.

Mit den Berliner Morgenzügen guter Anschluß an die Dampfer; meist 1½—2 Std. Aufenthalt in Stralsund möglich.

* Bei durchgehenden Fahrkarten Berlin—Hiddensee dafür sorgen, daß das Gepäck auf die richtige Dampferlinie kommt, also entweder nach Vitte-Kloster (Dampfer „Caprivi") oder mit den Praetz'schen Schiffen nach Neuendorf.

2. Von **Hamburg** über Lübeck (63 km)—Rostock (198 km.) nach **Stralsund** (271 km) in gut 5½ Std., jetzt wohl länger, aber auch mit rechtzeitigem Eintreffen bei den Dampfern.

3. Von **Stettin** (od. **Heringsdorf** —**Swinemünde**) über Pasewalk—Greifswald nach **Stralsund** 150 km. (Vom Hauptbhf. in Stralsund zum Dampfer, Fährbrücke, 20 Min.; mit Strbhn. und Droschke weniger.)

Von **Heringsdorf** u. Swinemünde Bad über Ducherow, Anschluß an die Züge nach Stralsund.

4. Von **Greifswald** ging früher 2 Mal wöchentl. auch ein Dampfer über Stralsund nach **Hiddensee**-Kloster. (6¾ Std.) Erkundigung über den jetzigen Zustand ratsam. Bequemer und schneller m. Eisenb. über Stralsund.

B. Von Rügen aus:

Vor dem Kriege vielerlei Fahrgelegenheiten, die noch nicht wiederhergestellt. Man unterrichte sich jedenfalls erst über diese.

1. Von **Bergen** über **Wick** (Wittow), 34 km. m. d. Kleinbahn i. etwa 2½ Std. Dampfer. Bei Hiddensee (Fährinsel) ausbooten und nach V i t t e.

2. (Notbehelf.) Von **Bergen** m. d. Kleinbahn nach **Trent** (Nordrügen), 18,5 km (1¼ Std.); von da über Poggenhof nach **Seehof** (etwa 12 km, 2¼ Std.) und mit d. Fähre (Fernsprecher) n. Hiddensee (über d. Fährinsel) übersetzen; ½ Std. v. Vitte. Pers.-Post früher wochentags von Trent (Postamt) über Schapr.—Seehof nach Hidd. (Vitte).

3. Von **Lietzow** (Bahnstation zw. Saßnitz u. Bergen) ging früher ein Dampfer nach Ostseebad **Breege.**

Von Breege dann anderer Dampfer vorüber an Hiddensee (Fährinsel). Ausbooten. Dann zu Fuß nach Vitte od. weiter nach Kloster.

4. Von **Arkona** n. **Hiddensee** über Altenkirchen (8 km), wo Kleinbahn nach W i e k geht, oder über Breege (10 km).

Nach Arkona kommen oft von Binz, Saßnitz, Stubbenkammer Dampfer. Alsdann von Wiek oder Breege m. Dampfer n. Hiddensee (wie oben angegeben).

5. Von **Binz** oder **Saßnitz** nach **Hiddensee** am besten über Stralsund, von wo die Dampfer nach Hiddensee gehen. Wenn ohne Gepäck, auch am Hafenbahnhof aussteigen, sonst Hauptbahnhof. Saßnitz—Stralsund, 47 km i. 1½—2 Std. Dampfer von Strals. n. Hiddensee vorläufig nur um 3½ Uhr. Vor dem Kriege 3 mal täglich.

6. (Notbehelf.) Von **Altefähr** (Rügen), gegenüber Stralsund, nach Samtens (11 km, auch m. d. Bahn erreichbar), dann a. d. Landstr. weiter über G i n g s t (23 km, 1100 Einw.) u. T r e n t (33 km, 340 Einw.) nach Seehof (43 km.) u. da m. d. Fähre übersetzen. Diese Tour als Notbehelf für Radler gedacht u. i. d. Zeit, wo weniger Dampfer gehen. Früher von Samtens bis Gingst tägl. Kariolpost.

8

5. Stralsund, vom Marienkirchturm gesehen.

2. Stralsund.

Rund 40000 Einwohner. Vgl. Karte 7—10.

Stralsund, am Meeresteil Strelasund gelegen, ist die Hauptstadt des gleichnamigen Regierungsbezirks der preußischen Provinz Pommern und das Haupteingangstor des Verkehrs nach Rügen und Hiddensee. Letzteres ist auch wirtschaftlich fast allein auf Stralsund angewiesen, und der größte Teil der schönen Insel gehört der Stadt. Die nachstehenden kurzen Notizen dürften für den Reisenden von Wichtigkeit sein, da fast alle Hiddenseebesucher den Weg über Stralsund nehmen und öfter hier verweilen müssen. Die schöne altertümliche Hansa-Stadt lohnt auch durchaus einen Besuch.

Bahnhöfe

a. Der **Hauptbahnhof**, am Tribseerdamm, für alle Reichsbahnzüge vom Festlande und nach Rügen. Hiddenseebesucher hier aussteigen (nicht am Hafen). Gepäckbeförderung vom Bahnhof zu den Dampfern nach Hiddensee an der „Fährbrücke" im Nordhafen (1,6 km, 20 Min.) übernehmen die Gepäckträger (mittels Karre) oder die Dienstmänner am Ausgang des Bahnhofs. Preis vereinbaren. Außerdem Droschken vor dem Bhf. Man verwechsle die „Fährbrücke" nicht mit dem Hafenbahnhof (1 km südlich, 12 Min.), wo das Trajektschiff die Bahnzüge nach Rügen übersetzt.

b. Der **Kleinbahnhof** (am Frankenteich), 6 Min. v. Hptbhf., beim Hinausgehen rechts und dann rechts (Bahnhofstr.) um die Ecke biegen. Für die Züge der Kleinbahnlinie Stralsund—**Barth** (29,2 km (—Damgarten (57 km) und nach Clausdorf (21 km). Einsteigestelle vor dem Hauptbahnhof

c. Der **Hafenbahnhof**, 3,2 km weiter auf der Bahnlinie vom Hptbhf., zur Weiterbeförderung der Festlandzüge nach Rügen (Bhf. Altefähr auf Rügen, 2,9 km v. Hafenbahnhof mittels Trajektschiffs für die Linie Stralsund—Bergen—Saßnitz). Für Schnellzüge kein fahrplanmäßiger Aufnthalt.

Droschken

Vor dem Hptbhf., am Neuen u. Alten Markt, u. meist bei Ankunft der Dampfer von Hiddensee an der „Fährbrücke". Vom Hptbhf. bis zur Fährbrücke etwa 10 Min. Fahrt.

Elektr. Straßenbahnen

(Betrieb vorläufig noch eingestellt)

2 Linien i. Stralsund; meist alle 10 Min., mit Umsteigerecht. Umsteigestelle nur Ecke Ossenreyer u. Heilgeist-Str. — 1. Linie: vom

Hptbhf. durch die Altstadt (Neuer Markt — Ossenreyerstr.—Heilgeiststr. —Frankendamm) in die Frankenvorstadt (südlich). — 2. L i n i e : v. d. Ecke der Heilgeist- u. Ossenreyerstr. über den Alten Markt durch das Kniepertor u. die Sarnowstraße bis zum Knieperdamm in die Kniepervorstadt (nördl.). — Für H i d d e n s e e b e s u c h e r ohne Gepäck od. m. tragbarem Handgepäck, die eilig zum Dampfer wollen, ist die Fahrt v. Hauptbhf. bis zur Ecke der Heilgeiststr., etwa 6 Min., anzuraten. Dort aussteigen (nicht erst auf Umsteigewagen warten!) und durch die Ossenreyerstraße geradeaus zum Alten Markt (2—3 Min.), dann schräg (rechts) hinüber u. durch d. Fährstr. r.) immer geradeaus bis zur Fährbrücke (5 Min. v. Markt). Oder auch vom Hptbhf. mit derselben Linie durch die Heilgeiststr. ganz durchfahren bis zur Ecke der Wasserstr., dann links, durch die Wasserstr., geradeaus, bis zur Fährstr. und dann r. zum Dampfer (5 Min.). F u ß g ä n g e r, die v. Bhf. den Straßenbahngeleisen immer folgen können, ebenso. Man kann aber auch vom Hptbhf. geradeaus durch d. J u n g f e r n s t i e g und nach 5—6 Min. rechts abbiegend über den neu angelegten Damm durch den Knieperteich und das Kütertor und dann links durch die Mühlenstr. zum Alten Markt und zur Fährstr. und zur Fährbrücke in den Nordhafen z. d. Hidd.-Dampfern gelangen (angeblich ein paar Minuten schneller).

Post und Celegraph

Hauptpostamt u. Haupttelegraphenamt am Neuen Markt No. 3—4. Nebenstellen: Hauptbhf., Knieperdamm 25 b, Knieper - Vorstadt ; Gartenstraße 14, Franken-Vorstadt. Hauptamt u. Bhfs.-Amt von 1—2 geschlossen, die andern von 12—3 geschl. Telegraph u. Fernsprecher den ganzen Tag offen. Oeffentl. Fernsprechstellen.

Gasthöfe

Z.-Zimmer; (Preisänderungen vorbehalten). Gleich vor d. **Hptbhf.**: Hotel zum Bahnhof, m. Veranda, Tribseerdamm 4. Z. v. 3,50 M. an. Ebenda Nr. 4a. Hot. Germania, Z. v. 3 M. an. — 4 Min. v. Hptbhf., bei Beginn d. Altstadt: Hot. Kronprinz v. Preußen, Z. v. 2,50 M. — 3 Min. weiter, am und beim **Neuen Markt**: Hot. zur Post, Tribs. Str., beim Hauptpostamt. Z. v. 2,50 M. an. Hot. Schweriner Hof (viel geschäftsreisende) N. Markt 1, a. d. Bleistr., Z. v. 2,50 M. an. Gegenüber: Hot. König v. Preußen, Neuer Markt 14, Z. v. 2,50 M. an; beide m. Veranda. Frankenstr. 7: Hotel Baltischer Hof, Z. v. 2 M. an. Vom Neuen Markt 3 Min., Mönchstr. 51: Hot. Brandenburg. alt. Haus, Z. v. 3,50 M. an. — Am **Alten Markt**, beim Rathaus, 7 Min. v. Neuen Markt, Nr. 2—3, Hotel Goldener Löwe, uraltes gr. Haus, m. Vorterrasse. Z. v. 3 M. an. — Die meisten Hotels schicken Hausdiener, manche auch Wagen z. Hauptbahnhof bei Ankunft der Züge. Außer den genannten Hotels noch viele kleine Gasthöfe nahe dem Hafen, i. d. Wasserstr. usw.

Restaurationen

Neben den erwähnten Gasthöfen, in denen fast überall Restaurants bestehen, seien u. a. folgende hervorgehoben: Ratskeller (Rathausbierkeller) in dem gr. Gewölben unter dem Rathaus am Alten Markt, m. alt. Wandgemälden (Wallensteins Verhandlungen m. d. Rat Stralsunds darstellend); Goldener Löwe; Vereinsbrauerei, Ossenreyerstraße 7; Restaurant Tschapka, Ossenreyerstr. 16; Günthers Bierhallen, Wasserstr. 9.

Garten - Lokale: Schloßgarten (Schloßbrauerei), Sarnowstraße 18; ebenfalls mit Garten und Veranden am Meer; unweit davon: Garten d. Bürgerressource, m. prächt. Bäumen, Knieperdamm 5, gegenüber der Brunnenaue; Panzers Garten, Alter Jungfernstieg 3, am Knieperteich; Heinzelmann's Garten, mit Fruchtweinkellerei, Mönchenhof 1. In der Altstadt, unweit des Neuen Markts, Katharinenberg 13: Brauerei Volksgarten mit Garten; Gartenterrassen im Kaffeehaus Bismarck, Mühlenstraße 20. In der Frankenvorstadt: Hansa - Halle, Frankendamm 33; Centralpark, am Südufer des Frankenteichs. In Altefähr auf Rügen (vgl. Dampfschiffe): Kurhaus; Hotel Putbus. — **Weinstuben:** Ratsweinkeller unter dem Rathaus, Eingang Badenstr.; v. Wulfferona's Weinkeller, Heilgeiststr. 30.

Konditoreien und Kaffeehäuser

Am Alten Markt No. 16 Mehlert, Kond. u. Café; Apollonienmarkt 16, Café und Konditorei Moldenhauer; Mühlenstr. 20: Café Bismarck; Heilgeiststr.: Café Rüsch.

Badeanstalten

Kur- und Warmbad (Wannen-, Dampf-, elektr. Licht-Bäder usw.), Sarnowstr. 5, 3 Min. v. Alt. Markt; weiter hinaus, Strandstraße 44, am Meer: städtische Seebade-Anstalt. In Altefähr, Rüg.: Seebade-Anstalt Altefähr, v. d. Fährbrücke stündl. mit Fährdampfer erreichbar.

Theater und Musik

Das neue große Stadttheater, vorm Knieportor, 3 Min. v. Alten Markt; Spielzeit von Ende Sept. bis Ende März. Lichtspiel-Theater: Union-Theater, Frankenstr. 7; Bismarck-Lichtspiele, Mühlenstraße 20. — Musik: Abends meist im Volksgarten u. im vielbesuchten Kaffeehaus Mehlert, Alter Markt No. 16.

Buchhandlungen

(auch für Ansichtskarten):
Mönchstr. 36, Hingst Nachf.; Ossenreyerstr. 23, W. Bergholz Nachf.; No. 58, Meincke's Buchhandlung; Alter Markt 1, an der Ecke auf dem Wege zur Fährstr. und den Hiddenseer Dampfern: W. Zemsch's (früher Bremer's) Buchu. Kunsthandl. (Oelgemälde usw.). mit Auskunftsstelle für Fremdenverkehr.

Zeitungen

Stralsundische Zeitung, gegr. 1760, Mönchstr. 57; Stralsunder Anzeiger, Badenstr. 14; Stralsunder Tageblatt, Frankenstr. 42. Einzelnummern im Hauptbahnhof u. i. d. Expeditionen. Die Zeitungen bringen die Fahrpläne der Sonntagsdampferfahrten.

Sehenswürdigkeiten

(Für Eilige mit beschränkter Zeit: in erster Reihe das durch zwei Sterne **, in zweiter Reihe das mit einem Stern * hervorgehobene, in dritter Reihe das übrige.) Tunlichst in örtlich zusammenhängender Reihenfolge aufgeführt.

Neuer Markt mit Marienkirche, 11—12 offen (herrliche weite *Aussicht vom Turm, nach Meldung beim Kirchenvogt, Trinkgeld). Von da den Straßenbahnschienen folgend durch die Hauptgeschäftsstraßen der Stadt, Apollonienmarkt, Ossenreyerstraße u. Heilgeiststr. (auch Wasserstraße eine solche). Die Ossenreyerstraße führt zum *Alten Markt mit dem Denkmal Lambert Steinwichs (1904), des Verteidigers Stralsunds gegen Wallenstein (1628), und mit dem **Rathaus. Im Rathaus ein Säulenhof (Durchgang). 1 Tr. hoch war bisher das *Provinzialmuseum für Neu-Vorpommern u. Rügen. Jetzt ist es verlegt nach der Mönchstr. 27, beim Apollonienmarkt (6 Min. vom Rathaus), in das Gebäude der uralten Katharinenkirche, die 2 Jahrhunderte lang als Z e u g h a u s in zuletzt als L a g e r h a u s benutzt wurde und früher zum K a t h a r i n e n k l o s t e r gehörte, das jetzt ein Gymnasium ist (mit Arndt-Denkmal im Hof). Das Provinzialmuseum wird in dieser großen hohen alten 3schiffigen Hallenkirche jetzt neu geordnet und soll erst im Herbst 1924 wieder eröffnet werden. (Früher 11—1 offen; 20 Pf.; Sonntags frei. Gegen Trinkgeld zu andern Stund.) Das Sehenswerteste darin, besonders für Hiddenseebesucher ist der **Goldschmuck von Hiddensee (angeblich um 1000 n. Chr.) und ein Zimmer voll *Hiddenseer Fayencen (Stralsunder Fabrikat, 1757—1792). Neben dem Rathaus die *Nikolaikirche, 11—1 geöffnet, Turmbesichtigung lohnend, (Kirchenvogt Nikolaikirchhof No. 2; Trinkgeld). Vom Alten Markt durch die Külpstr., 1 Min., zum **St. Johanniskloster (Schillstraße 26—27), v. 1254, mit belaubtem prächt. Kreuzgang, Kirche, malerischem Hof und schöner Aussicht vom R ä u c h e r b o d e n (früher Klosterzellen); jetzt Armenhaus u. Versorgungsheim. Von da (1 Min.) zum alten *Knieper Tor, (1304), weiter (Sarnowstr.) zum *S c h i l l d e n k m a l; geradeaus z. *B r u n n e n a u e (schöne Baumanlagen). Zurück, zum Knieperteich (Knieperwallstr.) durch die schönen *Anlagen vor der alten Stadtmauer (Kriegerdenkmal ebenda), vorbei am Kütertor (1447) u. d. Spielkartenfabrik, am Wasser entlang, bis z. Hauptbhf. Dort (gegenüber) durch d. J u n g f e r n s t i e g zwischen Moorteich u. Knieperteich,

11

bis zur *Bürgerressource (Eintritt i. den Garten erlaubt). Unweit der St. Jürgen-Kirchhof mit Schills Grab, weiter hinaus am Seeufer die Schwedenschanze, und dann zurück und hinaus durch die Hainholzstr.) in das Hainholz. (Lagerplatz Wallensteins 1628) u. zur Wallensteinlinde. Unweit die Vogelwiese u. d. Stadtwald. V. d. Bürgerressource dann wieder zur Sarnowstr. (Anlagen am Meer)

zum größten Teil gehört. Im Kirchturm Kanonenkugeln Wallensteins (1628). Durch die Frankenwallstr. zu den Anlagen am Frankenteich. Hier zum Neuen Markt und wieder zum Alten Markt; unterwegs nahe vorbei a. d. Jakobikirche. Vom Alten Markt zur Fährstr., wo manche alte malerische Häuser auffallen; am Hause Nr. 21 ein *Reliefmedaillon Schills, auf dem Stein des Bürgersteigs Inschrift,

6. St. Johannis-Kloster.

u. zum Alten Markt. 3 Min. von da das alte *Semlower Tor (1278); vorher die malerische schmale mit Schwibbögen überspannte Bechermacherstraße zu beachten. Vom Semlower Tor zum *Hafen mit vielen Schiffen u. der Mole am Nordende. Zurück zur Wasserstr., etw. landeinw. v. Hafen u. südlich bei d. Frankenstr., in der Wasserstr., die Heilgeistkirche u. (Querstr.) das Haupttor des Klosters zum Heiligen Geist (v. 1256; „Heilgeistkloster"), städtisches Hospital und Elendenhaus, dem auch die Insel Hiddensee

daß Schill hier 31. 5. 1809 fiel. Die Stadtbücherei oder Ratsbibliothek (Badenstr. 13; 100 000 Werke, 800 Handschriften) geöffnet Di., Mi., Do., Fr. 12—1. In der Frankenvorstadt Ziegelstr., eine Fähre zur Insel Dänhoim (wendisch Strela gen., davon Strelasund u. Stralsund). Alte Häuser u. bemerkenswerte Giebel u. a. am Alten Markt No. 5 und 11, Semlowerstr. 11—14, 16, 33, 34, Badenstr. 12, 40, Mühlenstraße 1, 3, Mönchstr. 52, Frankenstr. 3, 28, Schillstr. usw.

Weitere Einzelheiten über die Stadt, ihre Bauten, Kirchen und Altertümer, ihre Schätze im Provinzialmuseum u. ihre Geschichte u. Kunst im „Führer durch Stralsund" (früher 20 Pf.), bearbeitet im bau- und kunstgeschichtlichen Teil von Hans Zeeck, im übrigen von Alfons Schmitz, mit 16 Bildern und mehrfarbigem S t a d t p l a n (1915); herausgegeben vom Gemeinnützigen Verein i. Strals. (Geschäftsstelle Alter Markt 1, W. Zemsch Buchhandlung). Ebenso Näheres auch im „W o h n u n g s a n z e i g e r (A d r e ß b u c h) .von S t r a l - s u n d."

Dampfschiffahrt nach Hiddensee, Rügen usw.

Der Dampferverkehr Stralsund—Hiddensee ist wegen der Kohlenteuerung im Vergleich zur Vorkriegszeit nicht mehr so rege. Man kann nicht mehr 3mal täglich, morgens, mittags und nachmittags, nach Hiddensee fahren, wie früher im Sommer, sondern in der Hauptsache nur einmal am Tage, nachmittags um 3½ Uhr. Auch haben die 2 hauptsächlichen Dampferunternehmungen ihre Fahrziele abgeändert. Es ist aber immerhin möglich, daß mit der Zeit wieder neue Dampfer eingestellt werden, da der Badeverkehr nach der schönen Insel sich immer reger gestaltet.

Nach Hiddensee fahren 2 wohl zu unterscheidende D a m p f e r - L i n i e n, die man auch bei der Gepäckaufgabe mit durchgehenden Fahrkarten (Berlin-Hiddensee) auseinander halten muß, damit Gepäckstücke nicht fehlgeleitet werden.

1. nach Vitte und Kloster auf Hiddensee fährt von der Fährbrücke im Nordhafen, 5 Min. vom Alten Markt, der altbekannte Salon-Dampfer „Caprivi", gehörig der von den Hiddenseern im Oktober 1919 neu zu Vitte gegründeten Genossenschaftsreederei „Hiddensee" (Eingetr. Genossensch. m. b. H.), bei welcher fast alle Hiddenseer Haus- und Grundbesitzer beteiligt sind, im Sommer Abfahrt 3½ Uhr nachmittags.

2. nach Neuendorf (Hiddensee), und weiter nach Ostseebad Breege (Rügen) fahren die Dampfer der Reederei des Herrn A. Prätz in Stralsund („Hansa"), ab 3½ Uhr,

mit der Möglichkeit bei der Fährinsel nach Hiddensee (unweit Vitte) auszubooten, wie auch bei den anderen Dampfern. Eine zweite Linie der Prätzschen Reederei fährt von Stralsund nach Schaprode und Wiek (Nordrügen). Auch hier Ausbooten sowohl bei Neuendorf wie bei der Fährinsel möglich. Man studiere die Fahrpläne.

Fahrplanänderungen haben sich die Reedereien vorbehalten. Bisweilen machen die Schiffe Sonntags noch mehr Fahrten, die sie in den Zeitungen ankündigen.

Die D a m p f e r haben zwei Klassen, jede mit Kajütenräumen. Die 1. Klasse, Hinterdeck und Mitteldeck (Kommandobrücke); die 2. Klasse Vorderdeck, oft durch Güter- und Viehtransporte beengt und auf die Kajüte beschränkt. Die 2. Klasse nicht für Fremde! Restaurationen an Bord. (Nicht teuer!).

Die Fahrpreise Stralsund—Hiddensee (für Vitte u. Kloster gleich) hängen jetzt von den Kohlenpreisen ab. Vor dem Kriege kostete die einfache Fahrt I. Kl. 1,60; II. Kl. 1,05 M., Rückfahrkarten, erste Frist, I. Kl. 2,70, II. Kl. 1,55 M. Handgepäck frei. Jetzige Preise (freibleibend): Strals.—Neuendorf 2,50; Vitte oder Kloster 3 Gmk.

Früher im Hochsommer auch e i n t ä g i g e R ü c k f a h r k a r - t e n mit großer Preisermäßigung, für beide Richtungen. Wiedereinführung fraglich.

Auch die Fahrpreise der Sonntags-Extradampfer v. Stralsund nach Hiddensee und zurück meist wohlfeil.

Fahrzeit: Stralsund—Vitte 2 ¼ Stunden; Stralsund—Kloster direkt 2¼ Std., mit Anlegen in Vitte 2¾—3 Std.

3. (Notbehelf). Hiddenseer Fischerboote liegen oft a. d. F i s c h - b r ü c k e im Hafen und nehmen gelegentlich auch Reisende mit. Preis vereinbar! Höchstens Dampferpreis. Fahrt nach Vitte je nach dem Winde 3 bis 5 Std., auch wohl mehr.

4. nach D o r f und B a d e o r t Altefähr, Rüg., gegenüber Strals., 3 km, geht stündlich der F ä h r - d a m p f e r „Altefähr", 12 Min.

5. nach Bahnhof Altefähr, ¼ Stunde vom Dorf, geht vom H a f e n b a h n h o f in Strals. das Trajektschiff mit jedem fahrplanmäßigen Zuge nach Rügen.

Stralsund.

(oben) Kütertor?
(unten) Jacobikirche

(oben) Nicolaikirche u. Rathausfront
(mitte) Stralsund, v. Rügen aus gesehen
(unten) Trajektschiff (Strals.—Rügen)

(oben) An der Nicolaikirche
(mitte) Stralsund, Hafen, v. Wasser aus
(unten) St. Johanniskloster, Kreuzgang

(oben) Semlower Tor
(unten) Enge Straße

„Die alte herrliche Stadt Stralsund", wie Ernst Moritz Arndt sie mit Recht nennt, ist eine wirkliche Seestadt, nicht eine Flußstadt, wie die meisten unserer sog. Seestädte, einschließlich der drei Hansastädte. Durch einen 3 km breiten Meeresarm der Ostsee, den Strelasund, von Rügen getrennt, liegt die reizvolle Altstadt auf einer dreieckigen Insel, die nur in drei schmalen Landengen Brücken nach dem Festlande und ihren baumgeschmückten drei Vorstädten (Tribseer-, Knieper- und Franken-Vorstadt) aufweist. Um 1922 ist übrigens durch einen aufgeworfenen Damm quer durch den Knieperteich (beim Kütertor) in der Richtung auf den Jungfernstieg eine neue vierte Verbindung mit dem Festland geschaffen worden. Der Knieper- und Frankenteich umgeben Stralsund mit Wasser auch nach der Landseite, und machen es begreiflich, daß es in früheren Jahrhunderten oft den gewiegtesten feindlichen Heerführern trotzen konnte. An diesen Teichen, außerhalb der früheren Stadtmauern, wird die Stadt von prächtigen Anlagen, mit schönen Bäumen geschmückt, umgeben, und wie ein grüner Kranz legen sich die lauschigen Gärten und die schattigen Parks und Alleen der Vorstädte rings um sie herum, auf Schritt und Tritt dem Auge die malerischsten Aussichten darbietend.

Von der Aussprache des Namens gilt übrigens noch heute das, was der Berliner Oberkonsistorialrat Z ö l l n e r, der Beschreiber Rügens, im Jahre 1795 aus dieser Stadt schrieb: „Man spricht hier nicht, wie bei uns, Stral s u n d, sondern S t r a l sund, den Akzent auf der ersten Silbe, und zwar mit Recht, wie man F r a n k furt, L a n d s berg usw. sagt". Der Name soll zurückgehen auf die neben der Stadt im Meere liegende bergige kleine Insel Dänholm, die früher im Wendischen Strela hieß, was Pfeil, Spitze, Landspitze, Halbinsel bedeutet. Vielleicht hing sie früher mit dem Lande zusammen. Das offenbar demselben Stamme entsprossene mittelhochdeutsche Wort stral oder strale bedeutet auch Pfeil (Pfeil des Sonnengotts?). Strela oder Strale fielen also zusammen. Danach bekam der Meeresarm (Sund) den Namen Strelasund. Und die 1209 vom Rügenschen Fürsten Jaromar gegründete Ortschaft „tom Strale Sunde" (zum Stralo Sund) wurde wie Landorte ja oft von Gewässern ihren Namen herleiten, bald nach dem Meeresteil benannt. Die alte slawische Niederlassung an dieser Stelle hatte den Namen Stralow oder Stralowe geführt (-ow ist eine slawische Possessiv- oder Adjektivendung). Die Insel Strela aber ward erst später nach der Besiegung einer Dänenflotte bei diesem Eiland (1427) Dänholm geheißen. Holm heißt Werder, Küsteninsel.

Das Wappen Stralsunds besteht noch heute in einer kurz abgeschnittenen Pfeilspitze mit Widerhaken, irrtümlich als „drei Strahlen" aufgefaßt. Es ist sicherlich nur ein „Stral" d. h. mittelhochdeutsch Pfeil, aber die Widerhaken der Spitze sind im Wappen etwas ungenau dargestellt.

Die eigentliche Gründung S t r a l s u n d s als Stadt rechnet man vom Jahre 1234 ab, wo Fürst Witzlaw I. von Rügen ihr das lübische Stadtrecht verlieh und sie damit zur Stadt erhob.

Als Handelsplatz schnell emporblühend, wurde Stralsund 1287 Mitglied der Hansa; wehrte sich mehrfach tapfer gegen die ständig eroberungslustigen D ä n e n und fiel 1325 nach dem Aussterben der Rügenschen Fürsten an die Herzöge von Pommern - Wolgast. Auf der Höhe der Macht, ja als Vormacht des ganzen Nordens, stand es nach der Besiegung des Dänenkönigs Waldemar IV. und dem Frieden zu Stralsund von 1370.

Nach inneren Wirren und dem Verfall der Hansa durch die neuen See-
wege sank Stralsunds Handel und Machtstellung allmählich. Weltberühmt
wurde aber sein 2 Monate langer heldenhafter Widerstand gegen die Be-
lagerung Wallensteins vom 23. Mai bis 24. Juli 1628, der erfolg-
los nach Verlust von 12 000 Mann wieder abziehen mußte, trotz seines
unvergessenen etwas maulheldenhaften Wortes: Stralsund müsse herunter,
und wäre es auch mit Ketten am Himmel befestigt. Seit 1648 mit Vorpommern schwedischer Besitz, erlitt Stralsund nachher ver-
nichtende Beschießungen durch den Großen Kurfürsten von
Brandenburg, dem es sich am 15. Oktober 1678 ergeben mußte, nachdem
mehr als die Hälfte der Häuser in Flammen aufgegangen war. 1679 fiel
es aber wieder an Schweden zurück. 1715 verteidigte es Karl XII.
selbst gegen Preußen und Dänen, er mußte aber um Weihnachten
herum fliehen, die Hiddenseer halfen ihm dabei getreulich, und 5 Jahre
vergingen, bis er die Stadt von den Dänen zurückerhielt. Die Einwohnerzahl
war inzwischen auf 6000 gesunken. 1777 waren es erst wieder 10 500.
1807—1810 war Stralsund im Besitz der Franzosen. In dieser Zeit war
es Ferd. v. Schill, der sich der Stadt bemächtigte und sie dauernd
zu halten versuchte. Er erlag aber am 31. Mai 1809 in der Fährstraße
in einem blutigen Straßenkampf den 6000 eingerückten Holländern und
Dänen. Sein Haupt wurde in Spiritus nach Leyden gebracht und später
in Braunschweig bestattet, während sein Körper in Stralsund auf dem
St. Jürgen-Kirchhof ruht. 1810 Schweden zurückgegeben, wurde die
Stadt 1815 endgültig preußisch. 1875 zählte sie 27 800, 1913
rund 34 500 Einwohner, heute etwa 40 000. Sie ist Hauptstadt des
Regierungsbezirks Stralsund in der Provinz Pommern. Zwei Bataillone
Infanterie standen vor dem Weltkriege in ihr. Die Festungswerke wurden
schon 1872 niedergelegt.

Mit Unrecht wird Stralsund von den auf der Eisenbahn durchreisenden Besuchern der Rügenschen Badeorte
— die Hiddenseebesucher jedoch ausgenommen — meist
übergangen. Die alte schöne Hansastadt, die einen ganz
eigenartigen Zauber mittelalterlicher Städtepoesie mit dem
Reiz einer meer- und seeumschlungenen Lage vereinigt,
verdient durchaus eingehend gewürdigt zu werden, und
heimelt gerade den fernher kommenden Großstädter und
Reisenden durch das Behagen an, das sie so reichlich
ausströmt. Den Beinamen eines „Nürnberg der Ostsee" hat man ihr nicht ohne Berechtigung beigelegt.
Steht sie der bayerischen Stadt auch in den alten Bauten
nach, so hat sie doch die schöne wasserumgebene Lage
am Meer vor ihr voraus. Drei alte große Kirchen, drei
mittelalterliche malerische Tore, Reste der lauschig bewachsenen alten Stadtmauer, viele alte Gebäude
und mittelalterliche Giebel, zahlreiche, jetzt der Stadt
gehörige alte Klöster, der reizvolle alte Markt-
platz mit der ganz eigenartig prächtigen Fassade des
uralten Rathauses, der dem Bremer ebenbürtige Ratskeller Stralsunds, der geräumige stattliche Hafen, das
erstaunlich rege Handels- und Geschäftsleben, auch ein
bis zwei Dutzend Fabriken, ja sogar große Warenhäuser
(Wertheim und Tietz), neue schöne Villenviertel in bevor-
zugter Garten-Lage beim Meere, alles das kann den wohl-
begründeten Anspruch auf nähere Betrachtung machen.
Wer Europa kennt, wird bei Vergleichen nicht leicht eine

Stadt mit dem gleichzeitigen Zusammentreffen solcher Eigenart der Bauten, der Lage und der Umgebung finden.

Der Hiddenseebesucher möge übrigens nicht versäumen, sich im P r o v i n z i a l m u s e u m, früher im R a t h a u s, jetzt in der alten Katharinenkirche (Mönchstr.) den berühmten H i d d e n s e e r G o l d s c h m u c k (Abb. 3) und die aus Hiddenseer Ton gefertigten alten F a y e n c e n

17. Rathausdurchgang.

ganz nach Delfter Art, auch H i d d e n s e e r P o r z e l l a n e genannt, anzusehen. Das **R a t h a u s, die *N i k o l a i k i r c h e daneben und das *St. J o h a n n i s - k l o s t e r, wenige Minuten weiter, sind wohl die sehenswertesten Dinge in Stralsund, außer der Stadt selbst. „Wer sich eine schöne Aussicht verschaffen will, der besteige in Stralsund die Türmel“, so schrieb schon Dr. Moritz von Willich in einer Reisebeschreibung Rügens vom Jahre 1796. Das gilt auch heute noch.

Vom *M a r i e n - oder *N i k o l a i k i r c h t u r m genießt man in der Tat ein herrliches Panorama über die Stadt, über das weite Meer und über Rügen sowie Hiddensee am fernen Horizonte. Aber auch von der Rügenschen Seite in A l t e f ä h r nimmt sich Stralsund sehr malerisch aus mit seinen sich im Wasser spiegelnden Türmen.

Hiddenseebesucher können in den 1½—2 Stunden, die sie meist nach der Ankunft bis zum nächsten Dampfer haben, eine ganze Masse sehen, und von Hiddensee aus mit dem Dampfer gelegentliche Abstecher nach der Stadt zu Besorgungen und weiteren Besichtigungen machen. Die Abfahrt nach Hiddensee aber findet, wie schon bemerkt, von der Fährbrücke im Nordhafen statt, 5 Minuten vom Alten Markt.

18. Fährbrücke (Nordhafen).
Anlegestelle der Dampfer nach Hiddensee u. Rügen.

19. Hochlandufer am „Rennbaum".

3. Die Entdeckung Hiddensees.

Singe, Gesang, die Natur und die Gaben des Bernsteineilands!
Rechts bespült von des Ostmeers Fluten, gesondert die Linke
Durch die Gewässer des Sundischen Golf von Rugiens grünen
Dörferbesä'ten Gestaden, erstreckt sich das einsame Eiland
Langgedehnt, doch schmal aus der Mitternacht in den Mittag
                                            L. Kosegarten, 1804.

Nicht von der allerersten Entdeckung Hiddensees in
den ältesten Zeiten soll hier die Rede sein, auch nicht
von den klugen Zisterziensermönchen, die durch die Gründung eines großen stattlichen Klosters auf der waldigen
Insel im Jahre 1296 neue Kultur und neuen Verkehr in
diese schöne, weltabgeschiedene Gegend hineintrugen,
sondern davon, wer das reizvolle Eiland zuerst zum Ziele
lebensfroher Wanderlust und weltentdeckerischen Reise-
verkehrs gemacht hat.

Die Antwort darauf muß sicherlich lauten: L u d w i g
K o s e g a r t e n (1758—1818), der in seinen Tagen von
einer großen Gemeinde gefeierte Schriftsteller und
Dichter, der von 1792 bis 1808 Pfarrer in Altenkirchen
auf Wittow war. Ist er doch auch derjenige, der die
Insel Rügen überhaupt der Reisefreude weiterer deutscher
Kreise erst erschlossen und näher gerückt, der sie begeistert beschrieben und sie durch Dichtungen verherrlicht
und verklärt hat. Und mit Rügen hat er auch Hiddensee
geschildert und besungen. Wenn das alles heute fast vollständig vergessen ist, so zeugen doch die Worte seiner
Zeitgenossen für ihn. Der Dichter W i l h. M e i n h o l d,
der Verfasser des auf Usedom spielenden, höchst fesselnden Romans „Maria Schweidler, die Bernsteinhexe" (1843),
aus der Zeit des 30jährigen Krieges, auch einer von den
vielen Beschreibern Rügens und Hiddensees im Anfange
des 19. Jahrhunderts, sagte 1830:

„Er und kein anderer war es, welcher dieses reizende Eiland (Rügen)
zuerst uns aufschloß, und so zu sagen, für unser Herz entdeckte".

Und der anonyme Urheber des Buches „Der Ausflug
nach der Ostsee oder Die Fahrt nach Rügen" vom Jahre
1838 bestätigt das:

„Ihm (Kosegarten) verdankt Rügen besonders den Besuch von so vielen Fremden. Er war für dasselbe, was Götzinger und Nicolai für die Sächsische Schweiz um dieselbe Zeit, zu Ausgang des 18. und Anfang des 19. Jahrhunderts waren. Sein Ruhm als Dichter und Prediger, besonders aber als Dichter, ging damals durch ganz Deutschland."

Kosegartens Schilderungen lockten viele Männer in jenes gepriesene Inselreich, viele besuchten ihn selbst und waren sein Gast, darunter auch W i l h. v. H u m b o l d t (1796). Manche von ihnen teilten seine Begeisterung und spannten sie vor ihre eigene Muse.

1795 kam ein Berliner Oberkonsistorialrat, Z ö l l n e r, nach Rügen; er sah auch Kosegarten und besuchte Hiddensee. Ein dickes Buch war die Frucht seiner Reisestudien. Hiddensee wird darin ausführlich beschrieben. Er war es, der zuerst erzählte, daß die Hiddenseer ihre Insel, zu der sie nach weiten Reisen in der Welt immer wieder zurückkehrten, „schlechthin „D a t s ö t e L ä n n e k e n" (Das süße Ländchen) nennen', ein Ausdruck, der seitdem bis zum Ueberdruß wiederholt und nachgesprochen worden ist, bis auf den heutigen Tag, den man aber gegenwärtig kaum jemals aus dem Munde eines geborenen Bewohners der Insel zu hören bekommt.

Zöllner war auch derjenige, der zuerst eigenmächtig den seit Jahrhunderten schon landesüblichen Namen Hiddensee wieder mit einem dänisch-schwedischen Schwänzchen versah und, die alte Schreibart für falsch erklärend, „Hiddensö" schrieb, mit einem langen weichen deutschen ſ, während Dänen und Schweden nur das scharfe s kennen, das wir durch ein ss, ß oder Schluß-s ausdrücken. Er meinte, Hiddensee bedeute „wahrscheinlich" Hütteninsel, schrieb aber nicht Hiddens-ö, sondern -sö. (Doch darüber handelt weiterhin ein besonderes Kapitel.) Dabei ging ihn als fremden Besucher Schwedisch-Pommerns damals die Rechtschreibung des Inselnamens sicherlich weniger an, als die Inselbewohner und die Schweden selbst, die Hiddensee mit diesem Namen ohne ö schon seit 1648 besaßen und unverändert so heißen ließen.

Dieser alte liebe deutsche Hang zur Fremdwörterei hat sich hier auch später noch wiederholt gezeigt, namentlich bei Gelehrten, die über die Insel schrieben und sich dann gleich für befugt erachteten, ohne Respekt vor dem geschichtlich Gewordenen den gebräuchlichen Namen so umzuändern oder zu verdrehen, wie es ihnen gutdünkte, einerlei, ob die Landesbewohner das wünschten oder nicht.

Die Reisebücher und Reiseführer, die Rügen behandelten, wurden bald sehr zahlreich und betrafen gewöhnlich auch Hiddensee. K o s e g a r t e n hat die Insel öfter besucht und, trotzdem sie damals bis auf ein winziges

Tannenwäldchen öde und kahl war, doch im Gefühl ihrer Schönheit geschwelgt.

„Berge gehn mir nächst dem Meere über alles", so schrieb er 1792, „I n s e l b e r g e nun gar, umrauscht vom heiligen Vermögen des Meeres, sind mir der höchste Gipfel aller Naturerhabenheit. Kein Wunder demnach, wenn ich nicht müde werden konnte, in diesen Höhen umherzuschwärmen."

Es dürfte manchem erwünscht sein, zu erfahren, daß auch G o e t h e von dem Eilande mancherlei wußte, vielleicht durch Kosegarten, mit dem er ebenso wie Schiller einige Briefe gewechselt hat, da der Altenkirchener Dichter ihnen für die Horen und den Musenalmanach einige Beiträge lieferte. In seinen Maximen und Reflexionen schreibt G o e t h e nämlich einmal eine angebliche Hiddenseer Redensart nieder, die ich allerdings nie gehört habe. Er sagt:

„L i e b e s g e w a s c h e n e s S e e l c h e n ist der verliebteste Ausdruck auf H i d d e n s e e."

Kosegartens Sohn war übrigens Professor in Jena und ihm persönlich bekannt. Ueber Rügen war Goethe wohl auch sonst u. a. durch den ihm befreundeten Maler P h i l i p p H a c k e r t, der dort geweilt hatte, vielfach unterrichtet. Er hat ja dessen Leben beschrieben und erwähnt dabei an einer Stelle auch den K a m m e r r a t G i e s e († 1780), denselben, der B e s i t z e r d e r I n s e l H i d d e n s e e war und die F a b r i k d e r H i d d e n s e e P o r z e l l a n e in Stralsund begründet hatte. Aber woher hat Goethe jene Redensart aus Hiddensee? Die G o e t h e - f o r s c h e r haben sich den Kopf darüber zerbrochen und in Anmerkungen zu seinen Maximen und Reflexionen in der Tat auf Kosegarten, auch wohl auf Arndt geraten. Nun, da möchte ich ihnen einmal zu Hilfe kommen. Der Spruch stammt zweifellos, sei es unmittelbar oder mittelbar, aus dem „Plattdeutschen Wörterbuch" des Greifswalder Professors Joh. C a r l D ä h n e r t (1719—1785), das 1781 zu Stralsund erschienen war. Darin findet man unter „Witt, adj., weiss", die weiteren Bemerkungen:

„Witt Tüg. Gewaschenes Zeug. ...... M i i n l e w e t w i t t e t S e e l k e n. I s t d i e g r ö ß t e S c h m e i c h e l e i d e r V e r l i e b - t e n a u f H i d d e n s e e."

„Wittet" — gewaschen — scheint hier im Sinne von „rein unschuldig" gebraucht zu sein.

Solche Redensarten mögen heute ja ausgestorben oder selten sein. Doch erzählte mir der langjährige frühere Lehrer in Kloster (1879—1911), Herr Kyschky, die Witwe des Fischers Peter Gau, genannt Peter Russ in Vitte (Norderende) hätte vor etwa 25 bis 30 Jahren zu ihrem Enkelkinde gesagt:

„Miin leiwes wittes Säuting" (mein lieber weißer Süßing oder Süßling).

Oder ein andermal:

„Gef Din Großmutting einen leiwen witten säuten Küssing (Kuß),
dann sass'tu (sollst Du) ook een leiwes wittes säutes botting (Butterbrot)
hebben."

Ich habe später aber noch gefunden, daß „witt" nicht
blos „weiß", sondern schlechthin soviel wie „gut" bedeutete
und zwar nicht allein in Hiddensee, sondern auch in der
Nachbarschaft auf Rügen, in Wittow.

Der Dichter K o s e g a r t e n, Pastor zu Altenkirchen (seit 1792),
ein geborener Mecklenburger, mit dem Plattdeutschen wohl vertraut, auch
dem von Rügen, fand diese Bedeutung doch so bemerkenswert, daß er
in seinen erzählenden Briefen, wo es sich einmal um die Deutung des
Namens „Wittow" handelt, schreibt: „Wieder andre meinen, W i t t o w
sei so viel, als W i t t - a u, eine w e i ß e oder g u t e A u e ; und wirklich sind **witt** (weiß) und **gut** noch heutigen Tages bei den Einwohnern
Synonymen. ‚Min leewe witte Herr!' ist die gewöhnliche Cajolerie, mit
welcher ich auf meinen Streifereien mich ansprechen höre". Vielleicht hat
Goethe auch diese Stelle gekannt.

Auch andere Dichter und Schriftsteller haben noch bei
Lebzeiten Kosegartens oder etwas später Rügen bereist
und beschrieben oder besungen, so C h a m i s s o (1823)
und W i l h e l m M ü l l e r (1825), der mit dem Stralsunder
Dichter F r i e d r i c h F u r c h a u einen sechstägigen Ritt
durch die Insel machte. F u r c h a u und der wohlbekannte pommersche Heimatsdichter K a r l L a p p e (1773
bis 1843) haben aber ihre Muse zugleich auch der Insel
Hiddensee geweiht. Doch ist ja ihren Dichtungen in
weiteren Kreisen keine Unsterblichkeit beschieden gewesen, da formvollendete Goldkörner bilderreicher, echter
Poesie bisweilen mit starken Schlacken nüchtern ge-
reimter Prosa wechseln, besonders bei Lappe. Höchstens
die Freunde Pommerns oder Hiddensees und Rügens
werden diese Hervorbringungen heute noch besonders
beachten.

Schon damals, vor hundert Jahren, haben manche die
eigenartige Schönheit Hiddensees lebhaft entzückt
empfunden, obwohl die Höhen an der Westseite des
romantischen Dornbuschhochlandes zu jener Zeit ohne die
heutigen Reize waldlos und kahl dastanden, wahrscheinlich sogar mit Flugsand weiß beschüttet. W i l h e l m
v o n H u m b o l d t fand 1796 die Aussicht vom Rugard
„unbeschreiblich schön", die von den Höhen nahe bei den
Opfersteinen von Quoltiz (Jasmund) aber, so schrieb er,
„übertrifft die vom Rugard an Größe und Majestät. Man
hat Wittow, Rügen und H i d d e n s e e vor sich; man erkennt mit bloßem Auge ganz deutlich M ö e n".

K a r l L a p p e, vielleicht auf die kahlen, schneeig
glänzenden Häupter der damals vermutlich besandeten

Hiddenseer Berge anspielend, verewigte diese Aussicht folgendermaßen (1836):

> „Um Quoltiz Opfersteine
> Schwebt ein gespenstisch Weh.
> Blüh' auf im Abendscheine,
> Glanzhügel Hiddensee!"

Es ist doch von Reiz, heute festzustellen, welchen Eindruck die Reisenden vor einem Jahrhundert oder früher von Hiddensees Inselkern gewannen. Bei vielen kehrt in auffallender Uebereinstimmung der Eindruck eines Gebirges vom Dornbuschhochland der Insel wieder, obwohl seine unbedingte Höhe doch nur gering ist (bis zu 73 m). So schreibt Wackenroder in dem Buch über Rügen von 1730 (vermutlich 1710 entstanden) über Hiddensee:

> „Die erhobenen Vorgebürge steigen zu einer solchen Höhe, daß kein Turm in Rügen damit zu vergleichen .... Oben auf dem Gebürge ist etwa vor 80 Jahren ein Wald mit vielen Bäumen und hohen Tannen gestanden, darauf große Vögel genistet, und die Aale und Fische ihren Jungen zur Speise gebracht. Solches Holz haben die Kayserlichen Soldaten ausgerottet und zur Feuerung gebrauchet."

Der erwähnte Oberkonsistorialrat Zöllner schrieb 1795 von der höchsten Höhe Hiddensees:

> „Ich kann nicht umhin, zur Steuer der Wahrheit zu sagen, daß die Aussicht von diesem Bakenberge (72,4 m) der auf Arkona nichts nachgibt; ja, daß sie im Grunde noch reicher ist".

Ueberschwänglicher, begeisterter, aber eigentlich gar nicht übertrieben äußerte sich ein jüngerer Beschreiber Rügens, K. Nernst, über die Aussicht von demselben Berge Hiddensees (1797):

> „Einen der Berge, den höchsten, bestieg ich, um hier einer der prächtigsten Aussichten zu genießen. Da lag die ungeheure Ebene des Meeres vor meinem Blicke. Aus ihren dunkelblauen feiernden Gewässern sprang das ferne felsigte Mön empor. Auf dem spiegelglatten Elemente tanzten ländergattende Schiffe. Im Osten und Süden funkelte das geliebte Rügen in seiner unaussprechlichen Schönheit. . . . Aber ich sah nichts mehr. Mir gingen die Augen über."

Karl Lappe (1818) dichtet:

> „Und immer näher steigt das ragende
> „Gebirg empor, und immer grüner winkt
> „Das Ufer . . ."

An anderer Stelle schreibt derselbe Schriftsteller:

> „Willkommen Hiddensee! Wie wirst Du von der See aus Dich darstellen, Du wunderliches Walfischgebilde mit 'dem breiten dicken Kopfe und dem langen glatte'n Schweif!"

Fr. v. Schönholz, der eigentlich keine Uebertreibungen liebt, hat folgende Eindrücke (1837). Er spricht von der

> „fernen Insel, die ihre beiden höchsten Punkte wie Dromedar-Höcker über die Meeresfläche erhebt".

Und vom Hochhilgor aus hat er folgendes Bild:

> „Beinahe grauenhaft schön in tiefen Schatten gesetzt, rückt den höckerigen Rücken wie ein Seeungethüm Hiddensöe aus dem Wasser-

spiegel, mit seiner schwarzen Gestalt wie eine R i e s e n - S i l h o u e t t e sich abzeichnend auf dem Feuergrunde des hinter ihm glühenden Abendrots".

Vom Wittower Posthaus herankommend, schildert er seinen Eindruck so:

„Man nähert sich jetzt der Insel. Ihr H o c h l a n d steigt r e i z e n d, wie eine T y r o l e r A l p e, allmählich von der See zu seinen Gipfeln auf und kehrt uns hier seine fruchttragende Seite zu, seine wüsten und schroffen Ufer sind jenseits."

Die Zahl der Bücher und der Reiseführer für Rügen wurde immer größer. Auch auf Hiddensee wurde darin hingewiesen. Aber die Ausflüge nach der Insel hielten sich noch in sehr engen Grenzen, schon weil es in Kloster außer einem bescheidenen Krug keine Gasthöfe oder Privathäuser gab und die Gastfreundschaft des Gutshofs oder des Pastors und Lehrers nicht mißbraucht werden durfte. Man muß nämlich wissen, daß fremde Gäste damals und bis in die sechziger Jahre des 19. Jahrhunderts in der Regel auf dem G u t s h o f in K l o s t e r abstiegen und ohne Entgelt verpflegt wurden. Pensionspreise kannte man damals dort noch nicht. Das alte G u t s h a u s aus der Giese'schen Zeit im 18. Jahrhundert, das beim jetzigen Eingang zum Gutsgarten angelehnt an die große Scheune stand, hatte nur 5 bescheidene Wohnräume und ein Giebelstübchen, welches in P h i l i p p G a l e n s R o m a n aus der N a p o l e o n i s c h e n Z e i t „D e r S t r a n d v o g t v o n J a s m u n d" (1860) eine Rolle spielt. Doch diesem Hause gegenüber (No. 1a auf dem Ortsplan von Kloster) stand und steht heute noch ein altes N e b e n h a u s, das zwar hauptsächlich wirtschaftlichen Zwecken diente, aber gewöhnlich auch die Hiddensee besuchenden Gäste aufnahm, da sie im Dorf früher kaum irgendwo unterkommen konnten. Das heutige neue Gutshaus entstand erst im Jahre 1897. Es gab also schon bescheidenen Verkehr nach Hiddensee, aber in sehr engen Grenzen.

Der u r a l t e K l o s t e r k r u g, auf dem Gelände des jetzigen Landhauses „Meeresstille", war eng und baufällig und wurde um 1875 abgebrochen. Mit dem Krugwirt wohnte darin auch der Müller, denn auf dem Mühlberg, wo jetzt das neue Hotel „D o r n b u s c h" liegt, stand etwa bis 1860 noch die alte Mühle. Der Müller war zugleich Bäcker. Gegenwärtig ist Kloster ohne Bäckerei. Nach Abbruch dieses alten Kruges, dessen Neubau die Grundherrschaft nicht angreifen wollte, beschloß der damalige Wirt, der alte S c h l i e k e r (seit 1860 Inhaber) den Bau eines G a s t h o f s auf eignem Grund und Boden mit 7—8 Fremdenzimmern, der nachher (1897) von seinem Schwiegersohn J o h a n n G a u betrieben wurde und jetzt noch steht (No. 4 auf dem Ortsplan), dem 1912/13 neu erbauten „H o t e l z u m D o r n b u s c h" als Nebenhaus dienend.

24

Auch in V i t t e gab es einen bescheidenen alten K r u g, mit Stroh gedeckt, dessen Wirtin, eine Witwe Schluck, ihn um 1874 an einen gewissen Tredup abtrat, der ihn um 1886 wiederum einem Rügener, F r e e s e († 1901), überließ, nachdem er einen kleinen Tanzsaal angebaut hatte. Aus diesem Krug ist alsdann das heutige „H o t e l z u r O s t s e e" entstanden (No. 22, C, auf dem Ortsplan von Vitte). Einige Sommergäste gab es schon um 1879/80 in Vitte.

Im Jahre 1879 wurde in V i t t e auch eine P o s t - a g e n t u r eingerichtet, und nach einem Neubau des Postagenten, Herrn N e h l s, wurde sein Haus das noch heute bestehende „L o g i e r h a u s z u r P o s t", am Binnenstrande, beim Dampfersteg, etwa um 1894. (No. 62 A im Ortsplan.) In den sechziger und siebziger Jahren des vorigen Jahrhunderts war nun nicht blos der Mangel an Unterkunftsstätten, sondern auch das Fehlen einer regelmäßigen Dampferverbindung der Entwickelung eines regeren Sommerverkehrs hinderlich. Man kam noch mit S e g e l b o o t e n nach Hiddensee. Später benutzte man den Dampfer Stralsund—Breege, der schon um Mitte der achtziger Jahre verkehrte, und bootete sich beim Vorüberfahren an der Fährinsel aus, um nach Hiddensee zu gelangen.

Nach Fertigstellung des Dampferbollwerks in Kloster veranlaßte der dortige Gutspächter, Herr Luhde und sein Sohn und Nachfolger, Herr Ernst Luhde, den Kapitän und Besitzer einer 1892 neu eingerichteten Dampferlinie Stralsund—Wiek (Wittow), Herrn Bentzien, mit seinem Dampfer „Caprivi" im Sommer täglich auch in Kloster anzulegen (um 1892). Zunächst nur versuchsweise und mit der Zusicherung einer Beihilfe von 30 Mark monatlich. Der Versuch gelang so gut, daß der Kapitän schon nach drei Monaten auf diese Beisteuer verzichtete. Aus den F r e m - d e n b ü c h e r n der erwähnten Gasthöfe kann man nur annähernd feststellen, wie sich der F r e m d e n v e r k e h r in Hiddensee, sowohl in Kloster, wie in V i t t e, entwickelt hat. Das S c h l i e k e r s c h e F r e m d e n b u c h geht zurück bis auf das J a h r 1868, wo er noch im alten Krug zu Kloster hauste.

Die meisten Gäste kamen damals wohl von Wiek, Schaprode oder Stralsund hergesegelt, oft in Gesellschaften. Nur wenige blieben länger, weil es an Unterkunft fehlte. 1868 trugen sich nur 8 Personen, davon 7 aus Berlin, in das F r e m d e n b u c h d e s G a s t w i r t s S c h l i e k e r ein. Einige verweilten ein paar Wochen. Einer war ein Maler, ein anderer ein Geheimrat, aus Berlin, ein dritter ein Schriftsteller (Otto Glagau). 1869 waren es 21 Personen, darunter der Regierungspräsident Graf Behr. 1870 (32 Pers.) war schon ein Gast aus Wien da. 1871 (31 Pers.) traf im August die berühmte Opernprimadonna P a u l i n e L u c c a ein, damals 29 Jahre alt, mit der zusammen sich

Bismarck einmal photographieren ließ. Die Zahl der eingetragenen Besucher schwankte auf und ab, meist zwischen 15 und 30, ja auch wohl über 50.

Für 1884 findet man 68, 1885 aber schon 120 Eintragungen. Etwa damals ist die Dampferverbindung Stralsund—Breege ins Leben getreten, die an der Fährinsel auch Fremde nach Hiddensee absetzte, sodaß seitdem oft nahe an 200 Gäste sich in dem Buche, das bis 1895 reicht, eintrugen; z. B. 1886 schon 194 Personen, 1887 etwa 180. Einige dieser Namen dürften heute noch von Interesse sein; so 1876 der Münchener Maler G. S c h ö n l e b e r; 1882 Dr. D. Hahn, der spätere Führer des Bundes der Landwirte; 1885, am 29. Juli G e r h a r t H a u p t - m a n n aus Berlin — wohl zum ersten Mal — und sein Bruder C a r l H a u p t m a n n, aus Zürich; ferner (1885) der Maler M ü l l e r = K u r z - w e l l y, der Dichter J o h. T r o j a n; 1888 der Maler W a l t e r L e i s t i k o w, 1892 der berühmte Rechtsanwalt Hermann Sello, 1893 (9. August) der Dichter „Leberecht Hühnchens" H e i n r. S e i d e l, 1895 (Juni) M a r g a r e t e M a r s c h a l k (Berlin), Hauptmanns spätere Gattin und noch viele andere. Dazwischen finden sich auch schon Gäste aus Neapel, aus Rußland, Schweden, England, Amerika. Die Dampferlinie Stralsund—Wiek blieb nicht ohne merklichen Einfluß, wenn die 125 Eintragungen ins Fremdenbuch von 1892 und etwa 160 Namen von 1893 einen Schluß gestatten.

Doch mag damals das größere V i t t e, wo zahlreichere Unterkunftsstätten vorhanden sind, bald mehr in Aufnahme gekommen sein. Die Gasthöfe Z u r O s t s e e und Z u r P o s t hatten sich stetig vergrößert, und die Fischer lernten bald auch das Vermieten.

Im Vitter „K r u g", dem späteren O s t s e e h o t e l gab es wohl auch schon Sommergäste, aber mit der dortigen Art zu kochen konnten diese sich wenig befreunden. So ging er in die Hände des Gastwirts F r e e s e über, der von 1886 an ein F r e m d e n b u c h führte. Im Jahre 1887 gab es hier unter den Gästen schon zwei Herren aus Chile. 1888 trugen sich 36 Personen ein. 1889 schon 57, darunter (12. IV.) der Gründer des Weltpostvereins und Erfinder der Postkarte, S t a a t s - s e k r e t ä r Stephan. 1890 waren es 91 Personen, einschließlich der gestrandeten Mannschaft des Rendsburger Schoners „Helene". 1896 stieg die Zahl auf 115 bis 120. Man findet hier (24. 8.) auch den Namen G e r h a r t Hauptmanns und Frl. M a r s c h a l k s wieder, ebenso in den Jahren 1897, 98 und 99. Der Verkehr wuchs sich nun bald zu einer Höchstzahl nach Maßgabe des vorhandenen Raumes aus. 1900 etwa 125; 1905 (nach Vergrößerung des Hauses) 215 Personen. 1901 schrieben sich ein: die Schriftsteller Dr. Alfred K e r r; Norbert F a l k; Ernst Frhr. v. W o l z o g e n „Theaterdirektor"; Edm. E d e l, Maler; Prof. W a r b u r g; Hofopernsänger G r ü n i n g (Berlin). 1902: Der Maler Oskar K r u s e - L i e t z e n b u r g. 1905: Felix K r a u s e, Maler. 1907: I s m a e l Gentz, Maler, Prof. J a e k e l usw.

Im „L o g i e r h a u s z u r P o s t" (seit 1894) findet sich im Fremdenbuch u. a. der Vers:

I giwt väl Schönes up de Welt,
Wat en Minschen woll geföllt.
In de Neg un in de Firn
Mag man dit un jenes girn.
Doch hier is't so säut un nett,
Dat man sin ganzes Hart hier lett
Un bi sich denkt: nah dit Länneken
Dor möst du bald mal wedder hen.

A r n o l d G u s t a v s, stud. theol. (Greifswald.)
1. 8.—15. 9. 1896.

1901 liest man wieder den Namen G e r h a r t H a u p t m a n n, auch den seiner Brüder und Söhne.

In Vitte gründete im Jahr 1900 etwa ein Dutzend der Fischer einen „Badeinteressenten-Verein", und auch die Nichtmitglieder begannen, sich mehr und mehr auf das Vermieten an Sommergäste zu legen.

Um die Entwickelung Hiddensees zum Badeort war seit dem Jahre 1898 auch ein Mann bemüht, dessen Name hier nicht unerwähnt bleiben darf: der „Einsiedler" und Rezitator Alexander Ettenburg († 1919), der oben im Bergwald auf romantischer Höhe eine aus Brettern erbaute Waldschenke aufmachte. Der Dampfer „Caprivi"

20. Gerhart Hauptmann am Strande von Vitte zu Hiddensee.

legte damals nur in Kloster an, wo in dem 1897 entstandenen Hause des neuen Amtsvorstehers (heute die Pension Zur Post) wiederum Raum für Sommergäste geschaffen war.

Ettenburg, ein Schlesier, der eine kurze Zeit Schauspieler und dann Pensionsbesitzer in Altefähr bei Stralsund gewesen war und sich auch im Dichten versuchte, nannte sein Waldgebiet „Tannhausen" und die große Schlucht am Außenmeer „Swantewit-Schlucht". Er veranstaltete auch Theateraufführungen im Freien und baute zwischen die hohen Kiefernbäume aus dünnen Brettern einen Tanzsaal, das Dach nur aus Pappe (ohne Bretter) bestehend, mit Oelgemälden seiner ersten Gattin, einer Malerin, an den Wänden. Und im Walde davor, an vielen Tischen und Stühlen, war sein Waldrestaurant. Er hat den zunehmenden Strom der Sonntagsgäste, die mit Sonderdampfern gefahren kamen, dort hinauf zu lenken gewußt, nach den schönsten Stellen der Insel, und machte gleichzeitig aus seinem mit 100 Mark Anzahlung (Preis 1650 M.) angekauften kleinen alten niedrigen Strohdachhäuschen in Grieben ein von innen reizend ausgestattetes, sogar mit schönen Oelgemälden

behangenes Gasthöfchen, das er „S c h w e d i s c h e B a u e r n -
s c h e n k e" nannte. Auch Grieben wurde damit ein lauschiges Bade-
örtchen, das bald seine Liebhaber fand. Es wird in Clara v. Sydows
Roman „Einsamkeiten" näher beschrieben.

E t t e n b u r g veröffentlichte 1905 im Selbstverlage auch eine Art
Reiseführer, ein Büchlein „D i e I n s e l H i d d e n s e e ... d a s O s t -
s e e b a d d e r Z u k u n f t", das zugleich ausführlich seine eigne Person
behandelt und 1912 und 1919 noch 2 Auflagen von je 1000 Stück erlebte.
Es enthält auch ein Verzeichnis seiner eignen Schriften und Handschriften. Am 1. Nov. 1910 mußte er seine „Einsiedelei" an der Swantewitschlucht abbrechen, da ihm, vermutlich auch wegen seines mitunter etwas
kriegerischen Temperaments, die Pacht des Gebäudes (20 Mark jährlich)
von der Grundherrschaft, — dem Stralsunder Kloster zum Heiligen Geist
(Besitz der Stadt) — nicht mehr verlängert wurde. Der Nachfolger auf seinem Platze mußte die zehnfache Pacht zahlen und baute ein steinernes
Gasthaus dort auf, das jetzige „B e r g w a l d h o t e l z u m K l a u s n e r".
Ettenburg aber errichtete eine neue „Einsiedelei" 10 Minuten südlich von
Vitte, am Außenstrande. Sie ist nach seinem Tode (Ende Oktober 1919
in Stralsund) vom Erdboden verschwunden. Soweit die Fremdenbücher
Aufschluß geben, war Ettenburg 1888 (31. 8.) zum ersten Mal in Hiddensee (Kloster) bei Schlieker „als Lex von Altefähr" abgestiegen und ein-
getragen.

Die B a d e o r t e n t w i c k e l u n g i n K l o s t e r bekam
neue Anregung, als im Frühling 1901 von der Stadt Stralsund (d. h. dem Provisorat des Klosters zum Heiligen
Geist) als Besitzerin der Insel zum ersten Mal ein Grund-
stück am Badestrande zu Kloster im Wege der Verstei-
gerung verkauft wurde und einige weitere Verkäufe folgten.
1904 entstanden dann 4 neue Wohnhäuser, darunter auch
die prächtig-schlichte stilvoll-romantische L i e t z e n -
b u r g auf der aussichtsreichen Höhe nach der See hin,
jetzt gewissermaßen ein Wahrzeichen des Ortes. Ihr Erbauer war der Berliner Maler O s k a r K r u s e - L i e t z e n -
b u r g († 1919), der Bruder des Bildhauers Prof. M a x
K r u s e, der sie jetzt besitzt.

Seit Beginn unseres Jahrhunderts las man in Zeitungen und Zeitschriften wohl schon mancherlei Aufsätze
und Hinweise auf Hiddensee; der Dampferverkehr und die
Wohngelegenheiten mehrten sich bedeutend. In B e r l i n
wurden später zwei Straßen nach der Insel benannt, die
„H i d d e n s e e s t r a ß e" in Pankow und die „H i d d e n -
s o e r S t r a ß e" an der Prenzlauer Allee. Und doch
konnte man noch nicht sagen, daß Hiddensee schon für
weitere Kreise entdeckt gewesen wäre. Es blieb immer
noch ein ziemlich enger Kreis, der die Insel kannte, doch
dann auch meist schwärmerisch liebte. Wer noch nicht
weit gereist war und Vergleiche anstellen konnte, wagte
es oft gar nicht, Hiddensees Reize gebührend einzu-
schätzen.

Es war keineswegs übertrieben, ja nicht einmal
genug, wenn ein neuer Hiddensee-Entdecker (1885) unserer
Tage, R e i n h o l d F u c h s, aus Dresden, Verfasser de[r]

Gedichtssammlung „Strandgut" (1902) 1904 in der „Weiten Welt" in einer illustrierten Beschreibung der Insel von der A u s s i c h t auf den Höhen sagte:

„In ihrer ernsterhabenen Schönheit gehört sie zu den herrlichsten, die an den Gestaden der deutschen Meere zu finden sind."

Das war nicht „Lokalpatriotismus" überschwänglicher Art, sondern eine Empfindung, die auch andere Besucher zu ergreifen pflegte, auch weither gereiste aus dem Ausland.

Eine namhafte und beliebte e n g l i s c h e S c h r i f t s t e l l e r i n, die unter dem Namen E l i s a b e t h schreibt, hat Hiddensee als das Schönste gepriesen, was ganz Rügen aufweist, und zwar in ihrem fesselnd erzählten Buche „E l i s a b e t h s A b e n t e u e r i n R ü g e n" (The adventures of Elizabeth in Ruegen, London 1904.) Ins Deutsche übersetzt von H e d w i g J a h n. Die Verfasserin, nach Angabe Ed. Engels in seiner Geschichte der Englischen Literatur eine geborene L a d y B e a u c h a m p, zeitweilig spätere G r ä f i n v o n A r n i m, schildert in fröhlichem Erzählertone eine Wagenfahrt durch ganz Rügen mit Einflechtung eines spannenden Romans, der in Hiddensee endet.

„H i d d e n s e e", so beschreibt sie den Eindruck bei der Annäherung, „lag von Norden nach Süden ausgestreckt da, lang und schmal, w i e e i n e E i d e c h s e, d i e i n d e r S o n n e l i e g t."

Und als die Höhen bei Kloster erstiegen waren, heißt es:

„I c h w a r v o l l k o m m e n v e r b l ü f f t v o n d e r L i e b l i c h k e i t d e s B l i c k e s. Der schimmernde Bodden, mit all seinen Buchten und kleinen Eilanden lag tief unter uns, nach Norden vor uns die See, nach Westen die See, nach Osten geradehin, an der andern Seite des weiten Rügen, die See; fern im Süden stiegen die Türme Stralsunds empor; dicht hinter uns erfüllte ein junger Kiefernwald die Lüfte mit wogenden Wohlgerüchen; zu unseren Füßen der Rasenteppich voller Blumen. O weite herrliche Welt! Wie wonnig ist es manchmal hinwegzublicken über große ferne Räume, seine Augen über die Enge emporzuheben und das weite Schweigen zu empfinden, das über einsamen Höhen ruht! Regungslos standen wir da vor dieser sich uns plötzlich auftuenden Schönheit der Gotteswelt. Der Ort schien erfüllt von einer heiteren, mächtigen Gegenwart. Hoch oben, nahe den Wolken, sang eine einsame Lerche ihr Jubellied. Sonst kein Laut ringsum."

Am Schluß des Buches aber, wo sie abwägend die Eindrücke aller geschauten Gegenden Rügens wiederholt, sagt sie: „D e r s c h ö n s t e O r t w a r H i d d e n s e e" (The most beautiful place was Hiddensee).

Worin die Reize des Eilandes bestehen, das drückte der Berliner Maler F e l i x K r a u s e in einer mit Bildern bedachten Studie „Hiddensee" in Westermanns Illustrierten Monatsheften so aus (1907):

„Was macht nun den H a u p t r e i z aus, den einen eben, der nur für Hiddensee charakteristisch ist? Seltsam schöne Hügel, Wälder, liebliche Dörfer finden sich wohl auch anderswo in deutschen Landen, auch zum Meere wild zerklüftete Steilküsten. Das Meer selbst und seine Farbenpracht und Wechselstimmung ist nicht nur hier. Leicht könnte man glauben, daß jener Eigenreiz eben im Zusammentreffen dieser beiden Hauptmotive läge. Doch nein! Die unendliche Weite ist s, die sich überall auf dem flachen Teil der Insel wie von den Höhen herab, dem Auge auftut. Die Klarheit der Luft dazu, die unermeßliche Größe von Land, Meer und Firmament, ringsum die ungeteilte Linie des Horizonts — das alles wirkt zusammen und erzeugt immer wieder von neuem das Gefühl, als ob man in unbegrenztem Raum wäre. Dies herrliche Gefühl befreit von der Last des kleinen Tages, weitet das Herz, den Blick und die Gedanken, und in harmonischen Einklang gebracht mit den vielen, vielen Schönheiten der Landschaft, der Häuschen, Wiesen, Felder und des Meeres, erzeugt es jene große sehnsüchtige Liebe, die jeden hier packt, dem es gegeben ist, zu fühlen."

1. Kloster und die Lietzenburg von den Höhen des „Dornbuschs" gesehen.
Phot. Trau und Schwab, Dresden.

Mit einem Wort, es ist die wunderbare Poesie Hiddensees, die so mächtig ergreift und wirkt; es ist der insulare Reiz, der beständige Augenschein ringsum, daß man auf einer Insel, einem kleinen pommerschen Ithaka für sich ist, dessen patriarchalische Zustände bislang so wundersam anheimelten.

Wie sehr Hiddensee auf alle poetischen und empfänglichen Gemüter bezaubernd einwirkt, das spiegelt sich auch in dem für alle Freunde und Bewunderer der Insel höchst fesselnden und lesenswerten Roman „Hiddensee" (1910) von Adolf Wilbrandt (1837—1911) wieder, wo sie das ausgesprochen finden dürften, was sie selbst immer wieder empfanden. Wilbrandt, ein geborener Rostocker, Schauspiel- und Romandichter, für sein Drama Kriemhild (1877) mit dem Schillerpreis gekrönt, zeitweilig in Italien lebend, sechs Jahre lang Direktor des Wiener Hofburgtheaters (1881—87), schrieb diesen Roman in der kühleren Reife des Alters. Und doch, welche glühende Liebe, Verliebtheit und Begeisterung für die Insel klingt aus den Worten der von ihm gezeichneten Gestalten! Fast als ob es sich um eine Reklameschrift für Hiddensee handelte, wo er jedoch ziemlich incognito geweilt haben muß, denn ich habe in 25 Jahren nie was von seinem Dortsein gehört oder seinen Namen in den Fremdenbüchern der Gasthöfe gefunden. Seine Geschichte spielt hauptsächlich in V i t t e, wo ein einst gefeierter alter Schauspieler (Wolf) sich angekauft hat und mit gleichgesinnten Ansiedlern und Freunden ein erlesenes geistiges „Neuhiddensee" bilden will. Einmal sagt er da:

„Ich liebe dieses Hiddensee ... Es ist mir hier e i n e S e h n s u c h t erfüllt worden, die mich durch mein Leben begleitet hat ... ich habe hier beisammen gefunden, was ich ewig suchte: Natur, Frieden, Gottesnähe, Freiheit ..." An anderer Stelle: „In Hiddensee stecken Wunderkräfte". Oder: „Hiddensee, die Insel der Inseln!" Das Bergland „die Krone von Hiddensee". „Hier oben", sagt einer, „wären A m e r i k a - n e r gewesen, die hätten erklärt, d i e s s e i doch das S c h ö n s t e, was sie in ganz Europa gesehen hätten."

Im Jahre 1910 erschien noch ein anderer Roman, der auf Hiddensee spielt, wenn es hier auch „Andersee" genannt wird: Der Roman „Z u m L i c h t" von K o n r a d M a ß, gebürtig aus Anklam, um 1901 Ratsherr in Stralsund (mit der Verwaltung Hiddensees befaßt). Er hatte 1902 bereits eine Novelle „D e r G o l d s c h m u c k v o n H i d d e n s e e" veröffentlicht (2. Aufl. 1924). Auch ein R o m a n C l a r a v o n S y d o w 's „Einsamkeiten" (1911) hat Hiddensee zum Schauplatz seiner Begebenheiten erwählt und spielt meist in Grieben und Kloster. Dort mehr davon.

Daß der Dichter G e r h a r t H a u p t m a n n, ein Neuentdecker und besonderer Freund unserer Insel, schon seit 1885, manche seiner Dichtungen mehr oder weniger offenkundig Hiddensee zum Schauplatz haben läßt, darf ich wohl als bekannt voraussetzen, so z. B. sein Spiel zu Scherz und Schimpf „S c h l u c k u n d J a u" (1900) (Schluck und Gau sind echt Hiddenseeische Namen) und noch mehr „G a b r i e l S c h i l l i n g s F l u c h t" (1912), wo der Inselname allerdings „Fischmeisters Oye" lautet, aber die Ortschaften Kloster, Vitte, Fährinsel usw. ungeändert genannt werden.

Doch genug dieser Erwähnungen! Man kann nicht alle Dichter nennen, die die Insel in ihr Herz geschlossen haben.

In den Jahren 1909 bis 1913 entstanden in K l o s t e r zahlreiche N e u b a u t e n, die für die Entwickelung des Verkehrs von großer Wichtigkeit waren, vor allem behaglich moderne Gasthöfe (Hotel Hitthim, das Bergwaldhotel zum Klausner, das Hotel zum Dornbusch;) und gut eingerichtete Fremdenheime (Pension „Haus am Meer"; „Wieseneck"), und auch der Gasthof in Grieben wurde umgebaut.

Ebenso war in Vitte viel gebaut und umgebaut worden. Für den Badearzt der Insel wurde ein besonderes geräumiges Haus aufgeführt.

Um 1912/13 konnte man auf der ganzen Insel schon etwa 725 Fremdenzimmer mit etwa 1500 Betten zählen und für 1912 wies die Statistik 2200 kurtaxzahlende Badegäste auf, natürlich ohne die kurzfristigen und die Touristen. Das war für 5 Badeorte freilich nicht viel, angesichts der 460 000 Badegäste in allen Ostseebädern und der 209 000 in den Nordseebädern, doch es war ein Fortschritt.

Eine für sehr viele v e r l o c k e n d e E i g e n t ü m - l i c h k e i t Hiddensees war es von jeher, daß man überall u n e n t g e l t l i c h u n d u n g e z w u n g e n, ohne kostenpflichtige ins Meer hinausgebaute Badeanstalten mit Zellen und kurz befristeter Benutzungszeit baden und sich stundenlang in Badehosen oder Badeanzügen am Strande tummeln, sonnen und aufhalten konnte. Jeder Vermieter hatte seine eigene Badehütte zum Auskleiden, und wenn deren Zahl meist bei weitem nicht ausreichte, so taten es Strandkörbe auch.

So ist denn Hiddensee nun auch für weitere, selbst anspruchsvollere Kreise jetzt längst entdeckt und zugänglich geworden. Ja, schon im Wilbrandtschen Roman von 1910 hieß es, aber nicht von Seiten des alten Schauspielers: „H i d d e n s e e i s t i n Mode gekommen; es ist guter T o n, hierher zu gondeln oder wenigstens hier gewesen zu sein. Zuerst hat ein sog. E i n s i e d l e r, auch Dichter, die Trompete an den Mund gesetzt; dann haben sich d i e M a l e r eingefunden, d i e K o l u m - b u s s e u n s e r e r Z e i t. Heimatkunst! Das deutsche Meer und das deutsche Land. Das hat dann die Idealisten herangezogen, die besseren Menschen, die vor den nervenzerrüttenden Segnungen der Kultur fliehen, die Natur und die Freiheit suchen. Und jetzt kommt der ganze Schwarm, die Sportleute, die Mitmacher, die Modehämmel: auf nach Hiddensee."

Indessen, diese Worte waren damals zum Teil doch etwas übertrieben. Es gibt wohl noch Zehntausende von weit- und vielgereisten gebildeten Menschen, die in Capri, Nizza, Norwegen usw. waren, aber Hiddensee nicht kennen. Und ein Grund dafür mag auch zum Teil darin liegen, daß das Angebot an Unterkunft und Verpflegung und von Privatwohnungen, besonders im romantischen Kloster, der Nachfrage noch lange nicht genügte.

In den Kriegsjahren, wo die Insel von Landsturmleuten besetzt war, ging der Badeverkehr natürlich zurück. Merkwürdig war aber, daß nach der Kriegszeit, besonders vom Jahre 1 9 1 9 an, eine auffallend rege A n - s i e d e l u n g v o n S t ä d t e r n m i t e i g e n e n L a n d -

32

h ä u s e r n hier einsetzte. In Kloster wurden allein etwa
ein Dutzend neue Häuser erbaut. Viele Freunde der Insel
verfolgen diese Entwicklung mit Besorgnis, wie auch eine
Gestalt im Wilbrandtschen Roman sagt:

> „Hiddensee ist ja eine M o d e s a c h e geworden; wie wurden
> wir diesen Sommer schon mit ‚Leuten‘, mit Sport- und Weltmenschen
> überschwemmt. Uebers Jahr werden mehr kommen und immer mehr!
> Und sie werden Hiddensee solange modernisieren und ruinieren, bis
> wir weiter ziehn!"

Doch es hatte sich schon ein „N a t u r - u. H e i m a t -
s c h u t z - B u n d" in Hiddensee gebildet, und man darf
auch nicht zu schwarz sehen. Man darf nicht zu selbstisch
ein Reich der Schönheit andern Mitmenschen vorenthal-
ten wollen. Hiddensee ist 17 Kilometer lang, 16 Quadrat-
kilometer groß und hat viel Platz. Und bei aller Ent
wickelung hat es in Wirklichkeit in den letzten 25 Jahren
nicht an Schönheit verloren, sondern sogar reichlich ge-
wonnen, trotz mancher unschönen Bauten, die nicht hierher passen. Die Pflanzenwelt hat sich bereichert, die
Wälder sind viel höher gewachsen und mit Unterholz
geschmückt, viele früher kahle Höhen und kahle Dünen-
züge sind bewaldet; die roten Ziegeldächer in Kloster erscheinen vom Waldrande überm „Haus am Meer" in der
Abendsonne wie in magisches Licht getaucht, und Vitte,
trotz mancher stillosen Bauten inmitten der andern, zeigt
in der Ferne, hinter der grünen Pfarr-Wiese, hohe
malerische Reize eines ländlichen Idylls.

Noch immer wird man auch heute Stellen finden, wo
man mit dem Alten in Wilbrandts Roman sagen kann:

> „Natur, Frieden, Freiheit! Wenn ich hier am Rande liege oder auf
> der Wiese oder auf der Heide — es ist so eine Welt für sich. Da
> gibt es keine gepflasterten Straßen, keine Dampfwagen, keinen Kraft-
> wagen; alles, wie vor hundert oder tausend Jahren. Und ringsum das
> Große, das Freie, das Ewige, das Meer! Da wird einem weit und
> frei um die Brust!"

Um nicht ein vielleicht von persönlicher Vorliebe
befangenes Urteil abzugeben, habe ich so die Aussprüche
derer wiederholt, die Hiddensee früher und in unseren
Tagen als Reiseziel entdeckt und beschrieben haben. Ich
selbst stehe aber nicht an, zu erklären, daß ich seine
Seelandschaftsbilder mit zu den schönsten in Mitteleuropa rechne, die den Namen des „C a p r i v o n P o m -
m e r n", der außergewöhnliche Lieblichkeit und insulare
Bergromantik zugleich ausdrücken soll, vollauf recht-
fertigen

Ein vielgereister Stralsunder Herr in reifen Jahren
empfahl mir sogar, ihm ruhig den noch mehr besagenden
Namen „D a s D e u t s c h e C a p r i" zu geben. Der Verfasser des Buches „N a t u r s t u d i e n" (1922), W e c k -

man-Wittenburg, auf 60 Seiten auch Hiddensee behandelnd, schrieb sogar zum „Capri von Pommern":

„Nun, auf manche romantische Uferpartien würde ein solcher Vergleich entschieden zutreffen. Trotzdem kann das sonnendurchglühte, felsige Eiland Italiens sich in Vielerlei nicht mit der lieblichen, grünen Ostseeinsel messen."

Manch Anderer stieß sich wiederum an dem Vergleich mit Capri, nannte ihn „törichte Fremdländerei", er selbst zog dabei aber dem seit Jahrhunderten deutschen Namen „Hiddensee" die dänische Zurechtstutzung „Hiddensoe" von 1911 vor und bedachte nicht, daß dieser Vergleich den vielen in den weiten Süden reisenden Caprikennern und Hiddensee-Nichtkennern eine sanfte und jetzt sogar sehr zeitgemäße Erinnerung sein soll, daß wir es eigentlich gar nicht nötig haben, so „in die Ferne zu schweifen", wenn wir daheim etwas ähnlich Schönes, wenn auch vielfach Andersartiges haben, und daß die Worte des Dichters (Geibel) hier auch uns gelten können:

„Alle Wunder, die ich ferne
Suchte, trägt der Heimat Schooß.
Und so segne ich meine Sterne
Und so preise ich still mein Loos."

22. Blick von den Strandhöhen südwärts.

23. Das Bergland von Hiddensee.
Phot. J. Simonsen, Oldenburg i. Holstein.

4. Die Fahrt nach Hiddensee.

Welch ein dämmernd, bergigt Bild erscheint
Wo sich Meer und Himmelssaum vereint?
Ist es Nebel, ist es Fels zu nennen?
Zweifelnd kann das Auge nicht erkennen,
Ob auf weiter Flur ein Berg sich hebt,
Ob ein Eiland auf den Wogen schwebt?

Ist es einer Riesenwelle Kamm,
Die herbei in Wut des Sturmes schwamm,
Die, von schnellem Zauberwort gebunden,
Als der Zorn der wilden Flut entschwunden,
Nicht zurück den Weg zum Ursprung fand,
Drohend hoch seitdem im Meere stand?

Wie ein Traum, der still die Seele füllt,
Schwimmt das Eiland duftig bunt umhüllt.
Störe nicht des Schlummers leise Bilder;
Ach, nicht immer ist das Leben milder,
Freundlicher der Wirklichkeit Gewalt,
Als des Traumes dämmernde Gestalt.

Fr. Furchau, 1830.

Schon in Stralsund kann man am fernen Horizonte oft den dunkeln Schattenriss des Hiddenseer Berglandrückens wahrnehmen, wenn das Wetter klar ist, besonders bei Nordwind. Die Südspitze der Insel liegt etwa 16 km, das Bergland 30 km nordwärts von der Stadt. Von der „Fährbrücke" im Nordhafen trägt uns nun einer der Dampfer in angenehmer Fahrt dahin. Der Rückblick auf die Häuser und Türme Stralsunds nimmt sich prächtig aus, wenn auch das gegenüberliegende Rügen bis auf den stattlichen Park von Altefähr hier etwas kahl und öde drein schaut und seine fernere Schönheit kaum ahnen läßt. Doch an einem sonnigen Tage ist die Reise stets eine wahre Freude. Es geht beständig nordwärts.

Merkwürdig! schon nach einer Weile sieht man über dem Horizonte dunkle Gruppen von Häusern und Bäumen geradezu in der Luft schweben, ohne das Wasser zu berühren! Eine wunderbare Erscheinung. Es sind die Fischer-Häuser von Neuendorf und Plogshagen, den Süderdörfern Hiddensees. Bei der Fahrt dahin erblickt man vorher rechts ein flaches Inselchen, die Heuwiese; dann weiterhin malerisch von großen Bäumen umgebene Bauernhöfe (Suhrendorf und Heide) auf der Insel Um-

35

manz, die sich Rügen vorlagert. Nach Westen, zwischen
Hiddensees Südspitze und dem bewaldeten erhöhten Festlande, bei Barhöft (Lotsenstation), ist eine Durchfahrt der
Schiffe ins offne Meer. Der neue L e u c h t t u r m auf dem
Gellen, dem Südteil Hiddensees, war uns längst sichtbar.
Häufig lagern auf den sog. Gellerhaken, einer Untiefe
bei der Südspitze, die oft blos liegt, Hunderte von wilden
Schwänen, von Gänsen und anderen Seevögeln, ganz deutlich erkennbar. Ebenso beim G ä n s e w e r d e r, die ein
besonderes Vogelschutzgebiet ist. Rechts im Osten kommt
uns der Kirchturm von Schaprode auf Rügen immer näher.
Nun landet einer der Dampfer nach einer Fahrt von 1¾—2
Stunden am Dampfersteg von N e u e n d o r f auf Hiddensee. Früher fuhr er 15 Minuten später quer hinüber nach S c h a p r o d e (5 km 20 Min.), einem idyllisch
gelegenen freundlichen Kirchdorfe Rügens. Heute (1924)
liegen die Fahrpläne anders. Die Prätzschen Dampferlinien, früher auch Kloster anlaufend, verkehren jetzt so:
Stralsund—Schaprode—Wiek oder Stralsund—Neuendorf
a. H.—Breege und umgekehrt.

Die Einfahrt nach Schaprode geht durch die schmale
Wasserstraße zwischen Schaprode und der kleinen Insel
O e h e, einem alten Rittergute. Die Reize dieser Fahrt
sind schon vor 85 Jahren von einem Heimatsdichter des
Pommernlandes besungen worden.

Nun fahren wir den Strom hinein
Zur freundlichen Schaprode.
Es strahlen grün die Häuserreih'n,
Geschmückt nach Schiffermode.
Seestädtchen scheint Schaprode.

Nun fahren wir uen Strom hinein.
Im Abendschimmer glühend
Dehnt sich das Eiland klein u. fein
Im Wellenschoße blühend,
Die hübsche Insel Oehe.

Nun landen wir und steigen aus,
Der Kirchturm soll uns leiten,
Wo offne Arme — seht das Haus! —
Sich uns entgegen breiten.
O freundliche Schaprode!

Nun muß ich noch im Abendrot
Die Insel gleich mir schauen.
Da schwebt das Seil, da liegt das
O stille Friedensauen! [Boot.
O hübsche Insel Oehe!
Karl Lappe. 1841.

Schaprode (325 Einw.) **und die Oehe.** Gleich am Bollwerk in Schaprode G a s t - u. L o g i e r h a u s v o n H. L ö w e (früher Weidemann).
Schaprode ist ein beliebtes Ziel der Hiddenseer Badegäste bei ihren
S e g e l b o o t p a r t i e n. Es weilen hier öfter auch Sommergäste, und
die Schaproder planten schon vor dem Kriege, ihr Dorf auch zu einem
kleinen Badeorte zu machen. Zwei Eichenholzstrebepfeiler in der K i r c h e
sollen aus den früheren Wäldern Hiddensees herstammen. Um 1830 war
am Nordende des Dorfes noch ein viereckiger Wall („Wallberg") mit
Graben erkennbar, vermutlich die Ueberreste der alten B u r g S c h a p -
r o d e. Der Name „Schaprode" ist mehrfach zu deuten versucht: als
„S c h i f f - r e e d e" (vgl. Apenrade); auch (wendisch) als „Sa broda"
(jenseits der Fähre, der Furt), ganz da die Fähre von und nach der
Oehe. Im Mittelalter hatte der Pleban von Schaprode auch die Seelsorge
von Hiddensee, vor der Gründung des dortigen Klosters (1296), und das
Rittergeschlecht der Erlandson hatte Besitzrechte in Hiddensee. Am Nordende des Dorfs steht heute noch ein aufrechter G e d e n k s t e i n mit
einem Relief=Crucifix und Wappen und einer ganz unleserlich gewordenen
erhabenen I n s c h r i f t. Hier soll die Stätte sein, wo der Bischof Jakob Er-

landson 1278 als Opfer seines Bekehrungseifers fiel. Schon Wackenroder (1730) erwähnt dieses Kreuz und fügt hinzu: „Die Buchstaben sind nunmehro unleserlich, dafür man vermutlich in Päbstlichen Zeiten vor der Ernte Messe gelesen". Erst am 25. September 1915 gelang es dem Geh. Rat Prof. L e m c k e (Stettin), die Inschrift fast ganz zu entziffern. Sie lautet:

Alle die hie hinne gahn
Ik bidde se ein kleines stahn,
Unde bidden Gott in korze Tit
Mak de Seel de Pyn quid.

Knapp 10 Minuten weiter nördlich ein H ü n e n g r a b, rechts am Wege. Ueber Poggenhof bis S e e h o f (1 Std. v. Bollwerk i. Schaprode) zur F ä h r e (2 alte Schanzen daselbst) nach der Fährinsel und Hiddensee.

Die **Insel Oehe.** Sie war Besitz eines alten Geschlechts derer von der Oehe, das schon in einer Urkunde von 1340 erwähnt wird, und ist 300 Morgen (drei Viertel qkm) groß. Seit 1876 wurde sie Eigentum der Schwestern L a u r e t t e und J o h a n n a S c h i l l i n g, deren Mutter eine geborene v. d. Oehe war. Früher verband eine Fähre mit einem Seil die Oehe mit Schaprode. Dieses uralte Fährrecht auf beide Ufer wurde angefochten und gab Anlaß zu großen Streitigkeiten. Die Besitzerinnen verboten schließlich das Betreten der Insel Oehe und zogen sich immer mehr in völlige Einsamkeit zurück. Das Gut verwilderte, die Gebäude verfielen, das Vieh lief frei und ungepflegt herum. Es wurde erzählt, die ältere Schwester Laurette hätte auf Fischer oder Leute, die landen wollten, geschossen. Alle Welt sprach davon. Wahrheit und Dichtung waren schwer zu trennen. Die Dame soll Freiheitsstrafen erlitten haben. In einer Streitschrift: „D e r   K a m p f   u m s   R e c h t   d e r   B e - s i t z e r i n n e n   v o n   O e h e   b e i   d e r   I n s e l   R ü g e n" verteidigte sie sich. Ein paar Jahre vor dem Kriege starb sie, die Schwester folgte ihr in den ersten Kriegsjahren. Sie hatte 1912 das Gut verpachtet, nachdem sie nachts einmal überfallen war und sich nicht mehr sicher fühlte. In Form einer N o v e l l e   „E i n   w u n d e r l i c h e s   E i l a n d" von F e d o r   S o m m e r (Lpz. Reclams Universalbibliothek N. 5684) sind ihre Schicksale ziemlich wahrheitsgetreu und recht fesselnd erzählt worden.

Der Dampfer wendet nun, nach 15 Min. Aufenthalt, und fährt nordwärts, durch das schmale Fahrwasser, „d e r   T r o g" genannt, an der kleinen F ä h r i n s e l vorbei, wo man sich ausbooten lassen kann, wenn man von hier aus Hiddensee erreichen will. Früher fuhr er an Vitte vorüber zum Fuß der Berge nach K l o s t e r (¾ bis 1 Std.) vorbei an der Bessinschen Schaar, einer großen Sandbank kurz vorher, wo man oft auch hunderte, ja tausende von Seevögeln lagern sehen kann. Gegenüber östlich, an der Südspitze der Halbinsel „Der Bug", das W i t t o w e r   P o s t h a u s (Lootsenstation), eine Ortschaft von 100 Einwohnern, schon 1685 von der schwedischen Regierung für die Postschiffe nach Ystadt eingerichtet. Die Dampfer der Hiddenseer Genossenschaftsreederei („Caprivi") fahren von Stralsund unmittelbar nach V i t t e (2¼ Std.) und dann nach K l o s t e r (3 Stdn.). Wie ein Städtchen am Wasser liegt das malerische Fischerdorf Vitte vor dem nahenden Beschauer, und wenn der Dampfer etwa bei Sonnenuntergang vorüberzieht, sodaß sich blos die schwarzen Schattenrisse der Häuser zeigen, hinter ihnen aber der feuerrote Sonnenball mitwandert und seine Glut in den Fluten des Binnenwassers spiegelt, so kann man ein unvergeßliches Schauspiel der Schönheit erleben.

5. Allgemeine Mitteilungen über die Insel.

Lage, Größe und Charakter Hiddensees.

Die ganze Insel Rügen zählt 967,7 qkm oder 17,6 Quadratmeilen mit 57 000 Einwohnern und ihre größte Länge beträgt etwa 53 km. Hiddensee liegt nun an der Westseite der nördlichen Hälfte Rügens, in einem Abstande von 1—5 km, und bietet ein natürliches Schutz-Bollwerk der Hauptinsel gegen die gefährlichen Weststürme. Ihre Südspitze, der Gellen, ist etwa 16 km von Stralsund entfernt und ungefähr 3½ km von der nächsten Festlandstelle (bei Barhöft). Die Nordküste liegt 33 km von der Stadt ab. Hiddensees Gestalt kann man beinahe einem H e r i n g mit geknicktem Kopf vergleichen; oder auch einem langgestreckten S e e - p f e r d c h e n. Sie zieht sich ungefähr von Norden nach Süden hin und weist eine **Länge** von rund 17 km auf (nach dem Meßstichblatt der Kgl. Landesaufnahme). Das Dornbuschhochland von der Rettungsstation bis zum Enddorn ist 3,5 km lang, die Küstenlinie zwischen beiden Punkten 4,5 km. Das Flachland erstreckt sich etwa 14,3 km weit, der Alt-Bessin 3,4 km. Von 1695 bis 1886 ist das südliche Flachland um 1,3, Alt-Bessin um 0,7 km länger geworden.

Hiddensees Breite beträgt an den schmalsten Stellen bei Plogshagen etwa 240 m (den Damm mitgerechnet, ohne ihn 125 m), bei Vitte 260 m, bei Kloster etwa 280 m; an den breitesten Stellen dagegen ist es, gerade gemessen, im Flachland bei der Hasensuhr 1,82 km, am Dornbusch 1,55 km; die Fährinsel mitgerechnet, ergibt sich eine Gesamt-Breite von 2,12 km; und die Halbinsel Alt-Bessin mit ihrer Bucht einbegriffen, kommen beim Dornbusch 3,05 km heraus.

Der **Flächeninhalt Hiddensees** stellt sich nach der Meßtisch- und Generalstabskarte von 1886 auf 16,1 qkm, mit den seitdem erfolgten Landanschwemmungen (nach Dr. Haltenberger 14,2 ha am Alt-Bessin und 1,24 ha am Gellen) aber etwa auf 16,25 qkm, wovon allerdings wahrscheinlich wiederum gewisse Landverluste, besonders an den Steilküsten abzurechnen wären. Nach der Generalstabskarte hat der diluviale Inselkern, das Dornbuschhochland mit der 'Kloster—Griebener Abflachung, einen Flächenraum von 3,9 qkm, die dranstoßende Halbinsel Alt-Bessin 0,85 qkm, das Hiddenseer Flachland 11,05 qkm und die Fährinsel 0,30 qkm (nach älteren katasteramtlichen Angaben allerdings 0,37). In runder Summe kann man also 1 6 q k m auf Hiddensee rechnen, oder heute vielleicht schon etwas mehr, da jene geologischen Berechnungen schon 15 Jahre zurückliegen.

Von der Gesamtfläche der Insel fallen 13,38 qkm auf das G u t K l o s t e r, das dem Kloster zum Heiligen Geist in Stralsund, einem Besitztum der Stadt, seit dem Jahre 1836 gehört. Eine ältere Angabe der Gesamtgröße Hiddensees mit 18,64 qkm und 0,3 Quadrat-Meilen habe ich nicht nachprüfen können. Die obige neuere Angabe dürfte wohl die richtigere sein.

Geographisch bestimmt, erstreckt sich das Eiland vom 54⁰ 27' 42" bis zum 54⁰ 36' 27" nördl. Breite und vom 13⁰ 3' 59' bis zum 13⁰ 9' 8" östl. Länge von Greenwich. Der Nordteil, D o r n b u s c h genannt, ist bergig, mit etwa 30 Höhenkuppen, die bis zu 72,4 m ü. M. emporsteigen und zur See hin steil abfallen. Es sind k e i n e D ü n e n h ü g e l, sondern B e r g e mit einem Untergrund von hartem Mergel, Lehm, Ton und andere Schichten, die bloß oben, etwa 1 m dick mit Flugsand bedeckt und fast überall grün bewachsen sind. Ein bis zu 60 Jahren alter Bergwald (meist Kiefern) von mehr als 2 km Länge, doch von geringer Breite zieht sich auf dem nach dem Meere schroff und wild abfallenden Höhen hin.

Auch unten im F l a c h l a n d sind am Außenstrand A u f f o r s t u n g e n vorgenommen worden, von der Südgrenze Vittes etwa bis zum Karken-See, in einer Länge von gut 5 km; gemischter Bestand. Meist noch jung, etwa 15jährig und jünger. Doch beim Damm, südlich von Plogshagen, steht schon ein 5—6 m hohes E r l e n w ä l d c h e n. Durch die Mitte des Flachlandes, das oft nur 1—1½ m über das Meer hinausragt, ziehen sich weite H a i d e k r a u t f l ä c h e n und ansehnliche D u n e n - h ü g e l k e t t e n hin, die sich bis zu 5 m oder noch mehr erheben, aber auch an anderen Stellen auftreten (am Gellen), doch niedriger.

Die Insel zerfällt also in 4 Teile: d a s H o c h l a n d, d a s F l a c h - l a n d, die flache H a l b i n s e l A l t = B e s s i n und die ebenso flache F ä h r i n s e l. Im Hochland, besonders an den sanfteren östlichen Hängen, gibt es große weite Ackerflächen, ebenso auch südlich von Vitte. Die älteren Berichte von der Oede und Baumlosigkeit der Insel treffen längst nicht mehr zu. Sie prangt vielmehr oft im üppigsten Grün. Auch an grünen Weiden ist sie reich; auch auf den früher sandigen Höhen.

Ortschaften, Häuser und Einwohner.

Hiddensee zählt gegenwärtig 6 O r t s c h a f t e n, die sämtlich B a d e - g ä s t e aufnehmen, 220 Wohnhäuser (1924) und 1007 Einwohner (1919). Die Doppelhäuser, d. h. Fischerhäuser (in Vitte u. Neuendorf-Plogshagen), deren zwei Hälften zwei verschiedenen Besitzern gehören, sind bei diesen Angaben nur als ein Haus gezählt. Die kleine Ortschaft „Wittower Posthaus" mit 102 Einwohnern, die auch zum Amtsbezirk Hiddensee gehört, bleibt hier außer Betracht. Auf die Fischerdörfer P l o g s h a g e n (15 Wohngebäude) und N e u e n d o r f (40 Wohngebäude) kommen 264 Einwohner, auf das große Fischerdorf V i t t e mit der Dünenheide (109 Wohngebäude) 494 Einwohner, auf Kloster mit dem D o r n b u s c h (40 Wohngb.) und G r i e b e n (13 Wohngb.) nebst der F ä h r i n s e l (3 Wohngebäude) 249 Einwohner (1919). Kloster im engeren Sinne (ohne Klausner u. Leuchtturm) hat 30 Wohnhäuser (1912: 12) außer Pfarre, Schule, den 2 Guts- und 2 Arbeiterhäusern. Die ganze Insel Rügen, von der Hiddensee einen Amtsbezirk des Kreises bildet, weist jetzt 57 000 Einwohner auf (1919: 51 000, 1910: 48 160). Nach Grümbkes Angaben auf Grund der Volkszählungen hatte Rügen im Jahre 1803: 27 426 Einwohner, 1817: 28 124. Hiddensee hatte 1803: 829 Einwohner; 1817: 654. 1910 waren es 828 und 1919, wie vorhin erwähnt: 1007.

Klima und Witterung.

Hiddensee hat ein Klima mit g e m ä ß i g t w a r m e n S o m m e r n und g e m ä ß i g t k a l t e n W i n t e r n. Die mittlere Jahrestemperatur von 8.6° C. ist etwas milder als die des sonstigen rügensch-pommerschen Gebietes. Die Julitemperatur beträgt nach 12jähriger Feststellungen in Mittel 18° C. Der Winter ist bedeutend wärmer (1,4° C.) als die mittlere Januartemperatur (0,7° C.) der beobachteten 12 Jahre; der Sommer (16,9° C.) etwas kühler als die wärmsten Monate (18,9° C.) und als die mittlere Juliwärme (18° C.) der 12 Jahre. Die N i e d e r s c h l ä g e sind ähnlich wie in Rügen. Der Feuchtigkeitsgehalt der Luft ist bei der insularen Lage natürlich hoch. N e b e l t a g e sind im Sommer selten. Im Juni, Juli und August, also im Sommer, 1887—1902 gab es durchschnittlich immer nur 2½ solcher Tage; in vielen Sommern auch gar keine Nebeltage.

Die **Winde** sind vorherrschend von Westen (W, NW, SW) gerichtet, öfter auch Ost, und im Sommer am schwächsten (Durchschnittsstärke 3,2); im Herbst (3,6), und im Winter (4) am größten. Durch die westlichen Winde entsteht hervorragend schöner Wellenschlag. Oestliche sanfte Winde bringen meist sonniges, beständiges Wetter mit, doch kühles Wasser. Die **Luft** in Hiddensee, wo das Land fast überall als ein grüner Teppich erscheint, ist v ö l l i g s t a u b f r e i und am Kiefernwald, in der Heide und an sonstigen bewachsenen Stellen angenehm gewürzt. Zeitweilige Wetterumschläge kommen an der l See jedoch öfter vor, sodaß man gut tut, für alle Fälle auch w a r m e K l e i d u n g mitzunehmen.

Sturmfluten sind im Sommer wohl nicht zu erwarten. In 550 Jahren (1365 bis 1904) erlebte Hiddensee 29 Sturmfluten, darunter 6 sehr heftige, aber meist im November, Dezember und Januar. Also 3—6 Sturmfluten im Jahrhundert. Die kilometerlangen S t e i n d ä m m e bei den Süderdörfern sind eine Schutzwehr dagegen für das Land; ebenso die Dämme bei Kloster und Grieben. Das Bergland und die Dünenketten sind natürlich zu hoch für jedes Hochwasser. Der sogen. **Seebär,** ganz plötzlich auftretende und ans Land stürmende sehr hohe Wellen (einmal 2 m hoch) wurde zweimal, 1885 und 1888, in Hiddensee bei Vitte beobachtet. (Vgl. Haltenberger, Art und Umfang des Landverlustes und Landzuwachses auf Hiddensee, 1911). Am 29. August 1915 beobachtete ich selbst nahe der Rettungsstation am Badestrande von Kloster um 6½ Uhr abends einen „S e e b ä r e n". Ich hörte ein merkwürdig dumpfes Brausen, aber ohne daß ein besonders reger Wind zu spüren war. Doch eine Welle des Meeres drang plötzlich ganz unerwartet etwa 15 Meter landeinwärts auf den Badestrand vor, an andern Stellen aber bloß etwa 8 Meter. Die Welle war da, wo sie 15 m vorrückte, nur etwa 1 m breit, sonst 6—7 m. Sie drang bis an eine der Sandburgen vor und war anscheinend etwa 1½ m hoch. Doch die vordringenden sonstigen Wellen mögen wohl über einem Ufersaum von einigen hundert Meter verbreitet gewesen sein. Als Ursache des Seebären werden meist Seebeben angesehen.

Der M a i und J u n i sind in Hiddensee häufig köstlich, wenn auch oft noch frisch. Der S e p t e m b e r ist f a s t der s c h ö n s t e M o n a t, und bei normalem Wetter kann man noch Mitte Oktober baden. L a n d r e g e n kommt im Sommer oft Jahre lang nicht vor; doch wechseln die Winde manchmal an einem Tage viele Mal. G e w i t t e r sind in Hiddensee auffallend selten und ziehen meist um die Insel herum.

Hiddensee, das Capri von Pommern.

Auch wenn Vergleiche meist irgendwie hinken, bedient man sich ihrer doch gern zur Kennzeichnung einer Gegend oder Oertlichkeit. Ebenso gern wählt man auszeichnende Beiwörter. Man spricht von einer Sächsischen, Böhmischen, Märkischen Schweiz usw. Man nennt manche Orte „die Perle" dieses oder jenes Gebietes. Rügen wird in einer hübschen illustrierten Schrift des Rügenschen Bäderverbandes und ebenso von O. Wendler mit gutem Recht als „die Perle der Ostsee" gepriesen, die Greifswalder Oie nicht übel als „das Helgoland der Ostsee", Binz etwas gewagter als das „nordische Sorrent" bezeichnet. Aber es gibt schon

24. Hiddensee als Capri von Pommern. Romantische Steilküste.
Aufnahme von Dr. E. W. Schmidt-Friedenau.

8—10 deutsche Ostseebäder, die sich alle „die Perle", „eine Perle", „herrlichste Perle" der Ostsee oder ihrer Gegend nennen. „H e l g o l a n d d e r O s t s e e" hat Ettenburg und nach ihm auch Hiddensee getauft. Solche Vergleiche stehen jedem frei, nur sollten sie, wenn sie ein Lob enthalten wollen, dem Gegenstand des Lobes nicht zu nahe treten. Ich finde Hiddensee soviel mannigfaltiger, reicher, größer und durch Wald und Höhen, Wiesen und Heiden vor dem 25 Mal kleineren und ganz anders gearteten Helgoland bevorzugt, daß ich diesen Vergleich für die Ostseeinsel eigentlich gar nicht einmal als schmeichelhaft ansehen kann. Aehnliches gilt von der Bezeichnung „S y l t d e r O s t s e e" in Volkmanns Rügen-Führer (1911/12). Hiddensee das „d e u t s c h e I r l a n d" zu benennen, wie der Verfasser der „Fahrt nach Rügen" vom Jahre 1838 tat, will mir noch weniger passen.

Für ein Eiland von entzückender einzigartiger Lieblichkeit, mit schroffen romantischen aussichtsreichen Höhen, mit dem Blick auf nahe Halbinseln und eine entfernte Stadt, deren Ausfahrt nach der offenen See aus der großen Meeresbucht es ebenfalls hütet, schien mir C a p r i der beste Vergleich, besonders im Hinblick auf den Urkern der Insel, das Dornbuschhochland, wenn auch der hohe rauchende Vesuv im Hintergrunde fehlt. Capri mit 15 und Hiddensee mit 16 Quadratkilometern sind übrigens fast gleich groß. Freilich ist Capri viel höher. Doch Hiddensee hat zweifellos noch v i e l e s v o r i h m v o r a u s, selbst wenn es ihm manchmal nachsteht. Hiddensee hat neben schroffen Steilwänden prächtig grüne Berge, blumige Rasenteppiche, nicht bloß braunen glühenden Felsboden, wie Capri; es hat keine Oel- und Apfelsinenbäume, aber doch üppiges Buschwerk, einen reizenden Bergwald, und zu alle dem noch das in Jahrhunderten erst angeschwemmte 14 km lange Flachland mit seinem Badestrand, seinen Wiesen, Triften, Lagunen, Haidekrautflächen, seinen wogenden Kornfeldern und grünbewachsenen Wanderdünen. Man könnte Hiddensee also im Vergleich etwa zusammensetzen aus C a p r i, dem Bergland, und aus dem berühmten L i d o b e i V e n e d i g, jenem 12 km langen und 200 bis 850 m breiten sandigen Düneneiland, der Badeinsel der Venezianer, die auch kilometerlange Steindämme hat und die Stadt vom offenen Meere trennt. Wir brauchen gar nicht so schüchtern zu sein in der Anerkennung der Schönheit unseres eigenen Landes, die oft zu wenig gewürdigt wird, auch wo sie dem Auslande in keiner Weise nachsteht. Gewiß müssen wir im übrigen unsere Sonne und unseren Himmel berücksichtigen. In der Mannigfaltigkeit des beständigen reizvollen Wechsels von Wolkenbildern, von Licht und Schatten und Beleuchtungsweisen ist Hiddensee dem meist einförmig sonnigen Süden aber sicherlich überlegen, obwohl natürlich auch Italien seine Jahreszeit der schwarzen Wetterwolken hat. Höhe und Längenausdehnung von Capri und Hiddensee weichen allerdings ab, trotzdem wüßte ich der Lieblichkeit, Anmut und Schönheit unseres Eilandes durch keinen besseren Vergleich gerecht zu werden, als indem ich es das C a p r i v o n P o m m e r n nenne, damit anderen Ostseeinseln nicht zu nahe tretend. Hiddensee ist 25 mal so groß wie Helgoland. Schon das läßt einen Vergleich beider in meinen Augen nicht glücklich erscheinen, von allem andern ganz abgesehen. Zum Schluß noch einige Größenzahlen von Inseln, um zu zeigen, wie weit Vergleiche gehen könnten. H i d d e n - s e e 16 qkm, 17 km lang, bis zu 73 m hoch; H e l g o l a n d 0,63 qkm, 1,6 km lang, bis zu 53 m (nach anderen 63) hoch, 130—600 m breit; (H e l g o l a n d s D ü n e bei Ebbe 2 km lang, 300 m breit, bis 6 m hoch) C a p r i 15 qkm, 6—7 km lang, bis 585 m hoch, 1—2,7 km breit; der L i d o b e i V e n e d i g, etwa 6 qkm, 12 km lang, 250—850 m breit, bis 10 m hoch; S y l t 99 qkm, 38 km lang, 0,8—12 km breit, bis 48 m hoch; die Insel V i l m 0,9 qkm, 2,75 km lang, 150—950 m breit; die G r e i f s - w a l d e r O i e 1,4 km lang, bis 600 m breit, 8—18 m hoch; M o e n (Dän.), 53 km vom Hiddensee Dornbusch, 200 qkm, 30 km lang, 2—12 km breit, bis 143 m hoch; B o r n h o l m 583 qkm, 40 km lang, bis 18 km breit, bis 175 m hoch. (Ueber die Insel V i l m gibt es eine Studie von Prof. A. H a a s (Stettin). Ueber die G r e i f s w a l d e r O i e eine von Prof. R i c h. P a l l e s k e (Landeshut i. Schl.) in der Zeitschrift „Welt und Wissen". Jahrgg. II, Heft 3.) Ich möchte hier nur noch zurückverweisen auf das, was ich gegen Schluß des Kapitel 3 zum Vergleich mit C a p r i gesagt habe. Tausende von Vielgereisten und Gebildeten, die Capri kennen, würden dem ihnen wenig oder gar nicht gekannten Namen H i d d e n s e e allein keine Beachtung geschenkt haben, wenn er nicht mit dem weltbekannten Inselnamen Capri in Verbindung gebracht wäre, der ihnen gleich ein Erinnerungsbild von glänzender Schönheit vorzaubert. Und wer darf so unduldsam sein, dem gleich kundiger, Andern solche Vergleiche, womöglich noch mit überlegen tuender Miene des Besserwissers zu verbieten? Der vorzügliche Forscher, Kenner und Beschreiber Rügens, J o h. J a c. G r ü m b k e, schreibt in seinem ersten pseudonymen Werk über Rügen („Streifzüge" v. Jndigena, 1805) sehr treffend aus Anlaß solcher Bekrittelung in ähnlichen Fällen: „Herr Nernst ist unzufrieden, daß Reisende V e r - g l e i c h u n g e n zwischen der Höhe der S t u b b e n k a m m e r und den

Schweizergebirgen angestellt haben. Ich aber glaube, es sei so verdammlich nicht, wenn man im Gedächtnis einen Maßstab aufsucht, um das Neue mit dem Alten zu vergleichen. Mir wenigstens ging es nicht anders, nachdem das erste stumme Erstaunen der ruhigeren Betrachtung gewichen war . . . . . Sobald aus dem enthusiastischen Bewunderer ein kaltblütiger Beobachter geworden ist, stellt er vergleichende Betrachtungen an, in-dem sich ihm alsdann fast unwillkürlich Erinnerungen des Vergangenen aufdrängen, die er als Meßkette und Richtscheit an das Gegen-wärtige hält, um dadurch ihre beiderseitigen Aehnlichkeiten und Verschie-denheiten zu bestimmen."

Hiddensee und Capri haben aber noch einige besondere Dinge gemein: Die große Anhänglichkeit und Liebe ihrer in die Welt reisenden Männer an die Heimat. Die von Capri nach Amerika ausgewanderten kehren meist wieder zurück. Auf beiden Inseln gibt es Fischerhäuser, auf beiden gab es „Einsiedler", gab es Schanzen, viele Maler, großen Fremdenverkehr, herrliche Aussichten, Höhlen am Wasser und eine reiche Flora (in Hidden-see mehrere Hundert, in Capri 800 Pflanzenarten). Auch in Capri hat sich ein deutscher Maler eine Villa erbaut. Und einen hohen Aussichtsberg und Leuchtturm haben beide; jede Insel natürlich in ihrer Art.

Hiddensee als Vogelschutzgebiet

Seit dem Jahre 1911 ist die Insel zum Vogelschutzgebiet erklärt wor-den. Der „Frauenbund für Vogelschutz" (Charlottenburg) hatte mit den Jagdpächtern des Eilandes Vereinbarungen getroffen, wonach eine ganze Anzahl von Vögeln während des ganzen Jahres nicht gejagt werden darf und die Hauptbrutgebiete ständig unter Aufsicht von zwei Vogel-wärtern gestellt werden. Das Mitnehmen oder Sammeln von Eiern, das Fangen oder Erlegen der Strand-, Wasser- und Sumpfvögel, das Betreten der Brutplätze und die Stö-rung des Brutgeschäfts sind verboten und werden straf-rechtlich verfolgt. Hunde sollen außer den Ortschaften an der Leine geführt werden. Hiddensee ist nämlich ein Paradies der Wasser-vögel. Sein Reichtum daran war ungeheuer, ging jedoch bis 1910 gewal-tig zurück. Die neuen Schutzbestimmungen begannen aber bald zu wirken. Zwei andere Vereine beteiligten sich ebenfalls an dem Vogelschutz in Hiddensee. In den letzten Kriegsjahren und nachher ging diese Vereins-tätigkeit aus Mangel an Mitteln sehr zurück oder ganz in die Brüche. Neuerdings hat auch der Staat diese Bestrebungen in die Hand genommen. Näheres darüber findet man weiterhin in einem besonderen Kapitel.

Die Karten und Ortspläne der Insel

Die diesem Buche 1913 in der 1. Auflage beigegebenen Ortspläne und Karten waren die Frucht äußerst mühsamer Studien und zeitraubender Fest-stellungen. Die Karten der Kgl. pr. Landesaufnahme 1886 mit einzelnen Nachträgen von 1898 waren längst veraltet. Ortspläne mit allen Häusern gab es vorher für Hiddensee überhaupt nicht. Die mußte ich erst machen. Sie berücksichtigen die zahlreichen neuen Häuser und die Strandbauten. Der Leser kann sich mit Hilfe dieser Karten schnell und leicht über Ge-lände und Häuserlage unterrichten. Ein neues Meßtischblatt von Hiddensee (1 : 25000) von der preußischen Landesaufnahme erschien 1920 als Sonder-druck, mit etwas Reiseführertext (aus meinem kleinen Führer v. Kloster u. Grieben, verfaßt für die Badeverwaltung, 1917 u. 1919) und Wohnungs- und Hotelnotizen auf der Rückseite und teils auch auf der Kartenseite. Es ent-hält auch, in der Kleinheit des Maßstabes die Häuser bis 1919 angedeutet. Nur wenige Angaben stimmen nicht mehr. Für diese neue Auflage meines Buches von 1924 habe ich alle Ortspläne von 1913 bis auf den neuesten Stand ergänzt, die neu entstandenen Häuser meist selbst an Ort und Stelle aufgenommen und die Karten tunlichst berichtigt.

Grundstücksverhältnisse und Landhaus= ansiedlungen

Da die einzigartigen Inselreize Hiddensees alljährlich bei vielen Fremden den Wunsch erzeugen, sich hier anzukaufen und ein Landhäuschen oder eine Villa zu bauen, so sei hier solchen Besuchern auch einiges über die Grundstücksverhältnisse gesagt. In **Kloster** sind wohl Grundstücke, mit und ohne Bauzwang, in wunderbar schöner aussichtsreicher Lage zu vergeben, man muß sie derartig nur selten wiederfindet. Teils vergibt sie die Stadt Stralsund (das Kloster zum Heiligen Geist) auf einem Gelände zwischen Kirche, Wiesenweg und Badestrand, teils auch einzelne Privatleute. Der Bergwald ist nicht verkäuflich.

Die Neigung zu Geländeverkauf hat aber im Ganzen abgenommen, weil die Unsicherheit infolge der Geldentwertung, vielleicht auch die Wertzuwachssteuer u. andere gar nicht zu übersehende Steuern bei den etwaigen Verkäufern abschreckend wirken. Auch die Stadt S t r a l s u n d vergibt Gelände nur noch in Erbbaurecht oder Pacht und mit B a u v e r p f l i c h t u n g (vgl. Anzeigen hinten!). Bei der weitverbreiteten Verarmung und Geldknappheit und dem hohen Zinsfuß stößt ein Bau heute natürlich auf größere Schwierigkeiten als früher. Auch die Brunnenanlage ist zu erwägen. Die Pumpe nördlich des Hauses No. 11 auf dem Ortsplan von Kloster erforderte eine Tiefbohrung von 33 Metern, die beim Haus No. 10 rund 39 m; oben bei No. 17 etwa 55 m Tiefe. Südlich des Klosterkirchwegs sind es viel weniger. Wasseranschlüsse sind aber möglich.

Wunderlich ist es, daß damals, als das Gelände in **Kloster** noch sehr billig war und einzelne Besitzer manche Teile zum Selbstkostenpreise abgeben wollten, niemand kaufen wollte. Jetzt mag die Nachfrage größer sein als das Angebot. Bei den Verkäufern wird aber natürlich die Neigung bestehen, den Preis so hoch anzusetzen, daß die Zuwachssteuer und andere Steuern mit bezahlt werden. Diese nehmen keine Rücksicht auf Zinsverluste des Besitzers oder darauf, daß der Zuwachs durchaus nicht „unverdient" ist. Sie wirken also verteuernd. Recht notwendig wäre in Kloster übrigens auch der Bau einiger e i n f a c h e r H ä u s e r a l s W o h n u n g f ü r H a n d w e r k e r , H a n d a r b e i t e r i n n e n , A r b e i t e r , A u f w ä r t e r i n n e n u. dgl. Denn Arbeits- und Dienstpersonal sind knapp und bedürfen, wenn sie herangezogen werden sollen, der Unterkunft. Bei der jetzigen Besiedelung des Ortes macht sich das Bedürfnis nach vielerlei Dienstleistungen und Arbeitern schon oft fühlbar.

In **Vitte** gibt es im Dorf noch viel Gelände, das den Einheimischen gehört. Da dürfte die Neigung zu verkaufen größer sein, wenn auch die Fischer ihre Aecker nicht gern veräußern. Auch die W a s s e r f r a g e i s t d a l e i c h t g e l ö s t, weil die Brunnen nur wenige Meter tief zu sein brauchen. In Kloster ist d a s W a s s e r hell und klar, in Vitte meist etwas bräunlich, aber darum keineswegs schlecht oder unschmackhaft. Die K e l l e r soll man im Flachland nicht zu tief nach unten bauen, damit sie bei Hochwasser oder Sturmfluten oder durch das Grundwasser nicht feucht oder überschwemmt werden. Durchaus zu vermissen ist in V i t t e e i n n e u e r Q u e r w e g, etwa vom Süderstrandweg zum Poststeig, bei der Mittelstraße, damit diese Ortsteile besser verbunden werden. Solche Q u e r w e g e, welche neues Gelände erschließen und dessen Wert steigern, werden von klugen Grundbesitzern oft umsonst hergegeben. Es fragt sich nur, ob diese Einsicht schon vorhanden ist. An B a u h a n d w e r k e r n (Maurer, Tischler, Zimmerer) ist in Vitte selbst kein Mangel, sodaß Baulustige sich ihrer Mithilfe leicht bedienen können.

Die Häuser in Vitte stehen nicht ohne Grund meist einige Hundert Meter landeinwärts vom Außenstrand. Neue Ansiedler, die in ihren Gärten bald etwas wachsen sehen wollen, werden schon der S a n d s t ü r m e wegen ähnlich verfahren und nicht zu nahe am Strande bauen müssen. Bei einiger Sorgfalt und Mühe läßt sich jedoch überall etwas schaffen. Ist doch der schöne Park von Juliusruhe bei Breege auch auf ödestem Sandgelände erstanden, allerdings erst nach vielen Fehlschlägen.

Südlich von Vitte an der A u ß e n s t r a n d s e i t e sind in der letzten Zeit vor dem Kriege die meisten Gelände in der von Malern vielbesuchten, reizvollen **Dünenheide,** soweit sie hauptsächlich in Betracht kommen, schon verkauft worden; auch die meisten D ü n e n k e t t e n g e b i e t e bei der „Heiderose". Neue Landhausansiedelungen in der Vitter D ü n e n h e i d e sind vielleicht zu erwarten. Einige Häuser sind jetzt schon da.

Auch für n e u e H o t e l s , E r h o l u n g s - und S o m m e r h e i m e ist noch viel Platz auf der Insel, in den Dörfern, im Dünengelände, im Bergland und anderweit. Dem U n t e r n e h m u n g s g e i s t , auch dem der B a u u n t e r n e h m e r , ist noch ein weites Feld der Betätigung geboten, zumal da Hiddensee durch seine landschaftlichen Reize den gepriesenen Seebädern B e l g i e n s und H o l l a n d s und den deutschen Nordseebädern weit überlegen ist, wohl aber noch der ausbauenden Kultur bedarf. Es geschieht zwar schon Manches. Die bei Regen oft fürchterlichen Wege sind hie und da verbessert, aber noch lange nicht genug. Ein Anschluß Hiddensees an die elektrische Ueberlandzentrale wird längst erwogen. In den Gasthöfen hat sich Blaugasbeleuchtung bisher am besten bewährt.

Manche bedauern ja diese Entwicklung der Kultur sehr, die die alte Weltabgeschiedenheit und einfache Ursprünglichkeit natürlich stört, doch auch viele begrüßen sie wohl, weil sie einerseits den Einwohnern zugute kommt und andererseits neuen weiten Kreisen die Schönheit der Insel erschließt.

Zu wünschen wäre blos, daß n e u e B a u t e n und L a n d h ä u s e r sich im B a u s t i l der Landschaft und der Gegend anpassen und ein geschmacklos-protzenhaftes barbarisches Stilgepränge, häßliche Dächer und unschöne Häuserformen und Stilmischungen, die die Gegend verschandeln, unterbleiben.

Neuere Literatur

Ueber Hiddensee im Besonderen wird in folgenden Schriften gehandelt:

A. F r e y b o u r g (Berlin), H i d d e n s e e . Gesammelte Notizen über die Insel, das Kloster und die Grundherrschaft. (16 S. Berlin 1889. Als Manuskript gedruckt).

M a x I s r a e l (Stralsund), D i e I n s e l „H i d d e n s o i e" u. das Cistercienserkloster daselbst. (Vortrag). Hansische Geschichtsblätter; Jahrgang 1893. (Leipzig, 1894, 22 Seiten).

D r . A . H a a s (Stettin), D i e I n s e l H i d d e n s e e . (Strals. 1896), (57 Seiten, vergriffen).

A l e x E t t e n b u r g , D i e I n s e l H i d d e n s e e , das Ostseebad der Zukunft. Ein Informationsbüchlein. (1. Aufl. 1905, 2. Aufl. 1912, 3. Aufl. 1919; 96 S.)

F r . W i l h m . S e g e b r e c h t , D i e I n s e l H i d d e n s o e . (Selbstverlag 1912, 110 S.).

Geh. Rat Dr. H. H o o g e w e g , G e s c h i c h t e d e s K l o s t e r s H i d d e n s e e . (Sonderdruck aus dem Werk: „Die Stifter und Klöster der Provinz Pommern"), Stettin, L. Sauniers Verlag, 1924. 72 S.

6. Hiddensee als Badeaufenthalt und Kurort

Das Badeleben in Hiddensee hat seine besondere Eigenart. Seine Ortschaften sind im Ganzen noch sehr ursprünglich und einfach, am meisten Neuendorf und Grieben, dann Vitte, am wenigsten Kloster. Aber ein Hauch der Schönheit liegt über der ganzen Landschaft, eine Poesie, die sich dem empfänglichen Gemüt schnell erschließt. Berge und Wald, Wiesen, Heide, Kornfelder und Dünen, O s t s e e - und N o r d s e e l a n d s c h a f t sind hier v e r e i n t anzutreffen. Der Herausgeber der L u b i n schen Karte von Rügen im Jahre 1628 sagte in einem begleitenden Text von dieser Insel:

„Dabey zu wissen, daß das Meer so tieff uberall in die Inseln hinein gehet, daß kein orth ist, der uber ein halbe oder auff das höchste drey viertheil Meylen dem Meer kann entlegen seyn."

Von Hiddensee im Besonderen kann man jedoch sagen, daß auch die entlegenste Stelle des Eilandes nicht mehr als ¾ Kilometer vom Meer abliegt, sodaß der i n s u l a r e L i e b r e i z , der Anblick des Wassers, uns allenthalben beständig rings umgibt. Diese Landschaft wirkt merkwürdig wohltuend auf Gemüt und Stimmung. Ebenso die g r o ß e U n g e z w u n g e n h e i t , die man hier noch findet. Der Fuß tritt weich auf grüne Rasenteppiche oder auf blonden Sand oder blühendes Heidekraut; die Berge sind fast das tägliche Ziel der Fremden und spenden köstliche Aussichtsbilder. Das patriarchalische Leben und Treiben der Fischer in ihren Dörfern wirkt beruhigend. Es gibt keine Badeanstalten zur Massenabfertigung mit ihrem Stundenzwang. Man kann sich daher als Badender den ganzen Vormittag oder Nachmittag in Luft und Sonne am Strande tummeln, turnen, springen, im Sande graben, alles ganz ungestört. Im B a d e a n z u g oder in nicht allzu knapper B a d e h o s e , wie die Polizeivorschrift sie allerdings wünscht. Jedes Haus hat eine eigne B a d e - h ü t t e am Strande. Manche Gäste in den Fischerdörfern gehen auch wohl schon im Bademantel von ihrer Behausung bis an den Strand. Feste See-Badeanstalten könnten diese kleinen Gemeinden gar nicht erschwingen; sie werden auch nicht gewünscht und würden den Weststürmen nicht standhalten. Gegen Unfälle nützen sie nichts, da diese fast immer nur leichtsinnig weites Hinausschwimmen zur Ursache haben.

Der S t r a n d in Hiddensee, etwa von der Hucke (Westspitze des Berglands) an südlich, ist sandig. Wenn auch nicht steinfrei, ist er doch guter weicher weißer Sand. Auch der B a d e g r u n d an den Badestellen ist sandig. Oft legen die absaugenden Strömungen freilich gewisse Steinpartien am Wassersaum blos. Ein neuer Sturm dagegen kann wieder alles mit schönstem Sand bedecken. Nördlich von der Hucke ist das schmale West-ufer des Hochlands mit Steingeröll bedeckt und nur hie und da zum Baden geeignet. Der Binnenstrand wird zum Baden gar nicht oder doch höchst selten benutzt. See-wind (Westwind) bringt warmes, Landwind (Ostwind) kaltes Wasser. „Das Fehlen von Ebbe und Flut an der Ostsee", schreibt der Verband deutscher Ostseebäder, „be-deutet keinen Nachteil, sondern einen Vorteil, da zu jeder Tageszeit und nicht nur in wenigen Stunden und zu täg-lich sich verschiebenden Zeiten gebadet werden kann. Die Wirkung der kalten Seebäder beruht nach den neueren wissenschaftlichen Anschauungen besonders auf dem K ä l t e r e i z und nicht auf dem S a l z g e h a l t." Hidden-sees Badeseite (West) hat oft und längere Zeit tüchtigen Wellenschlag. Nur bei anhaltendem Ostwind, der meist dauernd schönes sonniges Wetter bringt, fehlt er. Hoch-wasser tritt gelegentlich auch auf. Ein K u r h a u s mit Menschengedränge davor in verdorbener Tabaksluft und regelmäßige K u r m u s i k kennt Hiddensee zum Glück noch nicht. Die schöne Natur, die Musik der Wellen und Winde bieten dem, der sich selbst nicht lang-weilig ist, reichlichen Ersatz dafür. An G e s e l l i g k e i t mangelt es jedoch nicht. Die Hotels und der Strand mit seinen Sandburgen geben die Mittelpunkte dafür ab. T a n z a b e n d e und gelegentliche V o r t r ä g e werden öfter veranstaltet. Sich mit vielen P r a c h t k l e i d e r n beim Besuch Hiddensees zu belasten, ist ganz verfehlt, da auch in der Kleidung hier große Ungezwungenheit herrscht. Viele Gäste bedauern nachher, soviel unnützes Zeug mitgenommen zu haben. In den letzten Sommern gingen die meisten Damen verständiger Weise ohne Strümpfe und mit n a c k t e n W a d e n herum; viele in bequemen gesunden Sandalen statt der w a c k e l i g e n M o d e s c h u h e mit den zweckwidrig h o h e n dünnen A b s ä t z e n, bei denen der Fuß so leicht umknickt und die Zehen bis zum Hühneraugenkriegen in die Schuhspitzen hinabgequetscht werden, ganz abgesehen davon, daß solch zarte Schühchen im Sand, auf Steinen, im Lehm am Steilufer oder bei Regen und aufgeweichten schmutzigen Wegen ganz unbrauchbar und sehr vergäng-lich sind. Auch das so gesunde B a r f u ß g e h e n kann man hier ruhig ausüben. Das B a r h a u p t g e h e n ist sehr beliebt und nur gut zu heißen. Die modernen leder-nen tiefen Hüte der Damen, die den Stahlhelmen und den Autohüten ähneln, die Ausdünstung hemmen, das Ausgehen der ungelüfteten Haare begünstigen und die Schönheit des Gesichts verdecken, sind als ständige Kopfbedeckung gar nicht zu empfehlen, wenn sie auch bei Segelfahrten und Wind und Regen ganz angebracht sein mögen.

Sehr beliebt und zweckmäßig für Hiddensee sind bei Herren und Damen die g e s t r i c k t e n W o l l j a c k e n, die hier besonders zahlreich zu sehen sind. Auch zur Mittags- und Abendtafel in Gasthöfen und Pensionen pflegt man sehr ungezwungen zu erscheinen, ohne das lästige T o i l e t t e m a c h e n in städtischer Gesellschaftskleidung kurz vorher.

Ein W a r m b a d fehlt noch in Hiddensee, wiewohl einige Gasthöfe und Pensionen warme Wannenbäder wohl verabfolgen. Ein B a d e a r z t lebt ständig in Vitte. In Ausnahmefällen schleunigster Dringlichkeit kann man auch einen im Sommer in Kloster weilenden Berliner Arzt (Landhausbesitzer) zu Rate ziehen, sofern er zu treffen ist.

Die Hiddenseer Badeorte K l o s t e r, G r i e b e n und V i t t e — früher auch Neuendorf — gehören dem V e r b a n d e D e u t s c h e r O s t s e e b ä d e r (Geschäftsstelle: Berlin NW., U. d. Linden 76 a, Eing. Neue Wilhelmstr., II Tr.) an, in dessen ausführlichem Führer auch Nachrichten über sie zu finden sind.

Kurmittel und Heilwinke

Staubfreie Luft, Sonnenlicht, Wasser (Bäder) und Ruhe sind die natürlichen Hauptheilmittel Hiddensees. Das Bergsteigen, Wandern, Rudern und Segeln kann man noch hinzurechnen. Die Möglichkeit völliger Ausspannung ist hier besonders gegeben. Dem ermüdeten Städter ist sie wohl zu empfehlen! Doch mögen schwerer Leidende vorher ihren Arzt zu Rate ziehen. Wenn das Wetter oft auch wochenlang sonnig und mild ist, so kann es gelegentlich doch umschlagen, für längere Zeit rauh und stürmisch werden und anhaltend schroffe barometrische Wechsel, häufig an einem Tage, hervorbringen. Manche N e r v e n l e i d e n d e erholen sich trefflich hier. Andere leiden jedoch an der See, bei windigem Wetter, öfter an Schlaflosigkeit. Barometrische Minima mit geringem Luftdruck erzeugen gern Unpäßlichkeiten. S o n n e n b ä d e r sind mit Vorsicht zu brauchen, besonders am Anfang. Wer schon beim ersten Mal statt einer Viertelstunde sich ¾ oder 1 Stunde von der heißen Sonne braten läßt, sollte sich nicht wundern, wenn sich die Haut nachher abschält, der ganze Körper brennt und er 8 Tage lang nachts nicht schlafen kann. • Bei allmählicher Verlängerung des Sonnenbades und nach erfolgter Hautbräunung verträg man dagegen schon viel mehr. Man soll auch unterscheiden zwischen L u f t b ä d e r n und S o n n e n b ä d e r n. Wer die letzteren nicht verträgt, kann doch die ersten meist gut vertragen, wenn richtig und ohne Uebertreibung angewandt. Untätiges Liegen allein genügt aber oft nicht. Man sorge auch für F r e i ü b u n g e n und g u t e n B l u t u m l a u f. Luftbäder tun oft Wunder bei N e r v e n -, N i e r e n -, L u n g e n - und Herzleiden, bei B l u t a r m u t, hohem B l u t d r u c k und A r t e r i e n - v e r k a l k u n g. Bei den beiden letzteren ist oft kaltes Baden oder gar langer Aufenthalt im Wasser und Tauchen sehr unangebracht. Die Diät spielt meist eine g r o ß e Rolle. Mancher Magen- und Darmleidende würde durch mehr Mäßigkeit und öfteres Vormittagsfasten allein schon eine baldige Besserung erfahren. Aus der großen Literatur über Luftbäder sei hier blos auf die Schrift „Das Luftbad und Sonnenbad" von Dr. med. Ziegelroth hingewiesen. Sehr Blutarmen bekommen manchmal die Winde nicht. Sie machen ihnen Kopfweh.

Man tut stets gut, für alle Fälle auch w a r m e K l e i d u n g nach Hiddensee mitzubringen. Rheumatiker müssen vorsichtig sein. Ganz kurze Seebäder (1—5 Min.) sind meist am bekömmlichsten für Schwächliche. Eine Hauptregel ist: nachher sofortige Wiedererwärmung! Nasse Badeanzüge am Leibe entziehen beim Anbehalten viel Wärme.

Die Kurtaxe in Hiddensee

Die K u r t a x e ist in den Bädern Hiddensees bescheiden im Vergleich mit den Beträgen in manchen großen Ostseebädern oder Binnenlandbädern, wo man 20 oder 40 Mark oder noch viel mehr zahlt. Sie trägt bei zur Unterhaltung eines ständigen B a d e a r z t e s auf der Insel, dem ein besonderes geräumiges Haus erbaut worden ist, und zu mancherlei Verbesserungen in den Badeorten, z. B. zur Anlegung von Sitzbänken am Strande oder im Walde, zur Herstellung eines festen ebenen Bürgersteigs (in Vitte), zu Wegeverbesserungen, zur Deckung der Kosten einer Badeverwaltung und Badestrandüberwachung usw. Der Aufenthalt in den ersten d r e i T a g e n ist k u r - t a x f r e i. Die Hiddenseer K u r t a x e schließt d i e B e - n u t z u n g d e r S e e b ä d e r als selbstverständlich ein.

Die K u r t a x e beträgt (seit 1924) in K l o s t e r für Einzelpersonen oder Familien: 1 Person 5 Mk., 2 Personen 8 Mk., 3 Personen 10 Mk., 4 Pers. und mehr 12 Mk.; in V i t t e : 1 P. 5 Mk., 2 P. 8 Mk., 3 P. 10 Mk., 4 u. mehr 12 Mk., H u n d e 5 Mk.; in N e u e n d o r f : 1 Person 5 Mk., 2 Personen 6 Mk., 3 Personen 10 Mk., 4 Personen 12 Mk.

Seebäderpreise

In sämtlichen Badeorten Hiddensees badet man, wie schon erwähnt, u n e n t g e l t l i c h in B a d e h ü t t e n, die von den einzelnen Gasthöfen und Vermietern am Strande für die Gäste aufgestellt werden. Für Familien bedeutet das natürlich eine erhebliche Ersparnis, da in größeren Badeorten oft bis zu 50 Pf. für ein Bad — mit Wäsche noch mehr — erhoben werden. Die wenigen Privatvermieter, welche keine eigene Badehütte haben, besorgen meist das Mitbenutzungsrecht bei einem Nachbarn, und im Notfalle geht man von Hause im Mantel oder Bademantel an den Strand und kleidet sich in Strandkörben aus und an.

Post, Telegraph und Fernsprecher

Der Hauptpostort der Insel ist V i t t e, wo eine P o s t - a g e n t u r, im Sommer ein P o s t a m t (Dorfstr. Nr. 77) mit Fernsprecher und Telegraphendienst vorhanden ist, neben dem Hotel zur Ostsee, und von wo aus sämtliche Postsendungen täglich bestellt oder weggeschickt werden (früher zweimal täglich). In K l o s t e r sowohl wie auch in N e u e n d o r f gibt es sogenannte P o s t h i l f s - s t e l l e n (in K l o s t e r im Sommer eine P o s t a g e n - t u r), ebenfalls mit Telegraphen- und Fernsprechdienst. Natürlich sind auch öffentliche Fernsprechstellen da. Das nächste übergeordnete P o s t a m t ist in T r e n t (Rügen). Briefkastenleerung ein- bis zweimal täglich. Im Sommer haben die D a m p f e r amtliche B r i e f - k ä s t e n und bringen Briefschaften am schnellsten nach Stralsund.

Arzt

Der ständige Arzt und Badearzt der Insel Hiddensee, Dr. Fr. L a i b l e, wohnt in V i t t e in der Dorfstraße (No. 45 d), neben dem Gemeindevorsteher, schräg gegenüber dem Gasthof u. Restaurant Schluck. Sprechstunde 9—11 vormittags. Fernspr. No. 6 (Amt Vitte).

Die Kirche

Hiddensees, die einzige (evangelisch), liegt in Kloster, wo auch der Pfarrer wohnt (Lic. Pastor Arnold Gustavs). Gottesdienste finden regelmäßig Sonntag vormittags 10 Uhr statt.

Behörden usw.

Der A m t s v o r s t e h e r (mit der Polizei) für die ganze Insel (z. Zt. Herr Paul Wüstenberg) wohnt im Gutshof Kloster; er ist zugleich Gutspächter. Es gibt ferner auf Hiddensee zwei Strandvogteien (in Kloster und in Neuendorf), ein Standesamt (bisher in Grieben), einen Zoll- und Grenzaufseher (Vitte), drei Schulen (in Kloster, Vitte und Neuendorf), zwei Leuchttürme mit staatlichen Beamten u. dergl. m. Der dem Amtsbezirk übergeordnete Landrat des Kreises Rügen Herr Milenz wohnt in Bergen. Präsident des Regierungsbezirks ist Dr. Hausmann (Stralsund).

Die Zahl der Badegäste

Wie sich diese Zahl in den einzelnen Badeorten Hiddensees entwickelt hat, ist in den Vorbemerkungen bei jedem Ort mitgeteilt worden. Im Jahre 1921 ist bisher die Höchstzahl erreicht worden (bei Vitte 2244, bei Kloster 1337 Badegäste; Neuendorfs Statistik fehlte). Doch handelt es sich hierbei nur um die Badegäste, welche Kurtaxe zahlen und dann gezählt werden, nicht um die, welche nur 3 Tage dableiben. Auch hängt die Höhe der Zahlen von dem kürzeren oder längeren Besuch ab. Außerdem wird die Zählung bei manchen Gästen auch vergessen.

1923 wurden insgesamt (Vitte 1765, Kloster u. Grieben 1244, Neuendorf etwa 500) rund 3500 Gäste, die Kurtaxe zahlten, gezählt. Mit den kürzer verweilenden dürften es gut 5000 sein; mit den Touristen und Ausflüglern aber wohl Zehntausende. 50 000, wie Ettenburg schon vor mehreren Jahren annahm, erscheint allerdings etwas hoch. Doch kamen vor dem Kriege freilich täglich 3—4 Dampfer mit Ausflüglern gefüllt nach der Insel.

Die volle Höhe des Vorkriegsverkehrs ist aber bei den Ostseebädern im ganzen noch nicht wieder erreicht. 1913 waren es 459 765 Badegäste, 1922 erst 313 968. Bei den Rügenbädern 1913: 88 995, 1922: 52 783. In Hiddensee liegt es jedoch anders. Da ist der Vorkriegsverkehr schon stark überholt. 1913: 2900, 1923: 3500 Badegäste, die Kurtaxe zahlen. In Kloster 1913: 960, 1923: 1244. In Vitte 1913: 1493; 1921: 2244; 1923: 1765. In Neuendorf 1913: 450, 1923: über 500. Die Wirtschaftslage und die Verarmung des Volkes wirken natürlich auch auf den Badeverkehr ein. Doch Hiddensee befindet sich trotzdem in einem merklichen Aufschwung, und die Zahl der Städter, die sich hier Sommerlandhäuser bauen, nimmt stetig zu.

Wohnungsverhältnisse

Gegenwärtig (1924) gibt es auf der Insel Hiddensee im Ganzen rund 240 Wohnhäuser, davon 117 in Vitte (mit der Vittes Heide 123), 60 in Neuendorf-Plogshagen, 38 in Kloster und 13 in Grieben. Von den Wohnhäusern gibt es 177, welche sich mit Vermieten befassen. 10 davon sind Gasthöfe und 9 Fremdenheime oder Pensionen. In diesen 19 Gasthöfen und Pensionen gibt es 285 Fremdenzimmer mit etwa 500 Betten. In den 158 bis 160 Privathäusern, die vermieten, sind rund 450 Fremdenzimmer mit 765 Betten. Insgesamt sind also ungefähr vorhanden 735 Fremdenzimmer und 1265 Betten. 64 Häuser pflegen nicht zu vermieten, darunter viele Sommerlandhäuser von angesiedelten Städtern. Da die

Gäste wechseln, können in Hiddensee also viele Tausend im Laufe eines Sommers Wohnung finden. Auch wenn es heißt, daß alles bis auf den letzten Platz gefüllt sei, wird der emsig Suchende gewöhnlich doch noch irgendwo etwas finden, sei es auch in einem Nachbarort.

Gasthöfe oder Hotels

gibt es in K l o s t e r 2 (mit dem Bergwald 3), dazu 3 Fremdenheime oder Pensionen; in G r i e b e n 1 Gasthof; in V i t t e 4 Gasthöfe und 6 Pensionen, in der H e i d e 1 Gasthof, auf der F ä h r i n s e l 1 Gasthaus und in N e u e n d o r f - P l o g s h a g e n 1 Gasthof. Insgesamt also 10 G a s t h ö f e und 9 P e n s i o n e n.

Die Sommergäste Hiddensees haben gegenwärtig jedenfalls schon eine große Auswahl von Unterkunftsstätten. Die Gasthöfe und die Strohdachhäuschen N e u e n d o r f s und P l o g s h a g e n s sind freilich einfach, aber von patriarchalischem Reiz, auf grünem Rasen gelegen, dazu oft schon mit einem Gärtchen und Vorgarten geschmückt. V i t t e hat die meisten Häuser und Gasthöfe (Hotels). Es gibt da noch manche niedrige a l t e F i s c h e r h ä u s e r mit S t r o h d ä c h e r n, etwas neuere und höhere mit P a p p d ä c h e r n, und dann bereits sehr zahlreiche n e u e H ä u s e r mit Z i e g e l d ä c h e r n und hohen geräumigen Zimmern, auch einige Landhäuser und Villen. Auch an Vorgärten und Gärtchen fehlt es nicht. Die Gasthöfe sind neu ausgebaut und haben auch schon große hohe Räume und Säle. In K l o s t e r gibt es vorzugsweise Neubauten: Landhäuser, Villen und Hotels. Auch für verwöhntere Ansprüche ist in Hiddensee längst genügend gesorgt. G r i e b e n hat nur einen Gasthof und ist mit seinen stillen malerischen Fischerhäuschen reich an lauschigen Gärten. Die Gasthöfe nehmen im Hochsommer die Gäste am liebsten natürlich nur mit v o l l e r P e n s i o n auf. Doch geben sie immerhin auch bloß Nachtlager. Die Pensionspreise bewegten sich früher von 4, 4,50 und 5 Mark aufwärts; jetzt 1924 meist von 7 Mark aufwärts, seltener von 5 Mark an. Doch kann man nicht wissen, wie die Preisentwickelung sich weiter gestalten wird. Einiges ging schon herab.

In Privathäusern

kann man einzelne Zimmer, je nach Größe, Güte und Bettenzahl, für 12—20, auch wohl bis 30 u. 40 M. in der Woche haben. D i e s e P r e i s e v e r s t e h e n s i c h w o h l f ü r d i e H a u p t z e i t i m J u l i b i s g e g e n E n d e A u g u s t. Später oder früher kann man oft wohlfeiler mieten, besonders in den Fischer-Dörfern. Im gegenseitigen Interesse mache man stets fest ab für eine bestimmte Zeit und trage das auch ins Fremdenbuch ein. Frühstück wird auf Wunsch öfter geliefert. Gewöhnlich besteht kein Zwang dazu.

Einen genauen Wohnungsnachweis

f ü r d i e g a n z e I n s e l mit Einzelheiten über die K o c h g e l e g e n h e i t u. dgl. findet man a m S c h l u ß d i e s e s B u c h e s. Außerdem weisen die Badeverwaltungen auch Wohnungen nach. Nur stelle man bestimmte Fragen und gebe gewünschte Zimmer- und Bettenzahl genau an. Die Ortspläne in diesem Buch (mit den Nummern aller Häuser im Wohnungsnachweis übereinstimmend) unterrichten jeden Leser mit einem Blick über die Lage der zu suchenden Wohnung.

Die Verpflegung

in den Hotels wird vielfach schon als „erstklassig" gerühmt und für höhere Preise wird natürlich auch mehr geboten. In manchen Gasthöfen sind die Portionen überreichlich.

Selbstwirtschaften

Auch das ist in Hiddensee in sehr zahlreichen Wohnungen mit K ü c h e n möglich; weniger ist das S e l b s t k o c h e n im Zimmer erlaubt; bei manchen nicht gern gesehen, aber geduldet, bei andern streng verboten, weil viele Gäste ganz rücksichtslos dadurch die Möbel r u i n i e r e n. Bei sorgsamen Vorkehrungen dagegen würde mancher Wirt es vielleicht eher dulden.

In den Fischerdörfern haben die meisten Hauseigentümer K ü h e und liefern auch gern M i l c h ; in Kloster kann man sie im Gutshof bekommen (auch Butter und Gemüse). Ins Haus geliefert wird sie noch nicht. Doch die Vitter Bäcker bringen im Sommer morgens wohl das B r o t i n s H a u s, auch nach Nachbarorten. Lebensmittel kann man bei den Kaufleuten am Ort kaufen oder täglich durch die D a m p f e r aus Stralsund beziehen, gegen geringe B e s o r g u n g s g e b ü h r. Ganze Familien, die selbst wirtschaften, tun gut, sich ein M ä d c h e n m i t z u b r i n g e n, da Hilfskräfte für ständige größere Dienstleistungen schwer zu bekommen sind, besonders in Kloster. Für die notwendigste B e d i e n u n g d e r Gäste wird durch die Vermieter meist gesorgt, gewöhnlich gegen besondere Vergütung. Oefter aber auch nicht. Die Wäsche wird wohl von einzelnen Frauen oder Wäschereien am Ort gewaschen. Wer billig leben möchte, kann das durch S e l b s t w i r t s c h a f t e n hier wohl haben. Im W o h n u n g s n a c h w e i s (am Schluß des Buches) findet man alle Häuser, in denen das S e l b s t k o c h e n gestattet wird oder K ü c h e n z u r M i t b e n u t z u n g oder Alleinbenutzung vergeben werden.

Die Badezeit (Saison)

Man kann oft schon von Mitte oder Ende Mai an in Hiddensee baden; und häufig bis Mitte Oktober. Bei Seewind ist das Wasser wärmer, bei Landwind stets merklich kälter, auch bei viel wärmerer Luft. **Wer nicht an die Schulferien gebunden ist,** welche stets den größten Andrang mit sich bringen, **kann schon im Mai und Juni und später im milden schönen September** und oft noch im Oktober hier **köstliche Tage verleben. Kenner bevorzugen gern diese Zeit.** Im J u n i prangt noch alles in frischer Blüte; im S e p t e m b e r kommen meist die anhaltend sonnigen, milden, klaren Tage mit den s c h ö n sten F e r n s i c h t e n und der tiefsten Himmels- und Wasserbläue. Am stärksten besetzt sind alle Wohnungen von Anfang Juli bis Mitte August. Im übrigen hat der

Verband Deutscher Ostseebäder, dem die Hiddenseer Badeorte (Neuendorf zur Zeit nicht mehr) auch angeschlossen sind, den Begriff der „Saison" so geregelt: die Frühjahrs- und Vorsaison bis zum 15. Juni; die Sommer- oder Hochsaison vom 15. Juni bis 1. September; die Herbst- oder Nachsaison bis zum Schluß.

Gepäckbeförderung und Fuhrwerke

Von den Gasthöfen und Pensionen haben viele ein Pferd oder Eselgespanne oder einen Hausdiener mit Schubkarren zur Beförderung des Gepäcks vom und zum Dampfer zur Verfügung. Auch die Fischer, welche Zimmer vermieten, haben solche Schubkarren. Eigentliche Gepäckträger gibt es in Hiddensee noch nicht.

Bisweilen sind aber anwesende kleine Jungen oder die Hausdiener der nächsten Gasthöfe (gegen Trinkgeld) dem Fremden behilflich, das Gepäck zu tragen oder zu besorgen. Man kann auch wohl Pferde dafür mieten. Einzelne Hotelwirte besorgen auf Wunsch Fuhren und haben Wagen zum Spazierenfahren.

Ruder= und Segelboote

Mehrere Gastwirte der Insel, sowie verschiedene Pensionsinhaber haben Ruder- und Segelboote zu vermieten, aber auch sehr viele Fischer, die Zimmer abgeben, besitzen eigene Boote, die zum Teil im Wohnungsnachweis dieses Buches angegeben werden. Außerdem gibt es am Binnenstrande, besonders in Vitte, größere Segelboote, die gewerbsmäßig zum Segeln von Gästen benutzt werden.

Eine Verfügung des Regierungspräsidenten bestimmte, daß solche Boote vermessen sein müssen, daß sie nur eine bestimmte Höchstzahl von Personen fassen dürfen, daß sie Schwimmwesten für jeden Gast sowie Rettungsringe und 1—2 Führer (mit Führerzeugnis und Erlaubnisschein) haben sollen.

Auch private Segel- und Ruderboote finden sich natürlich in Hiddensee.

Für den Wassersport, der gelegentliche Hindernisse von Untiefen und Sandbänken nicht scheut, ist hier im übrigen die trefflichste Gelegenheit geboten, da die Binnengewässer sich bis tief nach Rügen hinein ziehen. Selbst leichte schmale Sportsruderboote wagen sich manchmal hierher, ja bis in die offene See hinaus. Im letzten Jahrzehnt hat sich die Zahl der Segeljachten, die Hiddensee aufsuchen und oft wochenlang in Kloster vor Anker liegen und als Wohnstätte dienen, sehr vermehrt. Dasselbe gilt von Motorbooten. Bisweilen kommen auch private Lustdampfer hierher.

Einige Ausdrücke der Karte im Rügenschen

Beiläufig seien hier noch einige Ausdrücke erklärt, die man auf der Karte von Hiddensee und Rügen öfter findet, ohne sie gleich zu verstehen.

W i e k, dänisch **v i g**, schwedisch **v i k**, bedeutet Bucht, Bai, Meerbusen.

H u u k oder **H u c k e**, niederdeutsch z. B. holländisch **h o e k** (sprich Huk) bedeutet Ecke, Winkel, Landspitze, Kap. Vermutlich mit dem Wort „hocken" zusammenhängend (mit den Knien einen Winkel bilden), In Hiddensee die Hucke in Kloster.

H ö r n oder **H ü r n** (mit Horn gleichbedeutend) wird hier eine einwärts gebogene Ecke, ein einspringender Winkel genannt; z. B. „Klimphores" Bucht, von den Hiddenseern „Klemmhürn" genannt. Stubbenhörn bei Stubbenkammer.

O r t heißt ein Ufervorsprung, eine Erdzunge oder Landspitze, ohne Unterschied, ob hoch oder niedrig; z. B. Lange Ort, Harte Ort, Haspen-Ort zwischen Kloster und Vitte oder Schaf-Ort (am Schwedenhagen).

S c h a a r — eine Untiefeninsel oder Klippe, (auch Sandbank), vom dänisch. Wort Skjär, ähnlich schwedisch. Plural Schären (Inseln).

B o d d e n — (nach Grümbke eigentlich „Botten" = ein weiter Raum) — erscheint noch nicht genügend erklärt. Mit „Boden" schwerlich gleichbedeutend. Auch nicht mit dem englischen bottom (= Boden, Grund, Flußbett, Talsohle). Bodden bedeutet Meerbusen, Bucht.

O s t s e e nannten in alten Zeiten die Dänen unser Meer.

B a l t i s c h e s Meer soll vom lettischen Wort „baltas" = weiß herkommen. Denn die Letten sollen es Baltas Juras = weißes Meer nennen.

B ä k oder **B e k e** = Bach; auch schmaler Meeresarm.

———————

25. Neuendorf. Steinwall am Meer.
Phot. H. Wollner, Berlin u. Vitte.

7. Neuendorf und Plogshagen.

(60 Wohnhäuser; 264 Einwohner.)
Vgl. Ortsplan Nr. 2.

„Anders ist die Natur des N o r d l a n d s, anders des S ü d l a n d s,
Angeschwemmt durch der Fluten Gewalt in Tagen der Vorzeit . . .
Dennoch mangeln dem dürren Sand nicht friedliche Hütten,
Nicht den Hütten ein rüstig Geschlecht, dem rüstgen Geschlecht nicht
Mancherlei Lebensgenuß, errungen durch mancherlei Arbeit.
Diese, vertraut mit der See von der Wieg' an, mächtig des Ruders
Schon als Knaben, und bald als Männer erhöht zu dem Steuer,
Fahren von Meer zu Meer, soldlüstern, kehren doch endlich
Ruh verlangend zurück zur süßen, dürftigen Heimat . . .
Andre, dem Fang obliegend der silberflossigen Fische,
Jenem zumal des mächtigen Lachs und des wandernden H e r i n g,
Jegliche Bucht durchforschend, umstellend jegliche Sandbank,
Kehren zurück frohlockend mit strotzenden Maschen und Garnen . . .
Anderen, schwächern vielleicht, nicht duldend beschwerlicher Arbeit,
Frommt zu erwählen den Uferstrand, zu durchsuchen das Meergras,
Welches die westliche Flut an den Strand spült, Deiner begehrend,
Goldverdunkelndes Harz, preiswürdiger, edler B e r n s t e i n !
Also ernähren die Jünglinge sich und die Männer des S ü d l a n d s.
Großgefüttert indes in der qualmenden Hütte, bis jetzt noch
Auf den einsamen Strand beschränkt und die sandige Fläche,
Hört mit Erstaunen der Knab' erwähnen der W u n d e r des N o r d l a n d s,
Hört erzählen die Schwester, die etwa die Kirche besuchte,
Von schroffstrebenden Höhn, getrennt durch grausige Schründe,
Von Harz weinenden Bäumen, mit Nadeln umstarrt statt der Blätter,
Von Palästen, erbaut aus Ton, den das Feuer zum Stein buk,
Von Lustgärten voll Vogelgesangs und betäubenden Duftes,
Von dem heiligen Berg, in welchem wohnen die Toten,
Und von dem Berg auf dem Berg, dem Hause der großen Versammlung.
Still aufmerkend vernimmt die Abenteuer der Knabe,
Schauet mit süßer Angst hinüber zum dämmernden Hochland,
Das er in ahnenden Träumen besucht, bis etwa der Vater
Einst des Sonntags erlaubt, zur Kirch ihm zu folgen. Gewährt ist
Nun des Bezauberten Wunsch, und bald der Zauber zerronnen".

L. Kosegarten. 1804.

Gasthöfe. In Neuendorf: 4 Min. v. Dampfersteg, mitten im Dorf (vgl. Ortsplan Nr. 2, Haus Nr. 10) **Alfred Freese's „Gasthof am Meer"** (m. gr. Saal). Vorwiegend für volle Pension. Einziges Speiselokal am Ort. Preise noch freibleibend. Mittag etwa 1,50—2,50 Mk. Ausschank. In Plogshagen nahe am Wasser **Marie Karsten's „Gast- und Logierhaus"** (m. Saal), 7 Min. v. Dampfer. Zur Zeit nur 1 Fremdenzimmer. Ausschank aller Art.

Wohnungen und möblierte Zimmer sehr zahlreich, fast in allen Fischerhäusern, viele mit Küchenbenutzung oder Erlaubnis zum S e l b s t k o c h e n im Zimmer. Nachweis v. Zimmern durch d. Badeverwaltung bezw. den B a d e v e r e i n (Vorsteher: Lehrer Gruhn im Schulhaus, neben Freeses „Gasthof am Meer"). Bei brieflichen Anfragen Rückporto beilegen. Aufzählung aller Vermieter weiterhin im W o h n u n g s v e r z e i c h n i s dieses Buchs.

Post (Hilfsstelle) am Ort (mit öff. Fernsprechst.), Haus Nr. 4.

Bäder in d. See am Badestrande umsonst; in Badehütten der Vermieter. Steinfreier Sand.

Dampfer: Linie Stralsund—Neuendorf—Breege und umgekehrt.

Fahrpreis Stralsund—Neuendorf 2,50 Mark. Abfahrt Stralsund: 3½ Uhr nachmittag.

Badegäste. 1911 etwa 175; 1912 rund 330; 1913: 450; 1914: 430; 1915: 43; 1923: über 500.

Badearzt in Vitte Dr. med. Fr. L a i b l e (mit Hausapotheke), Dorfstraße 45d (9—11).

Kirche in Kloster. Sonntags 10 Uhr. Prediger A. Gustavs.

Lebensmittel, Kaufleute usw. K o l o n i a l w a r e n l a d e n in großem Steinhause am Ort (Nr. 11) neben dem Gasthof. Gebäck und Brot bringt der Vitter Bäcker. Doch Bäckerei in Neuendorf geplant. Zeitweise auch andre Händler. Michkühe 108, fast jeder Fischer hat 2. Nur 1 Pferd am Ort.

Neuendorf und Plogshagen sind zwei noch ganz ursprüngliche Fischerdörfer, die sog. **Süderdörfer** der Insel. Die Hiddenseer unterscheiden nämlich Norden und Süden ihres Eilandes. Schon Zöllner erzählt 1795: „Ich gehe nach S ü d e n" heißt es, wenn sie nach Neuendorf wollen, „Ich komme von N o r d e n", wenn sie in Grieben gewesen sind". Die beiden Dörfer bilden zwar nur eine Gemeinde. Ihre traulich schlichten Strohdachhäuschen mit den abgestumpften Dachecken, wie Spielzeug auf grüne Rasenteppiche in mehreren Reihen nicht ganz regelmäßig hingestellt, haben etwas rührend Patriarchalisches und Einfaches. Man glaubt sich fast in eine Märchenwelt versetzt, besonders wenn man in der stillen Zeit diese Dörfer betritt und die Fischer im Sonnenschein auf grünem Rasen vor der Haustür ihre Netze flicken sieht. Da denkt man wohl an das Grimmsche Märchen „Von dem Fischer un syner Fru", und an das Verschen:

> Manntje, Manntje, Timpe Te,
> Buttje, Buttje in der See,
> Mine Fru de Ilsebill
> Will nich so as ik wol will.

Das ganze Gelände ist hier flach und eben, aber ringsum sieht man von etwas erhöhtem Standpunkte allenthalben das Meer. Nach Westen hin lagert allerdings am Wassersaum ein fast 1½ km langer mächtiger S t e i n w a l l davor, der als Küstenschutz in den Jahren 1906 bis 1910 entstanden ist. Südlich von Plogshagen, wo die Sturmflut von 1872 die Landenge ganz durchbrochen hatte, ist schon bald darnach an der Binnenwasserseite ein 1¾ km langer f e s t g e m a u e r t e r h o h e r S t e i n d a m m angelegt worden (1878), dessen breite befahrbare Kammhöhe einen beliebten, aber etwas harten Spazierweg bildet.

Neuendorf ist erst um 1907, nachdem durch Anlegung des Dampferstegs seiner Abgeschiedenheit ein Ende bereitet wurde, in die Reihe der Hiddenseer Badeorte eingetreten. Anfangs lächelten viele über diese Absicht. Doch hat der Verkehr bald stark zugenommen,

26. Am Strandwall in Neuendorf.
Phot. M. A. Arnhold, Heringsdorf.

und die Badegäste, großenteils Berliner, sprechen sich meist sogar sehr begeistert über den schlichten Ort aus, der sich seine Ursprünglichkeit in so hohem Maße bewahrt hat. Natürlich ist das Badeleben hier einfach und vielleicht auch noch das wohlfeilste auf der Insel. Für viele Großstädter hat dieses patriarchalische Idyll einen großen Reiz. Hat sich doch ein Berliner Theaterregisseur gerade hier angesiedelt und ein Landhaus erbaut.

Die Ortschaft ist nicht so baumlos und öde mehr, wie früher. Wohl an 20 Häuser haben schon ein Gärtchen oder einen Vorgarten, mehrere werden auch von großen Bäumen beschattet. Auf den grünen Straßen wachsen bisweilen die Champignons.

Am Badestrand im Westen gehen mäßig lange niedrige Steinbuhnen ins Meer hinaus — auch ein Uferschutz — welche eine Ablagerung des angeschwemmten feinen Sandes begünstigt haben. Bei Plogshagen, etwas südlich, sind die Hauptbadestellen. Manche mit völlig steinfreiem feinem Sande. Auch etwas nördlich von Neuendorf, außerhalb des Steinwalls, wo sich ein neuer Strand gebildet hat, wird gebadet. Beiläufig gesagt, laufen vom Badestrande des großen Nordseebades Borkum (30 000 Badegäste) ähnlich auch etwa zwei Dutzend Steinbuhnen ins Meer, und eine 4 km lange Strandmauer, von der sie ausgehen, liegt am Strande dem

Orte vorgelagert. Neuendorf hat übrigens in seiner Landschaft etwas wie Nordseecharakter. Der Steinwall bietet
Windschutz gegen stürmische Westwinde. Das Betreten
der ganz holprigen Krone ist jedoch verboten. Man hat
von dort aber eine bessere Aussicht, auch auf die Berge
des Dornbuschs.

27. Kreuzerjacht „Undine" bei Neuendorf gestrandet (1907).
Aufnahme von Lehrer Westphal.

Die Namen „Schabernack", „Plauderberg" und „Königsberg" für einige Häusergruppen Neuendorfs sind keine
amtlichen, sondern bloß volkstümliche Bezeichnungen
dieser Dorfteile.

Aus der Vorzeit der beiden Dörfer ist wenig bekannt. P l o g s h a g e n
ist das ältere. Aus einer Urkunde vom Jahre 1368 wissen wir, daß ein
gewisser P e t e r P l o g mit dem Hiddenseer Kloster wegen irgend einer
Ausschreitung einen Vertrag schloß und ihm Gehorsam gelobte. Doch
nicht, ob er etwa diesem Orte den Namen gab. Prof. A. G. Schwartz
meint (1745), Plogshagen müsse vordem wohl mehr zu bedeuten gehabt
haben, „weil das Wort Hagen eine weitläufige Dorfschaft anzeiget". Doch
in der Hiddenseer Kirchenmatrikel wird bemerkt, daß um 1585 nur eine
Kate „zu Plösshag" und 1664 zwei Katen dort standen. Jetzt stehen da
17 Wohnhäuser. Um 1485 erhielt der Abt Heinrich Swinemann nach Niederlegung seiner Würde die Zehntlämmer des Dorfes Plogshagen, wie aus
H. Hoogeweg's Geschichte des Klosters Hiddensee (1924) zu entnehmen ist.

N e u e n d o r f ist jünger und erst nach der Niederlegung der 1 km
nördlich gelegenen Ortschaft G l a m b ä k (auch Glambeck oder G l a m -
b e k e), wo 6 Kossäten ohne Aecker wohnten (Steinbrück), entstanden.
Nach Angaben in der Kirchenmatrikel vom Jahre 1618 ist es anscheinend
nicht im dreißigjährigen Kriege durch die einquartierten kaiserlichen Soldaten verbrannt worden, wie man sonst liest, sondern vorher vom Amtmann
Schelen selbst niedergelegt worden, vielleicht weil es arg beschädigt war.
Schelen (auch ,v. Scheele' liest man) hatte von 1608—1628 die ganze Insel
vom Pommernherzog Philipp Julius in Pfandbesitz übernommen. An Glam-
bäks Stelle trat dann etwa 20 Min. weiter südlich N e u e n d o r f, aber
anscheinend erst gegen Ende des 17. Jahrhunderts. Denn 1682 wird es in
jenen Kirchenpapieren unter den eingepfarrten Ortschaften der Insel noch

nicht erwähnt. Wackenroder aber (um 1710) kennt es schon. 1924 hat es 43 Wohnhäuser (darunter 5 Doppelhäuser, doppelt gezählt). Durch die Sturmflut vom November 1872 haben beide Dörfer arg gelitten. Sie bahnte sich damals bei Plogshagen einen 200 m breiten Durchgang quer durch die Insel. Der gewaltige Steindamm (Ostseite) schützt sie nun vor einem zweiten Durchbruch. — G l a m b ä k scheint eine sehr alte Ortschaft aus der Wendenzeit gewesen zu sein. Grümbke berichtet 1805, daß in Neuendorf und Plogshagen damals lauter Freie wohnten, während sonst die größere Hälfte der Inselbewohner Leibeigene waren, besonders in Vitte (bis 1806). Der Name G l a m b ä k, auch Glambeck, G l a m b e c k e (Steinbrück, 1796), G l a m b e k e (Lubinus 1618, Wackenroder 1730) geschrieben, kann wohl slawischen Ursprungs sein. Der angesehene Geschichtsschreiber F o c k (Rügensch-Pommersche Geschichten 1861) meint, alle Ortsnamen in den ältesten Rügischen Urkunden seien slawisch. Wendisch, sagt er, heißt „Glambike loug" — Tiefmoor. Dr. Haas gibt glenboku an. Im Russischen heißt „gluboki" tief; „lug" heißt Wiese. Es sind dieselben Wortstämme. Aber dänisch (bäk) und niederdeutsch heißt „bek", „bäck", „bäcke", auch „beke" soviel wie Bach, dasselbe Wort. Es gibt auf Rügen einen Aalbäk, Duwenbäk (Taubenbach), Mühlenbäk (Mühlenbach), „Steenbäk" (Steinbach) usw. In Dänemark ähnlich z. B. die Ortschaften Fiskebäk, Holbäk usw. Aber auch schmale Meeresteile und ins Land eindringende flußartige enge Buchten werden oft als „Bäk" (Bach) bezeichnet, so z. B. auf Mönchgut die „Lanker Bäk" (unweit Lanken) und der nur 200 bis 250 Meter breite schmale Meeresarm zwischen Hiddensee und der Fährinsel („die Bäk"). „Glam" könnte dem Plattdeutschen „Klam" (feucht, auch klein; im Berlinischen „starr') entsprechen. Im dänischen heißt klam ähnlich; feucht klebrigfeucht. Für die Wenden mag die slawische Bedeutung, für die niederdeutschen Hiddenseer die niederdeutsche Bedeutung von Glambäk gegolten haben. Ganz Genaues wissen wir nicht. Allerdings will „glam" und „klam" sich nicht gut zusammenreimen. Uebrigens zeigt die Ostküste hier auch eine „Bäck", nämlich die schmale, tief ins Land eindringende Bucht beim Laschenort, die auch Glambäcksee genannt wird.

Schon vor dem Kriege fingen einige Fremde an, sich in Neuendorf-Plogshagen anzukaufen. Hoffentlich werden nur Häuser entstehen, die in das ländlich-schlichte Gesamtbild des idyllischen Fischer-Dorfes passen.

28. Plogshagen: Gasthof und Haus m. d. Baum.
Phot. H. Wollner, Berlin und Vitte a. H.

In N e u e n d o r f ist nach dem Tage der Sturmflut, die am 12./13. November 1872 hereinbrach, also am 14. November das erste Stück des w e l t b e r ü h m t e n sog. **Hiddenseer Goldschmucks** an einer Stelle des Strandes gefunden worden, wo die erhöhte Düne weggespült worden war. Zu Pfingsten 1873 wurden an derselben Stelle bei späterem Nachsuchen weitere 7 Stücke beisammen gefunden. Der Rest folgte erst nach einer neuen Sturmflut vom 10. Februar 1874. Sämtliche Stücke wurden teils auf der Oberfläche, teils 1 bis 2 Zoll tief im losen Sande auf einem etwa 1⅓ m breiten und 50 bis 60 m langen Landstreifen gefunden, ungefähr in der herrschenden Richtung der Flutstürme. Prof. Dr. Haas (Stettin) nimmt in seiner Schrift „Die Insel Hiddensee" (1896) hiernach als erwiesen an, daß der Schmuck aus dem Innern der Insel herausgespült und nicht vom Meer ans Land geworfen sei; in einigen Hängestücken hätte noch mooriger Staub gehaftet, und der Halsring sei in doppelter Windung zusammengebogen gewesen, als wenn er vorher in ein enges Urnengefäß hineingezwängt worden wäre.

An der Fundstelle, nahe der nördlichen Ausfahrt des Steinwalls zu Neuendorf, liegt neben anderen Steinen jetzt ein roher Gedenkstein, mit schwarz aufgepinselter Inschrift (vgl. Ortsplan). Das Motiv des meisterhaft gearbeiteten Halsschmuckes (vgl. Abbildung 3) ist ein phantastischer Eulenkopf. Bei der runden Scheiben-

29. Goldschmuckmotiv.

Fibula (Schnalle) erweitern diese Köpfe sich zu Drachenleibern mit Klauen, meint Haas. Es sind aber doch eher ganz dünne Schlangenleiber ohne Glieder, die Schwanzspitze bloß gespalten, und die spitzschnabeligen Köpfe erinnern zugleich an das Chamäleon oder phantastische Greifenköpfe mit vorquellenden Augen. Nach R. Baier (Insel Rügen, 1886) soll der Schmuck aus dem skandinavischen Norden stammen und etwa zu Anfang des 11. Jahrhunderts verfertigt worden sein. Auch auf das 10. Jahrhundert wird geraten. Ob er nun gerade zum Horte des norwegischen Königs Olaf Tryggwason gehört hat, der, von einem Besuch beim Wendenkönig Boleslaw aus Stettin heimkehrend, in der Schlacht bei Swälder am 9. oder 10. September des Jahres 1000 dem Hinterhalt seiner auflauernden Gegenkönige erlag und mit seiner goldglänzenden Rüstung schließlich ins Meer sprang, das mag dahingestellt bleiben, denn Swälder hieß die ganze Gegend von Barhöft bis Mönchgut und dem Ruden. Aber diese romantische Mutmaßung des Stralsundschen Bürgermeisters Francke ist wenigstens recht ansprechend für die Hiddenseer Ortsgeschichte. Der berühmte Schmuck bildet nun die Hauptsehenswürdigkeit des Neuvorpommerschen Provinzialmuseums zu Stralsund. Alte Schmuckstücke in Stockholm und Kopenhagen zeigen einige Aehnlichkeit mit dem Hiddenseer Funde, in dem allerdings das christliche Kreuz als Motiv auch eine Rolle zu spielen scheint.

Ueber die näheren Umstände des Fundes ist auf der Insel übrigens noch eine andere Lesart verbreitet worden, aber merkwürdiger Weise erst sehr viel später. Sie ist bereits im Jahre 1900 von Dr. Ad. Heilborn im „Globus" (Nr. 24, Seite 381 f.) veröffentlicht worden. An sich glaubwürdige Leute haben sie ihm erzählt und man kann sie noch heute hören. Danach wäre bei der Sturmflut von 1872 ein mit Petroleum beladenes Schiff „Klara und Karl", dem Lübecker Reeder Beckmann gehörig, bei Neuendorf gestrandet. Beim Bergen der Schiffsgüter zeichnete sich besonders ein Neuendorfer Boot mit vier Fischern aus. Noch am Tage der Rettung hätte nun der Steuermann des Schiffes, der in China gewesen war, den Verlust einer Schiffskiste beklagt, worin sich seine Taschenuhr und ein schöner goldner Schmuck befunden hätten. Merkwürdig sei es, daß der Besitzer dieses Neuendorfer Bootes unmittelbar nach der Abreise des Schiffssteuermanns erzählt hätte, ihm habe geträumt, an der und der Stelle des Strandes läge ein Schatz vergraben. Und zwar hätte er die drei übrigen Männer der Bootsbesatzung mitten in der Nacht geweckt, hätte mit ihnen zu graben begonnen und wirklich ein Stück des Goldschmucks gefunden. Im Verlaufe von 2 Jahren hätten dann dieselben Männer, bald der eine, bald der andere, die übrigen Stücke gefunden. Daß der Steuermann nicht mehr Lärm schlug, erklärte man später mit der Vermutung, daß er wohl selbst nicht auf ganz rechtmäßige Weise in den Besitz des Schmuckes gelangt wäre.

Mir ist diese Geschichte 1912 etwas anders erzählt worden. Danach hätte der Schwager des ersten Finders, nicht dieser selbst, in Stralsund den Traum gehabt und die Fundstelle angegeben. Geheimrat Gumme! in Stralsund, der Verwalter des Provinzial-Museums, soll über diese Sache eine genaue Umfrage veranstaltet haben. Er hat dem Goldschmucke auch den Gedenkstein am Ufer gesetzt. Zwei der Goldschmuckfinder lebten 1912 noch. Ob diese ganze Legende, die die Redlichkeit einzelner Personen natürlich in Zweifel zieht, mit ihrer Vermutung von der Herkunft des Schmuckes das Richtige trifft oder bloß einen Ausfluß der hier nicht gerade seltenen Mißgunst darstellt, wäre noch nicht zu prüfen. Der Traum ist ja unwahrscheinlich, wenn auch nicht undenkbar. Die Archäologen hätten aber doch wohl nicht an der nordischen Herkunft und der ersten Darstellung der Auffindung des Schmuckes festhalten können, wenn die spätere Darstellung so stark alles in Zweifel zog und einen Goldschmuck aus China annahm. Die Meinung, die Herren hätten ihre erste Begutachtung bloß aus Rechthaberei nicht widerrufen wollen, nachdem der Fund nun einmal vom Museum angekauft und für die Wissenschaft als altnordischer Schmuck abgestempelt dastand, genügt nicht.

Ich habe nachträglich (1914) nun noch einige weitere Einzelheiten zur Geschichte dieses Fundes erfahren. Der erste Amtsvorsteher von Hiddensee, Herr Bütow, erzählte der Lehrer Kyschky, der von 1879 bis 1911 in Kloster a. H. tätig war, etwa um das Jahr 1879 und wiederholt auch noch später, er habe nach dem Funde des ersten Goldschmuckteils an den Steuermann des gestrandeten Schiffs in Neuendorf geschrieben und ihn gefragt, ob er den Schmuck vermisse und Anspruch darauf mache. Der Steuermann, der vorher gesagt hatte, ein Kästchen mit einem Schmuck sei ihm abhanden gekommen, verneinte das aber und stellte es ganz in Abrede. Herr Bütow zog daraus den Schluß, daß der Steuermann den Schmuck wohl auch nicht auf rechtliche Weise erworben hätte und er (der Schmuck) auch nicht von der Insel herstamme. Der Hiddenseer Pastor Wilde erzählte etwa das Gleiche (um 1879—81). Im September

1916 erzählte mir ferner der 83jährige, noch ganz rüstige frühere Lehrer
Fr. K r ü g e r, der 1881—1897 an der Schule in Neuendorf wirkte und die
Goldschmuckfinder seiner Zeit in Zeugengegenwart sehr genau verhört
hatte, er sei auch voll überzeugt, der Steuermann selbst hätte den Goldschmuck irgendwo gestohlen und die Neuendorfer wiederum hätten ihn von
diesem gestohlen und vergraben, zum Teil unter die Grundmauerreste eines
Hauses. Ganz ausgeschlossen sei es, daß die See den Schmuck über die
vorlagernden Dünen herangespült habe. Die Schwiegermutter des Mannes,
der den Traum gehabt, hätte ihm (Krüger) später eine goldene Taschenuhr zum Kauf angeboten. Doch habe er (Krüger) nichts davon wissen
wollen. Auch einige andere Goldsachen wären damals angeboten worden,
das Stück für 25 Pfennige. In Greifswald in der Nikolaikirche befände
sich übrigens eine Fibel aus Silber mit gleichen Motiven, wie die des
Goldschmucks.

Die Namen der Goldschmuckfinder wurden mir schon 1912 genannt.
Damals lebten noch zwei von ihnen. Jetzt keiner mehr. In Neuendorf erzählt man sich jetzt die Geschichte so. Als das Schiff strandete, soll zuerst
das Rettungsboot aus Kloster mit Vitter Mannschaften zu Hilfe gekommen
sein. Und als das weg war, kamen auch Neuendorfer Boote mit ihren
Mannschaften heran an das Schiff. Der Steuermann wußte nun nicht, wohin
mit dem gestohlenen Schmuck, und vergrub ihn. Er habe den Fischer
Peter Striesow, der sich mit seinen drei Berufsgenossen in dem einen
Boot beim Bergen der Schiffsgüter so auszeichnete, jedenfalls zum Mit-
wisser seines Geheimnisses gemacht. Und dieser habe dann wohl seinen
Schwager Linsen, von Beruf Segelmacher in Stralsund, eilig davon benach-
richtigt. Linsen, den auch Krüger nannte, habe dann nachts geträumt:
Da, wo er einen Kreis mache, da liege ein Goldschmuck. Er sei auch
sofort am andern Tage in Neuendorf gewesen und habe den Kreis gemacht.
Dort sei auch von beiden der Schmuck gefunden worden. Später wurden
dann weitere Teile gefunden. Als Finder werden in Neuendorf noch die
Namen genannt: Johann und August Tode, Johann Striesow, Johann
Kronemann, Frau Marie Kronemann, Fritz Gottschalk, Johann Gau. Gegen
eine Veröffentlichung dieser in Neuendorf bekannten Namen ist nichts ein-
gewendet worden. Die beiden Hauptfinder (Linsen und Striesow) bekamen,
wie es heißt, den Finderlohn, haben also den Schmuck gar nicht für sich
behalten. Auch einige andere Finder sollen mit Kleinigkeiten bedacht worden sein.

Der Goldschmuck besteht aus 10 kreuzförmigen Gliedern, mit 4 kleinen
Zwischengliedern, die wohl eine Halskette bilden und auf eine Schnur auf-
gezogen werden sollten. Zwei Kreuze sind ohne Verschlingungen. Dazu
kommt die Fibula, eine runde schildförmige Brosche, und der Halsring, aus
einer Kette bestehend. Alles aus feinem Golde, teils gekörnt, teils Filigran-
arbeit, mit meisterhafter Goldschmiedekunst angefertigt, auf skandinavisch-
irische Herkunft schließen lassend. Doch erinnert manches auch an byzan-
tinische Muster, zumal da in vier kleinen Löchern im Mittelpunkt der Fibel
noch kleine grüne Glassplitter gefunden wurden. Archivar H a n s Z e e c k
(Verfasser des Führers durch Stralsund) möchte danach auf eine Wikinger-
werkstätte, vielleicht in Jomsburg auf Wollin schließen, da eine ähnliche
Fibel aus Silber 1819 auf Wollin ausgegraben wurde und die Wikinger bei
ihren Mittelmeerfahrten mit byzantinischer Kunst in Berührung kamen und
nordische Technik mit dieser in ihren Werkstätten an der Ostsee wohl verschmolzen wurde.

„D e r G o l d s c h m u c k v o n H i d d e n s e e" ist auch bereits zum
Titel einer Erzählung (von K o n r a d M a ß, 1902, Neuaufl. 1924) gemacht
worden, wie schon erwähnt wurde, und auch Gegenstand einer schwung-
vollen Ballade in der Gedichtsammlung „R e g e n w e t t e r" von Fr.
B o r g w a r d t (Berlin 1901).

Die Neuendorfer und Plogshagener Fischer gelten auf
der Insel für verhältnismäßig wohlhabend, obwohl ihnen
nur der Raum gehört, auf dem Haus und Hof liegen, sowie
einige kleine Aecker im Ort und eine Anzahl Wiesen südlich des alten Steindamms am Binnenwasser. Doch sollen

sie bevorzugt sein durch gute ergiebige Fischgründe. Nach der Sturmflut wurden die elenden alten Häuser mit Lehmwänden, welche zum Teil ganz zerstört waren, durch bessere Bauten ersetzt oder ausgebaut.

Den Badegästen stehen hier mancherlei ländliche V e r - g n ü g u n g e n offen. Vor allem **Spaziergänge:**

Erstens südlich nach dem E r l e n w ä l d c h e n am langen östlichen Steindamm, nach dem neuen L e u c h t - t u r m (von 1906) auf dem Gellen (20 Min. von Plogshagen), nach K l i m p h o r e s   B u c h t (von den Hiddenseern Klemmhürn genannt) und der Bucht K a r k e n s e e, wo am Weststrande, am Wasser, die a l t e K i r c h e a u f d e m G e l l e n (¾ Std.) gestanden hat, von deren Grundmauern noch einige Steine sichtbar sind; dann weiter über die Dünen und Viehweiden bis zur ä u ß e r s t e n S ü d s p i t z e H i d d e n s e e s (7¼ km von Plogshagen, gute 1½ Std.).

Zweitens in n ö r d l i c h e r Richtung. Auf dem Fahrwege, von Neuendorfs Westseite geradeaus, oder abgekürzt mehr östlich auf einem Fußwege n a c h d e r H e i d e bei G l a m b ä k und der H a s e n s u h r ; dort westlich nach den hohen D ü n e n k e t t e n oder nach dem G a s t h a u s „H e i d e r o s e" (2½ km, 30 Min.); von da nach der F ä h r i n s e l (weitere 15 Min.) oder am westlichen Fahrwege nach der malerischen D ü n e n h e i d e bei V i t t e (15 Min. von der „Heiderose"), einer neu entstehenden Ansiedelungsstätte, und von dort weiter nach V i t t e (im Ganzen 25 Min. von der „Heiderose" und 50 Min. von Neuendorf, 4 km). Weiter nach K l o s t e r (von Vittes Südgrenze 2½ km, gut ½ Std.; von der Nordgrenze 1 km, 15 Min.) und in die Berge zum „K l a u s n e r" oder L e u c h t t u r m (25—30 Min. von Kloster). Außerdem lassen sich natürlich Bootspartien und Dampferfahrten nach der ganzen Umgegend machen (Barhöft, Schaprode, Wittower Fähre, Wittower Posthaus, Wiek, Vieregge und Hochhilgor — herrliche Aussicht! — sowie Breege und Juliusruh).

30. Neuendorf. Aussenstrand, unweit der Fundstelle des Hiddenseer Goldschmucks

31. Der Leuchtturm a. d. Gellen.

8. Der Gellen.

Vgl. Karte No. 7.

Der G e l l e n ist der südlichste Teil Hiddensees, der von der äußersten Südspitze der Insel etwa bis zum östlichen Steindamm (5½ km) oder ungefähr bis Plogshagen (7 km) reicht. Auch der Meeresteil zwischen Gellen und Festland wurde so genannt (Grümbke).

In älteren Schriften kommt auch die Schreibart G ö l l e n, J e l l e n, J ö l l e n, J a e l l e n t (1308), J e l l a n t und Y e l l a n d vor. Auch die Form J e l e n i n e soll sich — nach E. Boll (1858) in einer Urkunde von 1240 — finden. Man leitet den Namen hiernach vom wendischen Wort Jelen (-Elen - Elch - Hirsch) — im Russischen Olén — ab. J e l e n i n wäre die Adjektivform dazu: also H i r s c h - (-Insel? oder Gegend?). Sehr einleuchtend ist diese Ableitung an sich aber nicht, da Hirsche das flache Gewässer stets leicht durchschwimmen konnten und der Gellen früher kürzer und kaum ein dauernder Aufenthalt von Hirschen war. Ist doch die Südspitze Hiddensees allein von 1695 bis 1886 um 1,3 km länger geworden. Einige Jahrhunderte vorher muß der sandige und wahrscheinlich auch baumlos kahle Gellen noch viel kürzer gewesen sein, selbst wenn zeitweilig waldige Stellen darauf gestanden haben sollten, oder gar ein Eichenwald, wofür ich keine Beweise gefunden habe. Wenn da Hirschgeweihe gefunden sind, so konnten Hirsche auch vom Glambecker Wald oder vom Festland und Rügen hinkommen, wie ja noch am 22. April 1911 zwei stark geweihte H i r s c h e mit zwei alten Tieren von der Heide her und am Wasser an Vitte vorbeiziehend gesehen wurden, die weiter ins Bergland eilten und nach zwei Tagen verschwanden, vermutlich vom Bessin zum Bug auf Rügen hinüberschwimmend. Der Fund von Geweihen beweist also noch nichts. Die Vermutung P y l s, daß J e l e n i n e die alte slawische Bezeichnung für die ganze Insel gewesen sei, kommt mir auch wenig begründet vor.

Die Form „G ö l l e n" dagegen scheint mir viel eher auf das slawische Wort G o l i n a (kahles Land, kahle Erde, Oede, Wüste) zurückzugehen; ähnliche Formen (russ.): G o l y n (Sandbank), Golen (kahle Teile des Beins, Schienbein), vom Stamm gol (kahl; deutsch vielleicht mit hohl gleichstammig). J e l (Tanne, Fichte) wird kaum in Frage kommen.

Ob der Name Gellen und Yelland überhaupt dasselbe Wort sein sollen, nur entstellt, das fragt sich. Jelland kann auch Gelbes Land (plattdeutsch: jäles Land) bedeuten und würde zur Bezeichnung des gelben Sandlandes hier ganz gut passen. Möglich wäre auch, daß die Wenden Gellen oder Gollen im Sinne von kahl und öde gebraucht haben, die Niederdeutschen aber Jelland hörten und an gelbes Land dachten.

Der Gellen besteht aus angeschwemmtem und angewehtem sandigem Dünenland, das sich von Norden nach Süden mit Erhebungen bis zu 5 Meter Höhe hinzieht und spärlich mit Gras und Weideflächen bedeckt ist, hie und da auch schon einige Heidekrautwucherungen aufweist. Die Westseite an der See ist von Plogshagen bis zum Karkensee von der Regierung mit Kiefern a u f g e f o r s t e t ; am östlichen Steindamm ist ein E r l e n w ä l d c h e n angelegt, das schon 5—6 m hohe Bäume aufweist und mit Draht eingezäunt ist. Nahe dem Südende des Steindamms, etwa 1¾ km südlich von Plogshagen, steht ein im Jahre 1906 erbauter kleiner runder **Leuchtturm** (etwa 9—10 m hoch und 3 m breit), der aber nicht zugänglich ist wie der nördliche Leuchtturm. Oben muß gewiß eine hübsche Aussicht sein. Der Gellen ist unbewohnt. Doch steht eine H ü t t e für die Hirten beim Südteil des Steindamms. Eine andere Steinhütte, ungefähr am Karkensee, ist völlig zerfallen.

Hier bei der östlichen Bucht K a r k e n s e e (Kirchensee) geht ein D r a h t z a u n quer über die Insel und trennt die südlichste Viehweide des Heilgeistklosters von dem übrigen Teil. 1795 weideten hier noch 6—700 Schafe und 150 Ochsen, heute meist nur wenig Jungvieh. Doch sind wir hier zugleich an einer geschichtlichen Stätte. Denn westlich davon, am jetzigen Wassersaum (vgl. Karte Nr. 7) stand im Mittelalter d i e a l t e **Kirche auf dem Gellen.** Daneben anscheinend auch ein Elendenhaus und ein **Leuchtturm.** Damals war Hiddensee hier zu Ende, also etwa 3½ km nördlich von der heutigen Südspitze und ebensoweit von Plogshagen. Ungefähr 50 m nördlich vom Karkensee, etwas nördlich von der aufgerichteten B a k e (einer Fischereigrenze), ist ein Durchgang durch die Aufforstungen zum Westrand. Und etwa 60 Schritt nördlich von diesem Durchgang, 10 Schritt vom Wasser, bei mäßigem Winde, liegen im Sande, kaum wahrnehmbar, noch T e i l e d e r a l t e n G r u n d m a u e r n . Man sieht davon, wenn nicht inzwischen mit Flugsand verweht, acht größere unscheinbare Steine (bis zu 60 cm Länge) in einer Reihe liegen und kann bei Windstille oder Ostwind im Wasser selbst vielleicht noch mehr sehen. Am steinig-sandigen Ufer zerstreut, auf eine Entfernung von vielen hundert Metern südlich, findet man hier noch zahlreiche S p l i t t e r u n d S t ü c k e von alten großen r o t e n Z i e g e l -

steinen, Kacheln und gewölbten Dachziegeln
aus der Vorzeit. Nahe bei den erwähnten 8 Steinen wurden
am 19. April 1903, nach einer Sturmflut, 9 heraus-
gewaschene menschliche Gerippe (Rippen und
Schenkel) ohne Särge gefunden.

Mit dieser **Kirche auf dem Gellen** hatte es folgende Bewandtnis. Am
13. April 1296 wurde vom Rügenschen Fürsten Witzlaf II. die Insel Hiddensee den Cisterciensern von Neuenkamp zur Gründung eines Klosters geschenkt, und zwar die einem Heil. Nikolaus zu weihende Abtei,
der der Schutzpatron der Schiffer und Kaufleute ist. Gleichzeitig mit dem
Bau des Klosters, der Abbatia Sancti Nicolai und der dabei liegenden
Klosterkapelle (capella) wurde auf dem Gellen eine zweite, ebenfalls dem
Heil. Nikolaus geweihte **Kirche** („eccelesia S. Nicolai", manchmal auch als capella bezeichnet) erbaut, an der damaligen Südspitze der
Insel, wo der Hauptverkehr der Handels-Schiffe vorüberging. Diese Kirche
sollte wohl zugleich Gemeindekirche des neuen Kirchspiels werden, während
vorher der Seelsorge für Hiddensee der Schaproder Kirche unterstand, deren
Pleban anfangs auch gegen die Neugründung Einspruch erhob; aber nachher
abgefunden wurde. Ein Mönch des neuen Klosters versah stets den Gottes-
dienst am Gellen und wurde (1311) auch ermächtigt, Schiffern und Fremden
die Sakramente zu reichen. Auch dem bereits verbotenen alten Strandrecht,
so scheint es, sollte diese Kirche entgegenwirken helfen. War doch die
Westküste Hiddensees berüchtigt durch die vielen Schiffbrüche an ihr, so
daß man auf alten Karten (z. B. der Homannschen von 1700) noch die
Worte las: Litus multis naufragiis famosum. 1306 war nach einem Einver-
nehmen des Klosterabts mit der Stadt Stralsund an der Südspitze des Gellens
auch die Einrichtung eines Leuchtfeuers „zum Nutzen der an-
kommenden Kaufleute" beschlossen worden, das vom 8. Sept. bis 1. Mai
brennen sollte. Es wurden erst Bollwerke da angelegt. Das Kloster mußte
den Leuchtfeuer-Wächter stellen und die Kerzen liefern. Dies war das
zweite Leuchtfeuer an den Küsten der Ostsee, „die Lücht", auch „die
Luchte" oder „Leuchte" genannt. Wann die Gellenkirche zerfiel, wissen
wir nicht; vielleicht nach Aufhebung des Klosters (1536), vielleicht aber
schon vorher. Vor 50 Jahren sollen an den Grundmauerresten noch
Nischen erkennbar gewesen sein; doch wurden die offen liegenden
Ziegel in Plogshagen und Neuendorf beim Häuserbau verbraucht.

12 Tage nach der Sturmflut vom 9. Jan. 1914 besichtigte der Pfarrer
von Hiddensee, Lic. Pastor Gustavs, diese Stelle, wo die alte Kirche
stand und die Grundmauern wieder erkennbar freilagen. Er nahm einen
Lageplan von ihnen auf. Die Kirche war nicht groß, sodaß sie auch als
Kapelle bezeichnet werden konnte. Ihre West-, Nord- und Südwand waren
deutlich; wie weit sie noch nach Osten verlief, blieb unklar. Die Ab-
messungen dieser Kirche waren hiernach, außen gemessen, etwa 8,50✕16,70
Meter, von innen 6,50✕12 Meter, der Turm in der Südwestecke bloß
3,50✕4 Meter. Nach Norden schloß sich vielleicht noch ein kleines Seiten-
schiff an. Man fand auch wieder Skelette an der Südmauer, sowie eine alte
eiserne Eisaxt und ein paar Türbeschläge (Bolzen). Einige Schädel mit sehr
guten Gebissen wurden von den Neuendorfern mitgenommen. Eine noch
genauere Feststellung aller dieser Fundamente wäre wohl angebracht.

Hier auf dem Gellen herrscht meist die größte Einsamkeit. Von den bis zu 5 m erhöhten Dünen hat man eine
weite Aussicht ringsum, auf Rügen, auf das Festland, die Türme Stralsunds und die Dörfer und Berge
Hiddensees. Scharen von Seevögeln bevölkern diese Gegend.
Hier und da weiden wohl auch Rinder, und ein welt-
abgeschiedener Hirte pflegte hier früher, als die Hütte
noch stand und der Zaun am Karkensee den Südgellen
nicht absperrte, den Sommer zu verbringen. Nachts aber

strahlen oder blitzen ununterbrochen von allen Seiten die stillen Lichter der Leuchttürme. Der Gellen ist auch eine der Hauptstätten des Vogelschutzgebietes von Hiddensee. Noch mehr, im Osten, die kleine Insel „Gänsewerder", die man oft auch watend erreichen kann. Sie wimmelt von Seevögeln.

An der äußersten Südspitze ist diese Welt für sich zu Ende. Sie lohnt wohl einen gelegentlichen Besuch, weil es von großem Reiz ist, diese Stelle einmal zu betreten.

32. Die Südspitze Hiddensees (d. Gellen).
Aufnahme von E. Hirsekorn.

9. Die Hiddenseer Heide und die Fährinsel

(Vgl. Karte No. 7.)

Gasthäuser: Mitten in der Heide, 25 Min. von Vitte und ebensoweit von Neuendorf, 15 Min. von der Fährinsel, 10 Min. v. Weststrande: „Gasthaus zur Heiderose" (Bes. Paul Krüger), ein größerer Gasthof m. vielen Zimmern und gr. Garten. Bei läng. Aufenth. nur volle Pension. Mäß. Preise. Fernspr. No. 16. Fuhrwerk, 4 Kühe.

Privatwohnungen. Kaum 5 Min. nordwestlich von der Heiderose, auch mitten i. d. Heide, das 1920/21 neu angelegte Bauerngut „Dünenhof" (Bes. Max Krüger) mit mehreren Fremdenzimmern. (Kühe u. Fuhrwerk), 20 Min. von Vitte.

Auf d. Fährinsel: **Hübners Gasthaus** (auch einige Fremdenzimmer u. Pens.). Zimmer und kleine Wohnungen im neu erbauten Fährhaus von Heinr. Gau. (Vgl. **Wohnungsnachweis hinten**).

Dampferverbindungen. Man kann sich bei der Fährinsel von allen vorbeifahrenden Dampfern ausbooten und ebenso zu ihnen einbooten lassen. Die Dampfer geben rechtzeitig vorher den Fährleuten Flaggensignale. Die „Heiderose" und der „Dünenhof" kann man aber ebenso von Vitte oder Neuendorf aus erreichen.

Zwischen Neuendorf und Vitte, auf den breitesten Stellen der Insel, liegt die Hiddenseer Heide. Ihr sehr üppig und hoch aufgeschossenes Heidekraut zieht sich etwa 2½ km weit von Norden nach Süden hin. Von Neuendorf auf dem Fahrwege nordwärts wandernd, zur Linken nach der See hin die neuen Aufforstungen mit Kiefern und schon ziemlich hohen Erlen, stößt man nach knapp 15 Min. bereits auf die ersten Heidekrautflächen, die immer dichter, weiter und buschiger werden, besonders in der Gegend der sogen. Hasensuhr, nördlich von Glambäk, wo bis ins 17. Jahrhundert hinein eine kleine Ortschaft gleichen Namens mit wenigen Häusern stand, von denen man früher noch einige Reste im Erdreich fand. Nach Westen hin ziehen sich in großem Bogen vom Meer her immer höher steigende, meist mit myrtenähnlichen Stauden (Kriechweiden, salix repens) bewachsene Dünenketten, die sich bis zu 5 m ü. M. oder noch höher erheben und wohl die höchsten Wanderdünen der Insel sind. Das ist hier die **Hasensuhrheide,** die südliche Dünenheide.

Etwas weiter, östlich, und wir sind beim gartenumgebenen Gasthof Heiderose, dessen weiße Wände aus der weiten Fläche durch das Grün der Bäume emporsteigen. Die grünen Aufforstungen am Strande, von der Vitter Südgrenze ab nach Neuendorf hin, beginnen auch nach Westen hin diese vorher ganz baumlose Landschaft zu beleben.

Die „Heiderose" ist ein einsames, großes Gehöft mit Garten, das so um 1859 entstanden sein soll, anfangs nur ein Strohdachhaus, „der Heidehof", und viel später in eine Gastwirtschaft umgewandelt wurde, die der jetzige Wirt um 1905 in heutiger Gestalt übernahm.

An der Südspitze des Hauses nimmt ein großer W e i n s t o c k, der auch Trauben zeitigt, die ganze Wand ein. Hier hat einmal auch G e r h a r t H a u p t m a n n gewohnt, der einstmals wegen Ankaufs des Anwesens ernstlich verhandelte, um ein Asyl für alte Schriftsteller zu gründen und eine Villa für sich zu erbauen, wie mir erzählt wurde. Die B a d e - h ü t t e n der Gastwirtschaft stehen am Weststrande. Das G e l ä n d e zwischen dem Strande und Wege, von der Vitter Südgrenze nordwärts (bei den beginnenden Aufforstungen) ist in dieser Gegend übrigens schon vor dem Kriege zum größten Teil an Fremde verkauft worden.

Vor ein paar Jahren entstand hier, 5 Minuten weiter, ein Bauerngehöft mit 3 Gebäuden und allerlei Anpflanzungen und Aeckern, deren Sandboden oft sehr große Kartoffeln zeitigt. Es ist der **„Dünenhof"**, in dem, wie erwähnt, auch Fremde Unterkunft finden.

Nach dem Weststrand hin, und weiter nördlich, sind in dieser Heidegegend bereits 4 W o h n h ä u s e r entstanden.

Zu der **Fährinsel** (½ Std. von Vitte) kommt man von der Heiderose, über die Wiesen hin etwa in 12—15 Minuten, mit Uebersetzen ein wenig mehr. Sie ist ungefähr 0,3 qkm groß und zwar 1,2 km lang, 0,55 km breit und wohl 1—2 m hoch. Doch die niedrigen Stellen sind bei Hochwasser oft überschwemmt. In der nördlichen Hälfte hat sie viele H e i d e k r a u t f l ä c h e n, in der südlichen Weideland, und in der Mitte sind viele feuchte Stellen und Tümpel.

Seit Jahrhunderten schon, bereits vom Hiddenseer Kloster, wurde auf dieser Insel eine F ä h r e angelegt zum Uebersetzen nach Rügen. Die Fährleute zahlen den Inselbesitzern eine jährliche Pacht. Im 16. Jahrhundert soll diese kleine Ansiedlung den Namen O s t e r - V i t t e geführt haben. In der Hiddenseer Kirchenmatrikel wird u. a. in einem Schriftstück von 1585 „Der F e h r K a h t e" erwähnt, und Wackenroder berichtet 1710 vom „Fehr-Hauss, allwo der Fehr-Mann, der die Leute mit einem Nachen übersetzet, wohnet".

Gegenwärtig stehen d r e i H ä u s e r auf der Fähr-Insel, auf dem erhöhten Westufer, von Gebüschen und einigen Bäumen und Gartenanlagen umgeben. Das niedrigste Haus, ein Strohdach-Haus in der Mitte, ist jetzt 175 Jahre alt. Es ist sehenswert, weil es eine der letzten sog. alten R a u c h - o d e r R ä u c h e r k a t e n ist. Das waren ganz niedrige, oft mit Lehm, Torf oder Rasen bewandete Strohdachhäuschen ohne Schornstein, bei denen der Rauch vom Herd durch Tür- oder Fensteröffnungen abziehen mußte. Vor der Sturmflut von 1872 gab es in V i t t e noch viele solcher Häuser, jetzt ist keines mehr zu finden.

Nebenbei ist das vor mehreren Jahren schon ausgebaute **Gasthaus** mit Schankwirtschaft. Das d r i t t e H a u s ist recht neu mit Ziegeldach (1911) und zum Vermieten bestimmt.

Eine Sehenswürdigkeit der Fährinsel ist die trefflich erhaltene alte **Schwedenschanze** an der Ostseite, eine kleine dreieckige Erdbefestigung mit Wällen und Gräben ringsum und mit erhöhten Eckhügeln. Sie soll zu Anfang des 18. Jahrhunderts im Nordischen Kriege unter Karl XII., dem damaligen Herrn Hiddensees angelegt worden sein, um das Fahrwasser zu beherrschen. Bei der Sturmflut von 1872 retteten sich die Schafe auf diese Schanze. Gegenüber, auf der rügenschen Seite, bei Seehof ist eine ähnliche R a s e n s c h a n z e , jedoch rechteckig. Schon 1628 hatten übrigens die Dänen auf der Fährinsel eine Batterie aufgeworfen, um eine kleine Schanze der Kaiserlichen, gegenüber auf Rügen, zu bekämpfen.

Die Fährinsel beherbergt auch S o m m e r g ä s t e , die zum Teil hier, zum Teil von der Heiderose beköstigt werden und deren Badestrand benutzen. Sie ist ein Hauptbrutgebiet der Seevögel und für den Vogelschutz von Wichtigkeit.

Die erwähnte H i d d e n s e e r H e i d e reicht nordwärts noch viel weiter. Sie fängt westlich ungefähr 6—8 Min. südlich von Vitte schon an. Am Binnenwasser sind hier Wiesen gelegen. In der Mitte aber Heidekrautflächen. Weiter westlich erheben sich neue D ü n e n k e t t e n , in die sich das Heidekraut weit hineinzieht, oft nahezu bis an das Meer. Das ist hier die n ö r d l i c h e **Dünenheide bei Vitte.**

Das Gelände in dieser Dünen-Gegend ist ebenfalls fast durchweg von den Vitter Fischern, die hier lange, ganz schmale Landstreifen besaßen, an verschiedene Fremde veräußert worden. Eine neue Ansiedelung in dieser Gegend, kaum 10 Minuten vom Dorf entfernt, ist im Entstehen begriffen. Eine Hütte (1912) und weiter ein Steinhäuschen (1913) standen schon vor dem Kriege. Die Landschaft hat auch ihre besonderen Reize, deren man indes oft erst bei wiederholtem Besuch inne wird.

Die Dünenhügel werden viel von M a l e r n u n d M a l e r i n n e n betreten, die man hier oft des Abends vor ihren Staffeleien sitzen sieht, um die Poesie dieser Natur mit dem Pinsel zu verewigen. In einem den Vogelschutz anregenden, 1911 auch gedruckten Vortrag über „Naturdenkmäler und Naturschutz auf Hiddensee" sagte Prof. E. H ü b n e r im Ornithologischen Verein zu Stralsund in treffender Schilderung dieser ganzen Gegend:

„Wieder ganz anders die Wucht der Natureinsamkeit, wenn des Wanderers Fuß über die flache D ü n e n h e i d e des Süderlandes schreitet; einförmig die junge Erde, links und rechts die blaue See, über uns des Himmels Gezelt. Nur der Schrei überfliegender Seevögel oder die Flucht aufgescheuchter Strandschnepfen unterbricht vorübergehend die Weihe dieser unverfälschten Natur; sie erfüllt uns mit tiefer heiliger Andacht, wenn unser Auge, nach Norden zum Hochlande schauend, sich in den unvergleichlich schönen Lichttönungen verliert, womit die in das Meer versinkende Abendsonne Strand und See und die Wolkengebilde am Firmament durchleuchtet. . . . Hiddensees Naturschönheiten sind so mannigfacher und so wunderbarer Art, daß sie eine tiefernste, aber auch hohe Sprache zu uns reden."

Wenn im August und September die Heide blüht und sich im Lilaschimmer weit vor uns in ihrer Schönheit ausbreitet, im Wettbewerb mit den blauen Fluten des Meeres, da genießt das Auge eine wahre Wonne. Meer und Heide und blonde Hügel mit schönster Aussicht im Verein auf einer Insel sind nicht gerade oft so zu finden.

Auch O. W e n d l e r , der Geschichtsschreiber Rügens, hat die Poesie des Hiddenseer Dünengebiets besonders hervorgehoben, wenn er in seinem Buche „Rügen, die Perle der Ostsee" (1906) schreibt:

„Es ist ein Genuß, so in der Einsamkeit der Dünenlandschaft zu wandern. Gleichmäßig rauscht das Meer heran, eine sanfte, beruhigende Melodie. Möven fliegen hin und wieder. Ein Kiebitz steigt auf und ruft: „Kumm mit, kumm mit". Regenpfeifer hupfen und flattern und piepen ihr langgezogenes: „Tüt, tüt". Und dazu der prächtigste Sonnenschein, der alles in Gold und Glanz taucht. Und die frische Seebrise weitet Herz und Lungen, und auffliegen möchte man mit der Lerche und ein Lied in alle Welt singen von der Schönheit der Natur."

Zwischen dieser nördlichsten Dünenkette, deren Erhebungen wohl bis 4 m und darüber gehen dürften, und dem Dorfe Vitte liegen zahlreiche A e c k e r . In regenreichen Frühsommern schießt hier der Roggen trotz des mageren Bodens oft mannshoch empor, und der dichte goldene Segen wogt prächtig der Ernte entgegen. All die alten Berichte von der Oede und Dürftigkeit dieser Gegend erscheinen dann in ihr Gegenteil verwandelt. H i d d e n - s e e i s t l ä n g s t n i c h t m e h r d i e a l t e S a n d w ü s t e , w i e v o r 1 0 0 J a h r e n , sondern immer mehr auf dem Wege, sich in ein kleines blühendes I n s e l p a r a d i e s umzuwandeln. Dazu kann die K u l t u r , dazu können A n - p f l a n z u n g e n und A u s s a a t e n viel beitragen. Die Schönheit wird dadurch nicht gemindert, sie wird vielmehr erhöht. Auch einige neue Ansiedelungen, die sich der Landschaft anpassen, würden ihr noch durchaus keinen Abbruch tun.

Zur Zeit ist die Dünenheide allerdings noch ein offenes freies Land, wo man ungehindert überall herumwandeln kann. Selbst der westliche öffentliche Fahrweg durch das Heidekraut, die Verlängerung der Vitter Dorfstraße (Süderende), der etwa 1 m breit sein soll, hat sich nach und nach westlich auf Privatgelände verirrt, wo sichs besser fuhr, als auf ausgefahrenen sandigen Geleisen. Er wird aber wieder berichtigt werden müssen.

Nur wenige Minuten nördlich von der Dünenkette, doch am Meer, nach Vitte zu, bei den äußersten Ausläufern des Heidekrauts, lag bis 1919 die Einsiedelei, der schlichte Bretterbau des „E i n s i e d l e r s" Alex. Ettenburg (vgl. Kap. 3), der bis 1910 seine Einsiedelei oben im Bergwald an der Swantewitschlucht, wo jetzt der „Klausner" ist, hatte. Jetzt ist, mit dem Einsiedler, der ganze Bau völlig verschwunden.

Auf den nahen Dünenhügeln an der See denkt man auch wohl an die G u d r u n s a g e und die dort geschil-

derte Schlacht auf dem W ü l p e n s a n d e oder W ü l p e n -
w e r d e r, wo ebenso wie in Hiddensee eine Kirche und
ein Kloster gestiftet wurden.

S a x o G r a m m a t i c u s berichtet bekanntlich die
dänische Sage vom K ö n i g H i t h i n, der zu H i l d a, der
Tochter König Högins, in Liebe entbrannte, später mit ihm
um sie kämpfte und schließlich bei der I n s e l H i t h i n s ö
zugleich mit dem Gegner im Kampfe starb. Die Gudrunsage in ihren nordischen Ursprüngen berichtet ähnliches.
Hithin ist da Hedin oder Hettel. Högin ist Hagen oder
Hogne. Dem Kampf bei „Hithinsö" entspricht der Kampf
auf dem Wülpensande. „Auf einem Sande" am Meer mußte
die Königstochter Gudrun in der Gefangenschaft die
Wäsche waschen, bis endlich der geheimnisvolle Vogel
geschwommen kam und ihr die Befreiung ankündigte.

„Es war in einer vasten umb' einen mitten tach.
Ein vogel kam geflozzen. Kûdrûn dô sprach:
„Owê, vogel schoene, du erbarmest mir sô sêre,
Daz du sô vil gefliuzest uf diesem fluote", sprach diu maget here.
In menschlicher stimme antwûrten ir began
Der gotesengel hêre, sam ez waere ein man".

Ich habe mir diesen Vogel stets als große Möve, nicht
als Schwan vorgestellt.

Die S t r a n d d i s t e l wächst, seit dem Verbot des
Pflückens, jetzt wieder in großen Scharen an diesen Ufern.
Und Hasen begegnet man hier im Dünenlabyrinth, bei der
„Fuchsschlucht" und anderen versteckteren Stellen, aber
auch an offenen Flächen, alle Augenblick.

Von den Dünenhügeln an der See sieht man weit ringsum ganz Rügen und bis nach Stralsund. Und —

„Dar achter de Weid
Wit öwer de Heid
Dar schimmert ann Himmel en Möl." (Klaus Groth.)

Das ist die letzte große Mühle vom „Mühlenhof" in
Vitte, jetzt ihrer Flügel beraubt. Und noch weiter die
unversehrte zweite Mühle! Und dann die Berge von
Kloster!

Doch es ist Zeit, wir eilen nun nach Hiddensees größ-
tem Badeort, nach dem Fischerdorf V i t t e !

33. Vitte. Häuser a. d. Dorfstr. (14–20.)
(Pappdach- und Strohdachhäuser.)

10. Vitte.

(123 Wohnhäuser, davon 117 im Dorf. Einwohnerzahl: 1910: 427; 1919: 494; 1924: 563.) Hierzu Ortsplan Nr. 3 und Karte Nr. 7.

Sonnenglanz auf den Dünen;
Wolken und Sturmgebraus;
Freundlich lugt aus dem Grünen
Ein weißes Dorf heraus.
Oft wird im Sinn noch klingen,
Wenn fern ich dem weiten Land,
Der Ton vom Wellensingen
Am hellen Uferstrand.

Hans Zeeck (1909).

*Gasthöfe. Gleich beim Dampfersteg an der sog. „Sprenge" (vgl. Ortsplan): A (Nr. 62) **„Logierhaus zur Post"**, auch Pension (Frl. M. Nehls). — B (Nr. 58a) **„Strandhotel"** (Frau A. Sponholz). — Nahe am Außenstrande, 4 Min. v. Dampfersteg: C (Nr. 22 Dorfstr.) **„Hotel zur Ostsee"** (E. Freese). — 4 Min. südlich davon D (Nr. 27) **Schlucks Gasthof und Restaurant** (Frau E. Schluck) mit Strandrestaurant. — C u. D mit gr. Saal; A u. B mit Glasverandasaal z. Speisen. — In d. Vitter Heide, 25 Min. südl., **„Gasthaus zur Heiderose"** (P. Krüger). — In der Hauptbadezeit vorzugsweise Zimmer mit voller Pension verabfolgt. P r e i s e z. Zt. (Mitte Juni 1924) noch nicht endgültig feststehend, daher freibleibend und von der Entwickelung der Lebensmittelpreise usw. abhängig. Vorläufig meist 7—8 M. täglich, auch 8—10 M., je nach dem, was geboten wird. Vereinzelt auch von 5—7 M. an.

*Fremdenheime (Pensionen): Gleich am Dampfersteg, I., J (Nr. 87): **„Privatpensionat"** von Else Hübner. — Nahe dem Außenstrand, Dorfstraße 45e, K **„Heinrich Schlucks Privatpensionat"** (Sitz der Badeverwaltung, des Gemeindevorstands u. der Dampferreederei), schräg gegenüber dem Gasthof Schluck. — 7 Min. nördlich, bei der gr. Windmühle, G (Nr. 14): **„Waldemar Schwartz's**

Privatpensionat". — 4 Min. weiter nördlich, H (Nr. 3a) **„Haus Arndt".** — Am Südende der Mittelstr., nahe der Seeblänke, 7 Min. v. Dampfer: F (Nr. 65) **„Mühlenhof"** (O. Baier), bei der alten Windmühle. — Südl. daneben **„Uns Hüsing"** (Frl. von Trentovius).

Man beachte auch die **Anzeigen** (hinten) der sich empfehlenden G a s t h ö f e u n d P e n s i o n e n!

*Privatwohnungen. Ihre Zahl in Vitte ist recht groß. Etwa 60 Privathäuser vermieten ihre Zimmer mit der Möglichkeit der K ü c h e n - b e n u t z u n g z. wohlfeiler. Selbstwirtschaften. S e l b s t k o c h e n i m Z i m m e r m i t S p i r i t u s o d e r P e t r o l e u m ist dagegen bei den meisten behufs Schonung der polierten Tische streng verboten und nur bei ganz wenigen (etwa ½ Dutzend) ausdrücklich erlaubt.

Die Zimmerpreise dürften auch noch nicht so ganz feststehen, sind aber kaum höher als in der Vorkriegszeit und nach Größe und Ausstattung des Raumes verschieden. Zimmer mit 1 Bett etwa 12—20 M., gelegentl. auch 25 M. in d. Woche; mit 2 Betten meist mindestens 20 M., mit 3 Betten von 25 M. aufwärts. Vereinzelt vielleicht etwas wohlfeiler. Für Mitbenutzung einer K ü c h e etwa 5 M. Zuschlag; Küche für sich 10 M. Wegen der Feuerung Vereinbarung treffen.

Zahl der Fremdenzimmer in Privathäusern Vittes etwa 250 mit rund 500 Betten. In Gasthöfen u. Fremdenheimen rund 150 Fremdenzimmer mit 260 Betten.

Viele Zimmermieter bereiten sich nur die kleinen Mahlzeiten (morgens und abends) selbst und essen in Gasthöfen oder Fremdenheimen zu Mittag. Ein Mittagsessen (freibleibend) etwa 2—4 M., je nach dem Gebotenen.

Wohnungsnachweis u. Prospekte durch die Badeverwaltung (Dorfstraße 45e, Haus Heinrich Schluck, Gemeindevorstand). Bei schriftlich. Anfragen Zimmer-, Bettenzahl, Zeit und Preislage angeben. Zeitig anfragen, da in der Hauptzeit (Schulferien) das meiste schon vorher vergriffen ist. Rückporto beifügen.

Ein Verzeichnis sämtlicher Hausbesitzer und Vermieter hinten am Schluß dieses Buches. Auf Vor- und Zunamen und Hausnummer achten, da manche Vermieter den gleichen Vor- und Zunamen führen.

*„Saison": Vom Mai bis Oktober. Hauptzeit 15. Juni bis 1. September. In der Zeit der Schulferien, Juli bis Mitte August, meist alles überfüllt.

Für nicht an die Ferienzeit Gebundene sehr ratsam, bei leidlichem Wetter schon Mitte Mai und im Juni zu kommen, wo es an der Ostsee zwar bisweilen noch frisch ist, doch alles grünt und blüht; in den Bergen der goldige Ginster, der Weiß- und Stranddorn, in den Gärten Flieder, Jasmin usw. Und dabei herrliche Naturschauspiele u. weniger Menschengedränge am Badestrand.

Einer der schönsten Monate ist gewöhnlich d. mild-sonnige **September,** wo die Heide blüht. Auch im Oktober — selbst noch Mitte des Monats — Baden ist möglich und wegen der geringeren Spannung zwischen Wasser- und Luftwärme angenehm, nicht kalt vorkommend.

*Seebäder am Badestrand jederzeit unbeschränkt lange möglich. Badehütten der Vermieter **unentgeltlich** benutzbar; Gebühr schon in der Kurtaxe einbegriffen.

*Badearzt (Dorfstr. 45d): Dr. med. Friedrich Laible (mit Hausapotheke). Sprechstunde 9—11.

*Badegäste in Vitte: 1911 und 1912 rund 1000; 1913: 1493; 1914: 1350; 1915 (Mindestzahl): 387; 1916: 591; 1918: 1583; 1920: 2137; 1921: 2244; 1922: 1964; 1923: 1765; (darunter 173 Ausländer). Außerdem viele kurzfristige Besucher.

*Post: Dorfstr. 77 (Villa Seestern); im Sommer Postamt, sonst Postagentur. Mit Telegraph und Fernsprechstelle (auch Vermittlungsamt für die Inselanschlüsse). Amtsstunden 9—1, 3—6 Uhr. Wegen der Stunden für Ferngespräche nach außerhalb erkundige man sich. Briefkasten mehrere am Ort und auf dem Dampfer (nach und von Stralsund).

*Dampfer: Salon- u. Postdampfer „Caprivi" (Kapitän Robert Gau, Dorfstr. 45b), mit Erfrischungsraum und Ausschank an Bord, gehörig der Genossenschaftsreederei „Hiddensee", (eingetrag. Genossensch. m. beschr. Haftpflicht) zu Vitte a. H. (Geschäftsstelle: Dorfstr. 45e). Gegründet im Oktober 1919 zum Zwecke regelmäßiger Verbindung mit Stralsund, auf das Hiddensee besonders angewiesen ist. Ankauf eines zweiten Dampfers geplant. „Caprivi" führt gegen kleine Gebühr auch Bestellungen und Einkäufe in Stralsund aus (Zettel mit Namen und Wohnung des Bestellers mitgeben). Sommerfahrplan (1. 6.—15. 9.): Abfahrt von Stralsund nach Vitte u. Kloster 3½ Uhr nachm., Sonntags 2¼ Uhr. Abf. v. Vitte nach Stralsund 8¼ Uhr vorm., an Strals. 10½, Abf. nach Kloster 5¾ Uhr nachm., Sonntags 4½ Uhr. Fahrpreise (freibleibend) von den Kohlenpreisen abhängig: Strals.—Vitte (od. Kloster) z. Zt. (Juni 1924) 3 Mk. I. Kl. (II. Kl. nicht für Badegäste). Vitte bis Kloster 50 Pfg.

*Lebensmittel bei den Kaufleuten u. einzelnen Gemüsehändlern. 3 Bäcker am Ort. Milch meist erhältlich (56 Kühe vorhanden). Wochenmarkt oder ins Haus kommende Händler, wie in vielen anderen Badeorten, bisher noch nicht eingeführt. Gegen 50 Fischer oder mehr am Ort.

Gewerbetreibende u. Handwerker verschiedener Art am Ort: Müller, Schuhmacher, Tischler, Maurer, Friseure, **Bootsvermieter** (meist a. d.

Sprenge, beim Wallweg usw.) u. a. **Strandkörbe** zu mieten bei Kfm. Freese (gegenüber dem Ostseehotel) u. a. d. Sprenge (Kfm. Wollner).

*Kurtaxe: 1 Person **5 M.**, 2 Pers. (einer Familie) 8 M., 3 Pers. 10 M., 4 u. mehr Pers. 12 M. Für mitgebrachte **Hunde** 5 M.

*Kirchengottesdienst: in Kloster, Sonntags 10 Uhr. Pastor Lic. A. Gustavs.

Amtspersonen. Amtsvorsteher für die ganze Insel: P. Wüstenberg (Kloster, Gutshof). In Vitte: Gemeindevorsteher Heinrich **Schluck** (Dorfstr. 45e); Zollassistent Henck (Nr. 17); Obmann der Rettungsstation am Strand in Kloster P. **Thürke** (Vitte, Nr. 2); Fleischbeschauer C. **Witt** (Dorfstr. Nr. 77).

Gepäck: Hausdiener der Gasthöfe u. Fremdenheime, gelegentlich auch helfende Einheimische. Für Fuhren nach Vereinbarung. 7 Pferde am Ort.

34. Vitte und die „Sprenge" am Vitter Bodden. Mit dem Landhaus Dr. Emmel's.

Das **Fischerdorf Vitte** ist der größte Badeort der Insel Hiddensee und hat gut dreimal soviel Wohnhäuser wie Kloster und doppelt so viele wie Neuendorf. Seine Einwohnerzahl, rund 500 nach der Zählung von 1919, jetzt noch mehr, macht gut die Hälfte der Inselbevölkerung aus. Seit 1905 hat es auch einen eigenen Dampfersteg, während vorher der Dampfer nur in Kloster anlegte und die Vitter von da ihre Gäste abholten, die manchmal auch bei der Fährinsel ausstiegen. Der Verkehr hat sich in den letzten 20 Jahren bedeutend gehoben. Und auch eine rege Bautätigkeit hat seitdem eingesetzt. Teils waren es Umbauten, teils Neubauten an der Stelle oder neben den alten Fischerhäusern, teils neue Sommer-Landhäuser von Ansiedlern aus Berlin und anderen Städten. In dem Jahrzehnt von 1904 bis 1913 sind etwa 30 Bauten zu verzeichnen, von 1914 bis 1924 etwa 17. Mit den Nebenbauten also weit über 50 in den letzten 20 Jahren, darunter zum Teil auch recht große Häuser mit aufgesetzten Stockwerken. Der Charakter des Fischerdorfs mit den vielen Strohdachhäuschen ist daher nicht mehr vorherrschend.

Vitte liegt im Mittelpunkt des Hiddenseer Verkehrs, 50 Minuten von Neuendorf, fast 40 Minuten von Grieben und knapp 20 Minuten von Kloster. Das bewohnte Dorf ist von Norden nach Süden etwa 1½ km lang und zwischen Binnen- und Außensee ¼ bis 1 km breit. Die Grenze seiner Gemarkung reicht nach Süden etwa bis zum Gasthaus „Heiderose", das noch dazu gehört. Ebenso 5 andre, weit zerstreute Wohnhäuser in der Vitter Dünenheide.

Wenn der Dampfer sich dem Orte nähert, liegt er malerisch vor einem da, wie eine weitläufige kleine Seestadt, aus der sich die höheren neueren Häuser und die beiden Windmühlenkörper besonders hervorheben. Beim Landen am Binnenstrand betrit man alsbald grünen Rasen und den Kiesweg am Binnenufer, die „Sprenge".

35. Vitter Fischer beim Netzeordnen auf der „Sprenge".

Der Name „**Vitte**" (die Hiddenseer sprechen F i t t e aus, n i c h t W i t t e) bedeutet, wie schon Prof. D ä h n e r t in seinem plattdeutschen „Wörterbuch der pommerschen und rügenschen Mundart" (1781) angibt, „eine Fisch- und Heringslage und kleine Häuser dazu am Strande", d. h. für uns verständlicher ausgedrückt ein Fischereilager am Strande mit den nötigen Unterkunftshütten (besonders zur Zeit der Heringsfänge). Es gab mehrere Ortschaften dieses Namens auf Rügen; bei Arkona (Vitt) und unweit Rügenwalde in Hinterpommern (Vitte) liegen heute noch zwei solcher Dörfchen an der See. Woher das Wort „V i t t e" stammt, ist nicht ganz klar. Ob es dasselbe Wort wie das plattdeutsche „Witt" = weiß ist; ob es etwa die weißen Dünen bezeichnen soll, wie die Seeufer-Ortschaft Wittdün auf der Nordseeinsel Amrum, oder eine weiße (sandige) Au, wie Wittow (Witt-au) manchmal gedeutet wird; ob es aus dem dänischen hvid (Neutrum hvidt) = weiß, hvide = weißen, mit Kalk tünchen, (schwedisch hvit = weiß) herzuleiten ist, oder ob es vom dänischen hytte (= Hütte; hytten = die Hütte) herkommt, oder gar slawischen Ursprungs aus der Wendenzeit ist, ich weiß es nicht. Im Slawischen (Russ.) bedeutet witj = winden, witina = Weidenkorb (geflochten, gewunden); witim (an Hitthim erinnernd) = ein „Zugschiff" (in bestimmten Gegenden Rußlands). In Schweden heißt auf der Insel Gotland eine Uferortschaft F i d e, was an V i t t e erinnert, zumal da auch das dänische Wort h y t t e im Schwedischen in h y d d a (mit weichem Laut) gemildert erscheint.

Ob Vitte schon in der früheren Klosterzeit (seit 1296) bestand, konnte ich nicht feststellen. Steinbrück (Gesch. d. Klöster in Pomm. 1796) zählt es ohne urkundlichen Nachweis unter den Gütern des Klosters auf („Vitte, 31 Kossäten ohne Acker, ernähren sich von der Fischerei, 44 Mark Pacht"), doch stammt diese Angabe offenbar aus A. G. Schwartz' Geographie des Nieder-Teutschlands (1745) und gilt für 1745. „Vitte", sagt er, „ist ein Fischerdorf von 31 Katen, am westlichen Ufer der Insul, das sich blos von der Fischerei ernährt." Das Wort „K a t e" könnte wohl slawischer Herkunft sein, von C h a t a (Hütte, z. B. im Russ.) stammen. Dann daraus das Wort „K o t h e" oder „Koth" gebildet. Hiervon K o s s a t oder K o s s ä t (angebl. Koth-sasse). „Kothe" oder Kate soll ein Häuschen mit wenig Acker bezeichnen. Kossá (russ.) heißt Sense. Ob mit Kossat verwandt, fraglich. In der Hiddenseer Kirchenmatrikel wird „d a s D o r f z u r V i t t e n" unter den dem Pastorat unterstehenden Gemeinden schon im Jahr 1585 erwähnt. Wackenroder (1710, gedruckt 1730) nennt „Vitte, ein langes und wohlbewohntes, wie wohl mit gar schlechten Häusern angefülltes Dorf". Ein Inventar des Gutes Hiddensee-Kloster vom Jahr 1786 gibt an, daß es damals „267 untertänige Seelen" d. h. L e i b e i g e n e beherbergte.

Aus der soeben erschienenen „G e s c h i c h t e d e s K l o s t e r s H i d d e n s e e" von Geheimrat H. H o o g e w e g, auf Grund urkund-licher Nachweisungen bearbeitet, ergibt sich, daß V i t t e s c h o n i n e i n e r U r k u n d e v o m J a h r e 1 5 1 3 erwähnt wird, wo ein gewisser Heinrich Grubbe (in Vitte a. H.) der Kirche in Kloster 100 Mark (damaligen Silbergeldes) zu einer ewigen Messe stiftete. Dieser Grubbe stammte aus der anscheinend wendischen Familie Deszenick, die schon „lange Jahre" vor 1513 einen Altar (den Deszenickaltar) für 3 Messen in der Woche gestiftet hatte. Wahrscheinlich war Vitte also schon viel älter. Damals (1513) standen in dem Dorf 24 Katen.

Während des Heringsfanges wurden überhaupt an vielen Stellen des Fanges zur Bearbeitung und Verladung der Fische die sog. V i t t e n und in der Regel bei ihnen auch Krüge errichtet. Wann dieses Wort (Vitte) zuerst vorkommt, wann Vitte auf Hiddensee entstand, weiß ich jedoch nicht.

Von Vitte auf Hiddensee schrieb **Kosegarten** 1792: „A r m s e l i g e r e H ü t t e n a l s d i e, s o i c h i n d i e s e m D o r f e f a n d, s i n d m i r n o c h n i c h t v o r g e k o m m e n. Das Innere war so r a u c h r i g t und so u n r e i n, daß ich mit aller meiner Hüttenliebe nicht im Stande war, nur wenige Minuten in ihnen auszuharren." Seegras, Torf und Rasen dienten als Wände und Bedachung, alte kleine, runde Schiffsfensterchen als Lichtspender.

36. Alte Räucherkate in Vitte.

Grümbke (1819), der nur 21 Kossäten in Vitte angibt, meinte von den Hiddenseern, sie hätten eine weinerlich singende Aussprache, enge, r ä u c h e r i s c h - s c h m u t z i g e H ü t t e n und wenig Wohlstand. Aber groß sei ihre **Heimatsliebe.** „I h r e I n s e l i s t i h r M i k r o k o s m u s. Die jungen Leute, die als Seefahrende doch eine andre Welt als die hiddenseeische kennen lernen, halten die Abwesenheit nicht lange aus, sondern finden sich nach höchstens ein paar Jahren wieder ein. . . . Es hat Fälle gegeben, daß alte Seeleute, nach der Abwesenheit von manchen Jahren, voll Sehnsucht nach dem geliebten Ländchen (**dat söte Länneken,** wie sie es nennen) wieder zurückgekehrt sind und die heimatliche R a u c h -h ü t t e aufgesucht haben, um nur der Freuden dieses von Torf und gedörrten Fischen duftenden Paradieses bis an ihr Ende genießen zu können." Diese H e i m a t l i e b e trifft auch heute noch zu, wenn man jetzt auch bisweilen, doch selten, ein Vitter Mädchen, die sich nach auswärts verheiratet, ihr Dorf ein „elendes Nest" nennen hören kann. (Auch die Männer von Capri besitzen diese Liebe zu ihrer Inselheimat).

Spurlos eilen die neuen Zeiten ja nicht vorüber. K a r l L a p p e besingt 1841 „D a s H e i m w e h d e r H i d d e n s e e r" folgendermaßen:

„Welch geheimer Zauber waltet	O, es ist die Lebensstille,
Um das kalte, kahle Land,	Fromme Weltentzogenheit!
Daß sich Heimweh nicht entfaltet	Strandgeflügels Luftgeschrille,
In dem dürren Dünensand?	Ausblick in Unendlichkeit,
Wo verbirgst du tief versteckt	Reingeklärte Inselluft,
Den Magnet, der Sehnsucht weckt?	Wellensingen, Meeresduft!
Sprich, süßes Ländchen!	Du süßes Ländchen!

„Wenn die ganze Welt unterginge und der liebe Gott wollte nur geben, daß unser süßes Ländchen stehen bliebe, sagt der Hiddenseer, so müßten **wir** schon sehen, wie wir uns nährten." (K a r l L a p p e, 1836). Erst 1859 erwarben die Vitter vom Heilgeistkloster, d. h. von der Stadt Stralsund, die die Insel 1836 gekauft hatte, Ländereien und Wohnhäuser. 1911 sollen die letzten Schulden dafür abgetragen worden sein.

Der fortschreitende Fremdenverkehr hat den Einwohnern zum Teil wirtschaftlich sehr emporgeholfen. Die frühere U n s a u b e r k e i t der Lehm-und Torfhütten und Rauchkaten hat völlig a u f g e h ö r t, und die alten Strohdachhäuschen sind heute musterhaft rein gehalten. Gesundheit, Arbeitsgelegenheit, Verdienst und Wohlstand nehmen zu.

Mag auch manches malerische Bild, das der Anblick der rührend ursprünglichen alten Fischerhütten gewährte, verloren gegangen sein; die neue Zeit, der neue Verkehr hat begonnen, die Dorfbewohner aus der Armseligkeit und der ewigen Not des Lebens emporzuheben in ein freundlicheres, gesichertes und menschenwürdigeres Dasein. Das braucht man nicht zu beklagen, selbst wenn neues Licht auch manchen neuen Schatten werfen sollte.

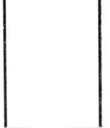

37. Dampfer „Caprivi" am Dampfersteg.

Wenn der Dampfer in Vitte landet, strömen Einheimische und Badegäste gewöhnlich zusammen. Der Weg hier am Wasser heißt die Sprenge.

Grümbke gebraucht 1805 einmal den Ausdruck „W e l l e n s p r e n g e", was wohl auch hier gemeint ist. Weniger überzeugend klingt Prof. A. Haas' Erklärung: „Sprenge" als „abgesprengter Teil" des Dorfs.

Sie liegt am Vitter Bodden, wo all die Fischerboote zu ankern pflegen. An ausgebreiteten Netzen, an Booten, Fischereischuppen und ähnlichen Dingen erkennt man, daß man sich hier in einem Mittelpunkt des Fischfanges befindet. Von Norden her grüßen freundlich über die Bucht hin die Berge des Hiddenseer Hochlands, die „Lietzenburg" und die Häuser von Kloster. Gleich am Dampfersteg liegt das seit 1894 bestehende „L o g i e r h a u s z u r P o s t" (jetzt mehr Pension, als Gasthof) mit Vorgarten und Tennisplatz am Wasser. Wenige Minuten weiter nördlich der Neubau des „S t r a n d h o t e l s", auch dicht am Wasser, auf der Sprenge, mit kleiner Arkadenvorhalle.

Weiter am Schulweg einbiegend, gelangt man von der Sprenge in wenigen Minuten, an einer Baumreihe zwischen lachend grünen Wiesen vorbei, zum „Hotel zur Ostsee". Der aus einem uralten Dorfkrug hervorgegangene, schon fast 40 Jahre bestehende, früher ganz kleine Gasthof mit Vorgarten, hat sich zu einem recht großen, vielbesuchten Hause mit einem großen Gesellschaftssaal (mit Bühne) entwickelt. Hier hat früher der Dichter Gerhart Hauptmann öfter gewohnt, hier hat er an seiner „Versunkenen Glocke" und am „Armen Heinrich" gearbeitet. Die Namen seines Stückes „Schluck und Jau" stammen auch von Hiddensee. Hießen doch 1912 allein in Vitte 45 Personen Schluck und 68 Personen Gau. Der Fremde wird übrigens bald bemerken, daß viele dieser Hiddenseer neben dem gleichen Familiennamen auch noch den gleichen Vornamen führen, sodaß er guttut, sich nach dem Ortsplan auch die Hausnummer des Betreffenden einzuprägen, wenn er Verwechselungen vermeiden will. Und Fischer sind sie dabei fast alle. Nicht ganz unbegründet schrieb auch ein Badegast einmal ins Fremdenbuch:

> In Hiddensee, das wußt ich genau,
> Wohn ich bei Schluck oder wohn ich bei Gau.
> Diesmal wars Gau, das nächste Mal Schluck,
> Kehr ich noch einmal nach Vitte zurück.

Freilich, die alten, niedrigen, kleinen, traulichen Fischerhäuser mit Strohdach, die schon seit der zerstörenden Sturmflut von 1872 vielfach in etwas höhere, meist

38. Alter Baum in der Vitter Dorfstr.
Phot. von Trau & Schwab (Dresden-A 19).

unschöne Pappdachhäuser umgewandelt wurden, weichen allmählich immer mehr größeren, kräftigeren Erweiterungs- oder Neubauten mit hohen Räumen.

Wenige Minuten südwärts vom Ostseehotel kommt man zum vierten Gasthof Vittes, zu E. Schlucks Gasthaus und Restaurant, ebenfalls stark vergrößert und mit einem großen Gesellschaftssaal und einer Bühne versehen. Es bildet die Hauptwirtschaft des Süderendes von Vitte. Seit 1913 auch ein dazu gehörendes Restaurant am Strande selbst. In allen diesen Gastwirtschaften essen außer den eingemieteten Kostgängern auch viele Fremde zu Mittag. Der Andrang ist dann oft groß.

Vitte ist nicht mehr so baumlos, wie ältere Berichte stets meldeten. Es gibt schon Dutzende von Gärtchen oder Vorgärten, es gibt ganze Baumreihen und sogar Obstgärten.

Im Sommer herrscht im Ort ein reges, munteres Leben und Treiben, besonders am weiten **Badestrande,** wo etwa 80 B a d e h ü t t e n oder gar schon mehr stehen, bei denen sich Jung und Alt Vormittags tummelt, in den Sandburgen Sonnenbäder nimmt oder im Wasser badet, ohne den zeitlichen Zwang geschlossener hölzerner Badeanstalten. G a n z H i d d e n s e e ist ja von jeher ein e i n z i g e s g r o ß e s F a m i l i e n b a d und verdankt diesem Umstande, der auch seine gesundheitlichen und sportlichen Vorzüge hat, gerade einen großen Teil seiner Beliebtheit.

In Vitte kann man besonders gut L a n d u n d L e u t e studieren, das L e b e n u n d T r e i b e n d e r F i s c h e r beobachten, ihre plattdeutsche Sprache und ihre Gebräuche verfolgen sowie ihren Charakter und ihr Seelenleben kennen lernen. Die Fischer vereinigen sich hier gewöhnlich zu mehreren Kompagnien (meist 20 Mann), die gemeinsame Boote und Netze haben und den Gewinn teilen. Aber manchmal haben auch 3 bis 4 Mann schon je ein Boot. Hering, Flunder, Dorsch, Aal, Hecht, Lachs sind die Hauptarten des Fischfanges.

Ihre G e r ä t e tragen meist eingeschnittene sog. H a u s m a r k e n als Erkennungszeichen. Beliebt sind bei ihnen untereinander die sog. Oekelnamen (Spitznamen, Ekelnamen). Miteinander reden sie stets platt. Jedes Dorf spricht aber schon ein wenig anders.

Da schon ein viertelstündiger Gang vom Norderende über die grünen Wiesen zu den Bergen des Hochlands führt, die sich dem Blick malerisch darbieten, gekrönt von ihrem Leuchtturm, so haben die Besucher Vittes eigentlich alles in der Nähe, was den Reiz einer Landschaft ausmacht. Und der spanische Weise sagt ja: das Gute, wenn selten, ist doppelt gut.

M a l e r u n d M a l e r i n n e n weilen gerne hier und finden reichlich fesselnde Bilder für ihren Pinsel. Einige sind ständige Sommergäste und Hiddensee ihre Sommerheimat. So die Stralsunder Malerin Elisabeth Büchsel, um nur einen Namen zu nennen. Felix Krause weilte auch oft in Vitte. Nikolaus Niemeier malt und dichtet

in seinem Sommerhaus, einem ausgeschmückten Fischer-
haus am Norderende. Klein-Dipold weilt am Südende.
Eine Bilderausstellung befindet sich nahe der
Windmühle in dem Strohdachhause No. 14 b, von den
Berlinern „Kunstscheune" genannt, früher Sitz der
Bäckerei Schwartz, die jetzt in dem großen Steinhause
gegenüber tätig ist, heute im Besitz einer kunstliebenden
Geheimratswitwe. Es gibt auch sonst noch eine ganze
Reihe von Inselfreunden, die sich in Vitte und der Vitter
Heide angesiedelt haben, doch nur im Sommer und Herbst
hier zu sein pflegen.

Es hat sich in Vitte tatsächlich durch die angesiedelten Inselfreunde schon ein Stück **„Neuhiddensee"** gebildet, wie Wilbrandt in seinem Roman „Hiddensee" (1910) es nennt, der hauptsächlich in Vitte spielt
und schon in einem anderen Kapitel ausführlicher erwähnt
worden ist. Doch ist das nicht so gemeint, wie es manchem klingen könnte, sondern er rühmt an dem Eiland
gerade die „Stille", den „Gottesfrieden", seine patriarchalischen Reize und seine Ursprünglichkeit, die manchmal
das Gefühl geben, als lebte man in einer um Jahrhunderte
zurückliegenden Zeit.

Von den ganz alten niedrigen Rauchkaten mit be-
moosten Strohdächern ohne Schornstein und mit Lehmwänden, steht in alter Gestalt eigentlich keine einzige
mehr, doch immerhin noch manche, die ihnen ähnlich
sind und kulturgeschichtlich fesseln. Das älteste Haus
auf der Insel ist vielleicht die Strohdachkate auf der
Fährinsel, ursprünglich auch solch eine Räucherkate.

An Geselligkeit fehlt es in Vitte nicht. Oefter
werden Tanzabende in den Gasthofsälen veranstaltet.
Bootspartien finden überall ringsum schöne Ziele.
Ist doch der Bodden mit den Rügenschen Buchten wie
zum Segeln gemacht. Ganze Scharen von Gästen wan-
deln täglich in die Berge, andre in die Dünenheide (zehn
Min. südlich), zur Heiderose (25 Min.), zur Fährinsel oder
bis nach Neuendorf (50 Min.) Auch der erhöhte Strand-
steig auf der Düne des Badestrandes ist eine beliebte
Promenade. Nur täten man einige Aufforstungen gut.

Die ganze Ortschaft hat noch den idyllischen Reiz
ungeschminkter, ungezwungener Ländlichkeit, sie hat voll-
kommen reine Luft, grüne Matten, blauen Himmel und viel
heiteren Sonnenschein. Weite Fernsichten gibt es überall.
Der Blick aus dem oberen Stockwerk eines Hauses ist von
überraschend erhöhter Schönheit. Die untergehende Sonne
im Westmeer, der Mondschein auf den Fluten, die
wechselnden Wolkenbilder, alles das schafft hier eine
hohe Poesie.

Unter den Vitter Landhäusern von Fremden passen manche gut in die Gegend hinein und sind hübsch und wohlgelungen, im Gegensatz zu vielen andern Neubauten. Die Fischer selbst sollten bei Neubauten auch lieber die alte hübsche Form der Strohdachhäuser mit den abgestumpften Dachenden beibehalten. Die Badegäste möchten etwas Wohlgefälliges sehen und ziehen die weißen freundlich-ländlichen Häuschen großen häßlichen, städtisch angehauchten Kasten meist vor.

39. Grundform eines Vitter Fischerhauses.
(Süderende No. 30)

Das merkt man aus so manchem poetischen Erguß selbst verwöhnter Großstädter, die froh sind, von dem Anblick des Großstädtischen hier eine Weile ausruhen zu können:

> „Höhenkranz und grüne Triften,
> Wo die hellen Häuser stehen,
> Zweite Heimat unsrer Herzen:
> Auf ein frohes Wiedersehen!“

Wie oft kehren ähnliche Verse hier wieder!

Nicht immer herrscht hier ja das schöne sonnige Wetter mit den weiten Fernsichten. Es können auch mächtige Stürme brausen, wie sie der Sommer seltener, doch der Spätherbst häufig bringt. Dann steigt der Wasserspiegel oft, sodaß der Weg am Norderende bisweilen bis dicht an die Häuser überschwemmt ist. Noch ärger wird es bei den Sturmfluten, die zum Glück aber oft jahrzehntelang auf sich warten lassen.

Recht selten und weniger angenehm wegen der dann auftretenden Mücken sind Tage der Windstille. Aber sie haben, wenn dann die Sonne sinkt oder der Mond aufgeht und wellenatmend doppelt schöner zu uns herkehrt, oft ihre besondere Poesie. Diese hat ein ansässiger Inselfreund in gebundener Rede so wiedergegeben:

Windstille Obend an'n Vitter Bodden.

De Himmel wiet sick — wiet ümher,
De Hüser dukt sick deep to Ehr (Erde);
De Bodden speelt in Obendrot —
De Welln, de plattert lies ümt Boot —
Een Flüstern geiht üm all de Hüs,
De deep un goot in Freeden stoht.
Und een poor Görn, de blart noch lies —
Een Wogen klappert mäud de Stroht (Straße) —
De Welln, de plattert lies ümt Boot.
Üm düsse Tid, dor sleppt de Dood,
Dor sleppt de Storm, dor sleppt de Not.
Un allns is still un lies un good —
Und Gott — treckt — ook för di! — den Hoot.

Nikolaus Niemeier.

40. Dorfstraße in Vitte (Nr. 83, 15, 14).
Phot. J. Simonsen, Oldenbg. i. Holst.

41. Am Badestrande zu Vitte.
Phot. J. Simonsen, Oldenburg in Holstein.

42. KLOSTER: Lietzenburg und Aussicht nach Süden v. d. H.

11. Kloster a. H.

(36 Wohnhäuser. 180 Einwohner.)
Ortsplan Nr. 4. Karte Nr. 6.

Und als er endlich dies Elysium gefunden,
Das, rings umher mit Wald und Felsen eingeschanzt,
Ein milder Genius recht wie für ihn gepflanzt,
Fühlt er auf einmal sich von allem Gram entbunden.
„Hier". rief er seinem Freund, vom unverhofften Schauen
Des schönen Orts entzückt, „hier laß uns Hütten bauen!"
Wieland (Oberon).

*Gasthöfe. Gleich beim Dampferbollwerk: A (Nr. 2) **Hotel Hitthim** (Bes. Frl. Cl. Häckermann) mit Veranda, Glassaal und Garten. — 3 Min. weiter: B (Nr. 5) **Hotel zum Dornbusch** (Bes. Paul Gau) m. gr. Saal u. Bühne, Aussichtsterrassen. — Oben im Bergwald, unweit des Leuchtturms, durch den Gutshof geradeaus, 20 Min.: **Bergwaldhotel zum Klausner** (Bes. Frau Lina Hirsekorn), mit Glasveranda und Waldrestaurant, beim Außenmeer. (Man beachte die Anzeigen am Schluß des Buches!)

*Fremdenheime (Pensionen). — 5 Min. v. Dampfer: D (Nr. 7) „Zur Post" (Alb. Matthias) m. Verandasaal u. Vorgarten. — 7 Min. vom Dampfer: C (Nr. 22b) „Landhaus Wieseneck" (Frl. Elise Hirsekorn), m. Garten. — Auf der Höhe über dem Badestrand, am Waldessaum, 12 Min., E (Nr. 17): „Haus am Meer" (Frau J. v. Sydow), das Glasveranda, Nebenhäuschen, gr. Waldpark u. Spielplätzen. (Vgl. Anzeigenteil!)

Preise in Gasthöfen u. Fremdenheimen n. nicht feststehend, freibleibend, v. Lebensmittelpreis.,

Ernte, Angebot und Nachfrage beeinflußt. Genannt wurde (Mitte Juni 1924) vorläufig für volle Pension, je nach Wahl des Zimmers und nach Maßgabe des Gebotenen: 7—10 M. täglich (1913: 5—7 M.). Entwickelung der Preise bleibt abzuwarten. Anfragen empfehlenswert (Rückporto!). Frühsaison u. Herbst oft etwas wohlfeiler.

*Privatwohnungen. Möbl. Wohnungen oder Zimmer findet man in Kloster etwa in einem Dutzend der vorhandenen Häuser, doch ist die Nachfrage viel größer als das Angebot. Küchenbenutzung oder Selbstkochen im Zimmer (mit Spiritus) ist nur bei wenigen möglich. Näheres darüber im **Häuser- und Wohnungsverzeichnis** am Schluß dieses Buches! — Zimmerpreise (wöchentlich): mit 1 Bett etwa 12—14 M., 2 B. 14—20 Mark, 3 B. 20—40 M., je nach Größe und Ausstattung. Zum Teil den Friedenspreisen angenähert. — In Kloster, ohne Grieben und den Bergwald, gibt es zur Zeit (1924) rund 65 Fremdenzimmer mit etwa 110 Betten in vermietenden Privathäusern, und etwa 200 Zimmer mit

200 Betten in den Gasthöfen und Fremdenheimen, insgesamt also 1 7 5 Z i m m e r m i t ü b e r 3 0 0 B e t t e n, mit dem Dornbuschhochland 190 Zimmer und 330 Betten, sodaß also 330, zur Not vielleicht auch 3 5 0 M e n s c h e n g l e i c h z e i t i g Unterkunft finden. Die Sommerlandhäuser sonst hier wohnender Städter befassen sich meist gar nicht mit Vermieten. — In der P f a r r e (Nr. 8) werden einige Zimmer, n u r m i t B e k ö s t i g u n g (Hausmannskost), abgegeb.

*Badeverwaltung für K l o s t e r u. Grieben (Mitglieder des Ostseebäderverbandes) zugleich im Landhaus „M e e r e s s t i l l e" (Nr. 6 auf dem Plan). Badeverwalter: Emil Hirschfeld, Ob.-Telegraphen-Assistent a. D. — A u s k u n f t u. Wohnungsnachweis, soweit möglich. Bei schriftl. Anfragen Zeit, Zimmer- u. Bettenzahl angeben (Rückporto!). Prospekte umsonst.

*Kurtaxe (dafür Bäder unentgeltlich): 1 Person 5 M. (Gold), 2 Personen einer Familie 8 Mark, 3 Pers. 10 M., 4 und mehr Pers. 12 M.

*Badearzt: Dr. med. Fr. L a i b l e in Vitte (Dorfstr. 45d; mit Hausapotheke), Sprechst. 9—11 Vm. Zu Fuß etwa 30 Min. Frühdampfer von Kloster 7½ Vm., an Vitte 8¼ (50 Pfg.).

*Bäder. S e e b ä d e r am Badestrand mit Benutzung der Badehütten der Vermieter überall umsonst. Vorschrift: Badehose oder Badeanzug. W a r m e W a n n e n b ä d e r möglich im Hotel Hitthim, Dornbusch und Haus am Meer.

*Zahl der Badegäste in Kloster (mit Grieben): 1909: 300; 1910: 583; 1911: 1024; 1912: 886; 1913: 960; 1 9 1 4 : 620; 1915 (Minimum): 5 5 0 ; 1916: 715; 1917: 974; 1918: 984; 1919: 1249; 1920: 1354; 1921: 1337; 1922: 1130; **1923: 1244.**

*Saison: 1. Mai bis Mitte Oktbr. Hauptsaison 15. Juni bis 1. Septbr. In der Zeit der Schulferien (Juli bis Mitte August) gewöhnlich alles überfüllt. Rechtzeitige Vorbestellung daher ratsam. Besonders schöne Zeit bei normaler Witterung schon Mitte Mai und Juni (Ginster- und Fliederblüte); der meist so milde, klare, sonnige S e p t e m b e r f a s t d e r s c h ö n s t e M o n a t. Baden oft bis Mitte Oktober und länger mög-

lich, da das Meer lange die Wärme hält. **Nicht an die Ferienzeit Gebundene tun gut, Frühling und Spätsommer nicht zu scheuen. Ideale Zeit u. Stimmung für geistig schaffende Künstler und Schriftsteller,** die in der Zurückgezogenheit, ohne Hochsommergedränge, etwas Bestimmtes leisten wollen. Für Witterungsumschläge warme Kleidung mitzubringen empfehlenswert.

*Post. Im Sommer A g e n t u r, sonst Hilfsstelle; seit Juni 1924 im Hause Nr. 4 (alter Gasthof von Gau). Mit Telegraph und öffentl. Fernsprechstelle. Abgehende Briefe am besten in den Briefkasten des Postdampfers stecken (schnellste Beförderung).

43. Dampfer „Caprivi" in Kloster landend (vom Schwedenhagen)

*Dampfer. Zur Zeit nur ein Dampfer, „C a p r i v i", Post- und Salondampfer, m. Erfrischungsraum. Abfahrt von S t r a l s u n d nach Vitte und Kloster werktags 3½ Nm., Sonntags 2¼. Von Kloster nach Vitte und Stralsund, ab morgens 7½, an Stralsund 10½. Fahrpreis 1. Kl. (mit Kajütensalon; Plüschpolsterbänke) z. Zt., freibleib., 3 M. Fahrpreis von Kohlenpreisen abhängig. Im Herbst und Frühjahr beschränkter Dampferdienst. Besorgungen u. Warenbestellung in Stralsund durch den Dampfer möglich (Bestell-Zettel mit Namen und Wohnung aufgeben).

*Gepäck. Abstellung und Aufbewahrung in d. **„Strandhalle"** (mit Erfrischungsraum und Verkauf von Badezeug und Ansichtskarten) von H. Gottschalk (vgl. Anzeige!). Gepäckbeförderung durch die Hausdiener oder Gefährte der Gasthöfe und Fremdenheime. Bisweilen, geg. Trinkgeld, auch für Gäste von Privathäusern. Gepäcktragende Knaben manchmal am Dampfer. Schubkarren bisweilen zu leihen (Trinkgeld).

Buchhandl. K l o s t e r k i r c h w e g Nr. 22; „S o m m e r b u c h h a n d l g." (,,B ü c h e r k l a u s e") mit Leihbücherei v. K. H a e r t e l.

*Kaufleute, Gewerbetreibende u. Lebensmittelversorgung usw. Außer der „S t r a n d h a l l e" am Bollwerk am Ort eine K o l o n i a l - w a r e n h a n d l u n g (A. Dittmann), Klosterkirchweg Nr. 22; ebenda „S o m m e r b u c h h a n d - l u n g (,,B ü c h e r k l a u s e"") mit L e i h b ü c h e r e i von K. H a e r - t e l, 3 Bäcker u. verschiedene Kaufläden in Vitte. Brot wird auch ins Haus gebracht. Milch und Butter, auch Gemüse im G u t s h o f. Fische bisweilen von Fischerfahrzeugen am Bollwerk. Manches durch den Dampfer bestellbar. Am Ort ansässig ein Schmied, Stellmacher, Gärtner. Wäscherei im Hause Nr. 20 (Lamparski). Hilfskräfte zur Bedienung und Aufwartung in Kloster schwer zu bekommen, eher aus Vitte. Oder Bedienung mitbringen!

Strandkörbe, Ruder- und Segelboote. Strandkörbe zu mieten im Hause 6a (Schlieker). Boote mietbar zum Teil in den Gasthöfen, teils in Grieben (Nr. 16). Auch in der Strandhalle erfragen.

*Amtsstellen. Amtsvorsteher des Amtsbezirks Hiddensee: P. Wüstenberg, Gutspächter (im Gutshause, Nr. 1 des Ortsplans). Die Insel Hiddensee gehört zum Kreis Rügen

(Landrat: Milenz in Bergen a. R.); der Kreis Rügen zum Regierungsbezirk Stralsund (Regierungs-Präs.: Dr. Hausmann) der preuß. Provinz Pommern. — Ferner in Kloster: Strandvogtei (Joh. Schluck, Nr. 3); Schule (Lehrer Berg, Nr. 2a), Pfarre (Lic. Pastor Gustavs, Nr. 8). Der Förster (Löwenhagen) Haus Nr. 19. Standesamt in Grieben (Ph. Schönrock). Ein Landjäger, auch zur Ueberwachung des Vogelschutzes, in Vitte, Obmann der Rettungsstation in Kloster (P. Thürke, Norderende Nr. 2) jetzt auch in Vitte.

*Sonstiges. Gesellige Abende öfter Sonntags (mit Musik u. Tanz) in den Gasthöfen. Gelegentlich auch Konzerte. Eine R u n d f u n k a n - l a g e im Hause Nr. 24 mit Reichweite bis Paris und London. Anschluß der Insel Hiddensee an die e l e k t r i s c h e U e b e r l a n d - z e n t r a l e längst geplant. Einzelne Häuser (z. B. das Haus am Meer) schon mit Leitungen versehen. Ein W i n d m o t o r am Schwedenhagen versorgt seit 1923 den Gutshof mit elektr. Licht.

Zu T i e f s e e a u f n a h m e n f. L e h r f i l m s ist von einer Filmdirektion geplant, eine Hochseemotorjacht dauernd in Kloster in Dienst zu stellen.

Kloster,

ein Gutsbezirk, ist der H a u p t o r t d e r I n s e l, der Sitz der Gutsverwaltung und der Behörden, der Kirche und der Pfarre. Am Fuße der Berge des romantischen Dornbuschhochlands inmitten grüner Bäume dahingelagert, vor nördlichen und nordwestlichen Winden geschützt, liegt der „K l o s t e r - H o f f", wie er schon 1585 in alten Schriftstücken genannt wird, etwa auf der Stelle, wo in früheren J a h r h u n d e r t e n das um 1296 gegründete alte Kloster stand, von dem er seinen Namen hat. Schon bei der Landung des Dampfers sieht man geradeaus neben dem H o t e l „Hitthim", etwas erhöht gelegen, das neue einfache Gutsgebäude (von 1897) vor sich. Von den 16 qkm der ganzen Insel gehören heute noch etwa 13⅓ qkm zu diesem Gute. Und dieses Gut gehört dem Heilgeistkloster in Stralsund, einem Besitz der Stadt.

Vom alten Hiddenseer Kloster, der um 1534 aufgehobenen und etwa zwischen 1628 und 1630 zerstörten reichen S t. N i k o l a u s - A b t e i, ist nur noch ein etwa 95 m langes Stück der U m f a s s u n g s m a u e r und darin ein dreiteiliges **Klostertor** mit Rundbögen aus großen alten Backsteinen übrig geblieben.

44. Das erhaltene alte Klostertor der Hiddenseer Nicolaiabtei.

Hier am Tor, wo das Schulhaus liegt, beginnt das alte „Dorf Kloster", wie man diesen Teil des Ortes nennt, obwohl er nur ein paar Häuser hat. Auf dem sog. M ü h l b e r g, wo früher (etwa bis 1860) eine Windmühle stand und bei dem der jetzt äußerlich verdeckte Mühlgraben vorbeiging, der in alten Zeiten eine von den Mönchen erbaute Wassermühle getrieben haben soll, steht das neue zeitgemäße „H o t e l z u m D o r n b u s c h" (mit Vorterrassen, großem Saal und Bühne).

Westlich davon, bei dem jetzigen Landhaus „Meeresstille", doch näher am Weg und tiefer, stand etwa bis 1874 noch der alte K r u g. Nicht bloß um 1585 wird der „Klosterkrug" erwähnt, sondern schon 1338; da hatten die Herren von Putbus die Krugwirtschaft in Hiddensee dem Klosterkonvent überlassen, wie urkundlich feststeht.

Westlich vom Mühlbergweg beginnt d e r n e u e T e i l von Kloster, der neugebildete **Badeort, Neu-Kloster** kann man sagen. Bis zum Jahre 1904 gab es in Kloster bloß 9 Wohnhäuser: 4 zum Gutshof gehörige Häuser einschließlich der zwei Arbeiterkaten, Pfarre, Schulhaus, Strandvogtei, Gasthof und Amtsvorsteherhaus (jetzt Pension zur Post). Alles übrige nach Westen zum offenen Meere hin war noch unbebaut. Heute zählt man in Kloster 35 Wohnhäuser, mit einigen kleinen Nebenbauten und einem Anbau sogar 39. Besonders bedeutungsvoll waren die grundlegenden Jahre 1904—05, wo fünf Wohnhäuser entstanden, darunter die Lietzenburg; dann die Jahre 1909—10, die das erste größere Hotel (Hitthim) erstehen sahen; und

1912—13, wo das moderne Dornbuschhotel, die bekannte Fremdenheimvilla „Haus am Meer" und „Wieseneck" erbaut wurden. Seit 1919 aber kamen dann noch ein Dutzend Häuser hinzu, meist Sommer-Landhäuser von außerhalb wohnenden Städtern, teils Stralsundern, teils Berlinern. Man kann schon längst großstädtischen Komfort auch für verwöhnte Ansprüche finden. Die Lage der Gasthöfe am Wasser gewährt eine schöne, weite und freie Aussicht. Sie und die nicht minder schön gelegenen Pensionshäuser sind reichlich von Gartengelände umgeben, wie schon ein Blick auf den Ortsplan verrät. Verpflegung und Beköstigung werden ziemlich allgemein gelobt, ja öfter hoch gerühmt.

45. Kuhherde von Kloster und Hotel Hitthim.
Uraufnahme von O. Pfeiffer, Photograph (Stralsund).

Wer als Fremder nach Kloster kommt, der erwarte indessen nur nicht einen Badeort städtischen Anstrichs hier zu finden, mit geglätteten oder gepflasterten Promenadenwegen, mit einer geebneten Strandpromenade und dgl. m. In Kloster wie in Hiddensee überhaupt ist noch alles sehr ursprünglich und ländlich. Man wandelt auf Landwegen, wo sich noch gerne bunte Blumen häuslich niederlassen; man geht auf Naturpfaden, auf Wiesentriften und Rasenteppichen herum, die noch keine Kiesbeschüttung kennen, oder bestenfalls auf eingefahrenen sandigen Geleisen. Bei Regenwetter fordern manche Wegestellen oft noch den guten Humor heraus. Aber die Schönheit der Gegend läßt einen solche nebensächliche Kleinigkeiten ganz vergessen. Und einzelne Verbesserungen der Wege sind bereits versucht worden.

Mit dem Dampfer anlangend, gewinnt man noch zunächst kein besonders malerisches Bild von der Insel. Aber man braucht nur rechts vom Bollwerk, um das Gut herumgehend, die von Laubbäumen bestandene Anhöhe am Wasser, den sog. S c h w e d e n h a g e n (auch

Swinhagen und Schwedenufer genannt) zu besteigen, um
sogleich ein ganz entzückendes Landschaftsbild zu ge-
winnen. Die uralte lauschige dicke Buche dort galt
früher als die einzige auf der Insel. Aehnliche Anblicke
gewähren auch die oberen Zimmer in den Gasthöfen. —

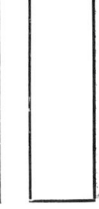

46. Hotel Hitthim. Gutsgebäude. Schwedenhagen.
Vom Wasser gesehen.

An der Nordseite des Hotels „Hitthim", den Gutshof
streifend, links durch das alte **Klostertor,** am Schulhause
vorbei, kommt man in den Pfarrhofsteig und sieht dort
rechts noch den größten Rest der erhaltenen a l t e n
Klostermauer. Im Pfarrgarten daneben eine uralte Linde.
Dann am P f a r r h a u s e vorbei zur **Hiddenseer Kirche.**
Ein rührend einfacher schlichter Bau, fast einer großen
Scheune ähnlich, ohne Turm, steht sie inmitten des Fried-
hofes auf einem aussichtsreichen stimmungsvollen Hügel.
Ein eigener Zauber umgibt sie.

„Weiter hinauf unfern des Pfarrhofs winket der Kirche
Einfach prangender Bau vom weitumschauenden Kirchhof.
Ferner winken die Gräber, die lang begraben, mit manchem
Frommen Spruch verziert auf dem rohgemeißelten Denkstein . . ."
L. Kosegarten. 1804.

Die Hiddenseer Kirche

Der Bau des 1296/97 neu gegründeten Klosters in Hiddensee wurde
schnell vollendet, und auch auf dem Gellen wurde, wie an anderer Stelle
ausgeführt worden (Kap. 8), eine Kirche gebaut, die 1302 fertig dastand.
In den Urkunden und alten Quellen ist dann noch von einer „K a p e l l e
v o r d e m K l o s t e r t o r" die Rede, über die ich mir noch nicht ganz
klar geworden bin. Eine Kapelle dieser Art stand auch innerhalb der
Klostermauer, nahe dem Hotel Hitthim, doch nicht vor dem heute noch
erhaltenen Tor, sondern vor einem anderen, weiter östlich liegenden Tore.
Aber auch eine K i r c h e, die K l o s t e r k i r c h e, hat innerhalb der
Klostermauern gestanden, etwas östlich vor dem noch erhaltenen Torbogen.
In der inhaltsreichen, soeben neu erschienenen „G e s c h i c h t e d e s
K l o s t e r s H i d d e n s e e", von Geheimrat Dr. H. H o o g e w e g
(Stettin; L. Saunier 1924), — einem Sonderdruck aus dem größeren Werke
„Die Stifter und Klöster der Provinz Pommern" — einer Forschung, die etwa
400 Urkunden aus alter Zeit benutzt und verarbeitet hat, wird erwähnt, daß
die neu errichtete K a p e l l e v o r d e m K l o s t e r t o r 1322 von der

Gellenkirche, der bisherigen Pfarrkirche für die Inselbewohner, das Baptisterium (Taufstein) und die Seelsorge übernahm, während die Kirche an der Südspitze Hiddensees nur noch Schiffern und fremden Ankömmlingen Messe lesen und Sakramente erteilen sollte. Nun wurde 1373 das Kloster von einer Feuersbrunst heimgesucht, anscheinend infolge von Brandstiftung, und 1389 durch eine zweite Feuersbrunst teilweise vernichtet. Beim Wiederaufbau wurde die Errichtung einer n e u e n K i r c h e i n n e r h a l b d e r K l o s t e r m a u e r n beschlossen, die nach langer Bauzeit

47. Kirche und Friedhof zu Hiddensee—Kloster.
Alter Weißdornbaum (400 Jahre).

1410 eingeweiht wurde. Dieses scheint die um 1502 in einer Urkunde als H e r r e n k i r c h e (Heren Kerke) bezeichnete Kirche gewesen zu sein, die noch 1529 da war. Im Gegensatz zu ihr wurde einmal die Gellenkirche und dann die heute noch vorhandene Kirche als „B a u e r n k i r c h e" bezeichnet. Die Hiddenseer Kirchenmatrikel von 1585 besagt, wenn ich recht gelesen habe: „Die Kirche stehet für (vor) dem Kloster-Hofe; (sie) ist die alte B a u r k i r c h e, so noch der Mönche gewesen."

Die eine „K a p e l l e v o r d e m K l o s t e r t o r" — es ist offenbar dort noch ein anderes Tor gewesen — und die B a u e r n k i r c h e, d i e h e u t i g e K i r c h e, scheinen also ein und d a s s e l b e G o t t e s h a u s z u s e i n, von der andern Kapelle vor dem Tor innerhalb der Klostermauern abgesehen. Eine Nachprüfung dieser Frage dürfte sich aber noch empfehlen. Capella und ecclesia, diese Worte wurden auch nicht streng unterschieden, sondern oft durcheinander geworfen.

Wenn N e r n s t (1800) behauptet, die Hiddenseer Kirche wäre erst vor 10 Jahren neu aufgebaut (sein Buch wurde erst einige Jahre nach der Niederschrift veröffentlicht), wenn Prof. A. H a a s (1896) ebenfalls meint, sie wäre „um 1780 neu aufgebaut", so sagt uns doch Grümbke (1819), dieser gründliche Kenner und Erforscher Rügens, nur, sie „w a r d i m J a h r 1 7 8 1 r e p a r i e r t", womit auch F r e y b o u r g s (1889) Angabe, daß sie 1784 neu erbaut wurde, hinfällig zu werden scheint.

Die Kirche im Kloster, die „H e r r e n k i r c h e", ist verschwunden; die „B a u e r n k i r c h e", auch „Kapelle vor dem Klostertor" genannt, steht noch heute, wie ich nach alledem annehme. Die Strebepfeiler außen an der Wand und die Ziegel großen Formats weisen schon auf einen sehr alten Bau hin.

Das Innere der Kirche.

Das bisher recht dürftig aussehende **Innere der Kirche** ist im Winter 1921/22 neu hergestellt und ausgeschmückt worden. Der Fußboden wurde neu ausgediel. Der alte Lehm-Estrich schien von 1826 herzustammen, denn man fand hinten an der Wand diese Zahl in den Lehm eingeschrieben. Die Wände und die bisher weißgetünchte, mit Brettern belegte Decke, ein großes Tonnengewölbe, wurden hübsch bemalt. Diese umfangreiche künstlerische **Ausmalung** wurde e h r e n a m t l i c h u n d u n e n t g e l t - l i c h aus Liebe zur Insel von dem akademischen Kunstmaler N i k o l a u s N i e m e i e r (Berlin-Steglitz), der in Vitte am Norderende ein trauliches Sommerhaus (Fischerhaus) besitzt, ausgeführt. Er wurde vom Malermeister P a u l W a g n e r in Putbus und zweien seiner Leute dabei unterstützt. Auch dieser ließ sich, unter Verzicht auf Verdienst, nur die Barauslagen ersetzen.

An der Nordwand des Kircheninnern ist alsdann auch eine **Gedenktafel** f ü r d i e 2 6 i m K r i e g e g e b l i e b e n e n H i d d e n s e e r a n - g e b r a c h t worden, entworfen vom Stralsunder Bildhauer R. Kohrt, nach Angaben Herrn Niemeiers von Herrn Wagner bemalt und beschriftet. Unter den gefallenen Kriegsopfern war einer bei den Falklandsinseln mit dem Kriegsschiff „Scharnhorst" untergegangen, einer in der Skagerrak-schlacht mit dem Schiff „Pommern", einer mit dem Tauchboot „U 74" in der Nordsee geblieben.

Bei der Neuausstattung des Kircheninnern wurde auch das uralte große S c h l o ß der Eingangstür gereinigt, und nach Entfernung der Lackschicht fand man darauf eine wundervolle Ziselierung mit entzückenden Feinheiten. Nach Prof. H a a s (Insel Hiddensee 1986) ist es ein Kastenschloß gotischen Stils aus der Klosterzeit. Ein in der Kanzelbrüstung ganz hinten ein-geschnittener alter Bibelspruch „Do ick en erzochte, erhorde he mi" (Da ich ihn ersuchte, erhörte er mich) wurde damals auch in der Eintrittshalle angeschrieben und der Verborgenheit entrissen.

Es fanden sich auch bisher schon einige alte Weihgeschenke im Kirchen-innern, deren ich hier Erwähnung tun möchte. So an der Nordwand, jetzt etwas weiterhin verlegt, eine Gedenktafel. Was es mit der für eine nähere Bewandtnis hatte, ist uns leider gar nicht bekannt. Auch der Name auf ihr ist hier nicht üblich.

Diese hölzerne **Votivtafel**, etwa 60×100 cm groß, in Oel gemalt, stellt einen knabenhaft jungen Mann, kniend vor einem gekreuzigten Christus, dar. Im Hintergrund, in der Ferne, sieht man die Türme einer Stadt; davor ein Gewässer mit einem Segelschiff. Man liest darauf einen gereimten frommen Spruch und die Inschrift:

Samuel Voysan, der gute Heltt
Rouwet hier so lange es Gott gefällt.
Selich von hinnen geschieden ist
Als man nach Christi Geburt list
Im söstein hundert und elften Jar
Den 25. Juli. Das ist wahr.
Verwachtet de uperstanding als kint
So von Adam her gestorben sint.
      Volge Heldt volge.
Ich bin gewesen ein seevaren Heldt
Hette wol gerne lenger beschouwet die Welt
Gott heft it geendert in meinen Jungen Jarn
De wolde einen jeden verner bewarn
Dat he mogt lange tho der seewart varn.

Beiläufig gesagt, spielt diese Gedenktafel und ihre Inschrift auch eine Rolle in dem Roman „E i n s a m k e i t e n" von C l a r a v o n S y d o w (1911), der Grieben und Kloster zum Schauplatz seiner Handlung hat und gelegentlich auch die Kirche und ihren Friedhof näher schildert.

In der Kirche an der Nordwand, beim Altar, befindet sich auch der mannshohe Sandstein-**Leichenstein des 14. Abtes** Johann Cluckow oder Runnenberg (Amtszeit 1466—1475) mit der Inschrift: Anno dom. m ccclxxv prima feria post (festum) dedicationis ecclesie nostre obiit dominus Johannes Runnenberch qui fuit quartus decimus abbas huius domus quam rexit decem (annos). (Deutsch: Im Jahre des Herrn 1475 nach Feier der Gründung unserer Kirche verstarb Herr Johann Runnenberg, der der 14. Abt dieses Hauses war, das er 10 Jahre lang leitete). Dieser Leichen-

stein, etwa 2 m lang u. 1 m breit, früher im Fußboden in der Kirche ein-
gelassen, dann mitten durch gebrochen unter dem Orgelchor liegend und
erst seit 1922 am jetzigen Platz, zeigt uns Kopf und Gestalt des auffallend jugendlich dargestellten Abtes (Flachrelief) mit dem Krummstab
in der Hand; an den 4 Enden sind Symbole der Evangelisten; die Inschrift ringsum weist gotische Minuskeln auf.

Im Fußboden finden sich auch noch ein paar Grabplatten, so eine von
1673, von einem alten Schiffer Claus Hane.

Das jetzige S c h i f f c h e n in der Kirche, das von der Decke herab-
hängt, als Sinnbild der Fischer und Schiffer, die sie besuchen, soll aus
dem Jahre 1840 stammen und von einem Fischer in Neuendorf namens
Karl Seefeld gemacht worden sein, wie der Pastor Wilde dem Lehrer
Kyschky zu Kloster erzählte. Doch hat schon viel früher auch ein solches
Schiffchen hier gehangen. Denn K o s e g a r t e n s Inselfahrt erzählt uns
bereits im Jahre 1804 davon:

„Und es empfing mit erquickender Kühl' sie des heiligen Hauses
Räumige Halle, die hell und heiter, und sauber gefegt war.
Weder Gemaltes entstellte die Wand noch Geschnitztes. Nur hing tief
Von der Decke herab, statt Weihgeschenkes, ein S c h i f f c h e n,
Nachgeahmt in verjüngtem Maß dem gewaltigen Meerschloß,
Welches den Docken entschwimmt von Cronstadt oder von Cadix".

Ueber dem Taufstein vor dem Altar hängt ferner ein etwas plumper
Engel mit einer Taufschale in der Rechten. In Karl N e r n s t's „Wanderungen durch Rügen", (Düsseldorf 1800) heißt es: „Die Kirche ist nur
schlecht, ohne alle Verzierung, selbst ohne den Reiz einer simpeln Bau-
art, s c h m u t z i g u n d b a u f ä l l i g, obgleich sie nur von zehn (?)
Jahren neu aufgebauet worden ist". Und Grümbke (Indigena, 1805) sagt
von der Kirche, daß sie „einem mittelmäßigen Hause gleicht und das
Anschauen ihres s c h m u t z i g e n Innern schlecht belohnt". Noch 1911
läßt Clara von Sydow dem Helden ihres Romans dieses Innere beim ersten
Eindruck als einen mit Bänken, Kanzel und Altären versehenen „Stall"
erscheinen. Doch nicht jeder schaut mit so kritischen Augen diese
schlichte Dorfkirche an. Manchem erscheint sie trotz allem rührend und
schön in ihrer Unscheinbarkeit, und poetisch in ihrer Lage.

Heute kann man das Innere schon schmuck und sauber nennen. Auch
die Bänke sind neu bemalt.

Was der Kirche jedoch an ihrem Aeußern fehlt, um den vollen Eindruck eines Gotteshauses und nicht den einer Scheune zu machen, das ist
der K i r c h t u r m. Einen Turm hat die Kirche früher gehabt. Das wissen wir;
nur wissen wir nicht genau, wo er sich befand. In W i e k wurde der
Turm der Kirche etwa um 1610 von einem heftigen Sturm umgeweht und
dann an der Ostseite durch einen Bretterturm für die Glocken ersetzt.
Doch dieser, weil nicht hoch genug, wurde wieder abgebrochen, weil man
das Geläute nicht weit genug hören konnte. Und es wurde dann auf dem
Kirchhof ein hölzernes Brettergerüst für die Glocken aufgebaut (Wackenroder). Auch in A l t e n k i r c h e n bekam die einem großen alten Hause
gleichende Kirche ohne Turm einen hölzernen Glockenturm auf dem Kirchhofe (Grümbke 1819).

Der Turm ist nicht bloß ein Hauptwahrzeichen jeder Kirche, er hat den
Zweck, die Glocken aufzunehmen und deren eherne Stimme aus der Höhe
recht weit ins Land zu tragen. Von dem H i d d e n s e e r K i r c h t u r m
wissen wir nicht viel. In der Kirchenmatrikel von 1585 ist von einem
an der Schmalseite angebauten „H o l z t u r m e" mit 2 Glocken außen auf
dem Kirchhofe, wenn ich recht gelesen habe, die Rede. Der Landvogt
Heinrich Normann entfernte diese Glocke und ließ sie zu Patzig verkaufen. Wackenroder berichtet um 1710 (sein Buch erschien 1730) aus
Hiddensee-Kloster: „Der Kirchturm ist ohnlängst vom Winde beschädigt
worden, deswegen man die Bretter voneinander geschnitten und ihn um
so viel kleiner gemacht". Ob dieser Turm auch nur ein Notbehelf war,
wie seiner Zeit in Wiek, das wissen wir nicht. Auch nicht, ob ein ordent-
licher Steinturm früher am Kirchengebäude selbst emporragte. 1678 raubten
plündernde dänische Kaper die kleine Glocke aus dem Turm, was dem
damaligen Pfarrer S i m o n i s (1677—1703) recht nahe ging. Seine erste

Sorge war, die verfallene Kirche wieder zu reparieren, doch da es an Mitteln fehlte, so mußte er mit „Vermahnungen" an mitleidige Herzen appellieren, was ihm auch so gut gelang, „daß aus dem gesammelten und freywilligen Beitrag der Kirchenboden kunnte inwendig mit Brettern beleget und mit einigem Mahlwerk ausgezieret werden". Weitere Nachrichten aus alten Quellen über den Kirchturm habe ich nicht gefunden. Segebrecht schreibt freilich in seinem Buche „Die Insel Hiddensoe" (1912): „Ein gewaltiger Weißdornstrauch erhebt sich an der Westseite, wo einst das Türmchen stand. Dieses selbst ist in verflossenen Jahrhunderten mehrmals der Stürme Raub geworden und wurde 1781 bei der Renovierung nicht wieder·aufgebaut." Eine Quelle für diese Nachricht ist mir nicht angeführt. Vielleicht haben ihm alte Hiddenseer das als Erzählung ihrer Großväter berichtet, doch überzeugend sicher kommt einem solch ein Bericht bis in mehrere verflossene Jahrhunderte nicht vor.

Es wäre aber wohl zu wünschen, daß die Kirche wieder zu einem Turm, einem ordentlichen Turme käme. Vielleicht finden sich vermögende Freunde und Gönner der Insel, die ihr dazu verhelfen, und solche, die, wie das 1921/1922 für das Innere geschah, freiwillig beim Bau behilflich sind, oder solche, die Beiträge leisten oder künstlerische Aufführungen für diesen guten Zweck veranstalten. Auch die Anfang 1923 gesprungene größere G l o c k e kann aus Mangel an Mitteln nicht ersetzt oder umgegossen werden.

In dem niedrigen unschönen Vorbau über dem Kirchen-Eingang sind d i e s e Glocken auch recht dürftig untergebracht.

Die k l e i n e G l o c k e trägt folgende Inschrift:
Bin ich gegossen zu Gottes seine Ehr
Durch guter Leute Gab
Hier mit allem, was ich hab.
Gott gebe, daß man so mag meinen Schall anhören,
Daß viele viele sich zur wahren Buß bekehren.
Auf Befoderung Herrn Martini Simonis Pastoris hierselbst.
Gegossen von M. Paul Rothen, anno 1702. — Vorsteher sind Jakob Harder, Henning Tode, Jochen, Striesow.

Die g r ö ß e r e G l o c k e ebenda hat die nachstehende Umschrift:
Me fecit Johann Benjamin Schwertmann,
Stralsund 1771.
Und dann auf der einen Seite:
Anno MDCCLXXI, da der Herr Kammerrat Joachim Ulrich G i e s e Herrschaft von H i d d e n s e e war, hat selbiger nebst seiner Frau Gemahlin Sophia Elisabeth von Schwerin zu meiner Umgießung rühmlich beigetragen.
Ich bin anno MDCCLXXI umgegossen zur Zeit des Pastor M. Christian C r ü g e r s und den beiden Vorsteher Carsten Zierows und Han Schlucks.
Auf der andern Seite steht:
Da vierundfünfzig Jahr bei meinem Brauch verflossen,
Bin ich nun abermal in Stralsund umgegossen.
Da durch Herrn Schwertmanns Hand der Umguß ist geschehen,
Daß man mich ganz vermut nunmehr kann wiedersehen.
Gott nehme mich allzeit in seinen Gnadenschutz
Zu seiner Ehr, der Kirch und der Gemeine Nutz.

Das Pfarrhaus.

Das h e u t i g e Pfarrhaus, gegenüber dem Eingang zum Friedhof und der Kirche, in einem schattigen Garten mit hohen Bäumen gelegen, wurde vom Frühjahr 1850 bis zum Herbst 1851 mit einem Baraufwand von 3000 Talern (von der Krone und dem Heilgeistkloster zu Stralsund dafür hergegeben) erbaut. Die Gutspächter Claus und Bollmann leisteten dazu Spanndienste, die Eingepfarrten Handdienste. Der Platz, wo das Pfarrhaus steht, hieß damals der „c o m m u n e B r i n k" (Brink heißt dänisch und schwedisch Anhöhe, Abhang; englisch Rand, Kante eines Steilabhangs; deutsch wohl was Aehnliches), war ganz unbebaut und gehörte mit dem Teich vorher noch gar nicht zum Pfarrgrundstück.

Das alte Pfarrhaus, welches schon Wackenroder um (1710) erwähnt, stand weiter nach dem Bodden hin in der Richtung von Norden nach Süden bei der dicken alten Linde und dem alten Wallnußbaum im heutigen Pfarrgarten. Vorher hatte hier eine Schmiede gestanden.

Der Teich im Garten der Pfarre empfängt östlich die Einmündung eines tiefen Grabens, der von ihm aus westlich und später südlich weiter geht. Es ist der sog. Mühlgraben oder Mühlbach, der in der Klosterzeit eine Wassermühle getrieben haben soll, während später auf dem Mühlberge, dem heutigen Platz des Hotels zum Dornbusch, eine Windmühle stand.

Es gab aber noch ein paar andere Teiche in der Nähe, die zum Pfarrteich in Beziehung gestanden zu haben scheinen. Der von alten Weiden rings umstandene tiefe feuchte Wiesengrund beim Gutshof, am Wege nach Grieben, auf der Karte Nr. 6 mit „Reedsol" (1913: Reitsaal) bezeichnet, war früher offenbar auch ein Teich, der aber allmählich vergraste, und der Gutspächter Luhde machte diesen feuchten Morast durch Aufschüttung von Erde zu einer betretbaren grünen Wiese. Nach Ansicht des Pastors Gustavs zu Kloster war dieser Reedsol früher vermutlich ein Fischteich des Klosters und hing mit dem Schafteich am Gutshof und dem Teich im Pfarrgarten durch einen Kanal zusammen. Ein tiefer Graben südlich des Reedsol beim Gut bis zum Pfarrgartenteich ist noch vorhanden (zum Schafsteich freilich nicht). Den Ausfluß bildet dann der sog. Mühlgraben, der jetzt bis zum Hotel Dornbusch führt und 1912 teilweise zugeschüttet wurde. Das Wort Reed oder Reid ist soviel wie Ried, Riedgras. Und Sol werden in Mecklenburg und Vorpommern Wassertümpel genannt. (Reedsol also ein mit Riedgras oder Rohr bewachsener Wassertümpel). Auch Grümbke (1819) bemerkt, daß kleine stehende Gewässer in den Vertiefungen der Felder und in Tälern im allgemeinen mit dem plattdeutschen Namen Soll bezeichnet werden.

Man hätte also in diesen drei Teichen eine regelrechte zusammenhängende Fischteichanlage der Mönche mit absteigendem Gefälle vor sich. Allerdings scheint der Reedsol etwas tief zu lagern und wäre daraufhin noch zu prüfen.

Zu den Ueberresten des alten Klosters gehört auch noch ein Säulenfuß, der wahrscheinlich aus dem Kreuzganggewölbe stammt und im Pfarrgarten als Steinstich Dienste tat.

Wie in früheren Zeiten üblich, gab es in Kloster auch ein besonderes Haus für die Pfarrerwitwen. Es stand etwas nördlich vom Hause des Strandvogts Schluck (Nr. 3) in dessen Garten.

Auf dem „Kum", dem Spiel- und Turnplatz vor der Schule, stand vor 70 Jahren auch ein altes Katenhaus, das schließlich abbrannte.

Auf dem Klosterkirchwege, den die Hiddenseer als den Weg zum Friedhof den „Todtenweg" (auch Oberweg) zu nennen pflegen, westwärts schreitend, empfangen wir schon einen prächtigen Anblick nach Süden, über grüne Wiesen vor uns, auf die malerisch daliegenden Häuser und Windmühlen Vittes, auf die beiden Meere zur Linken und zur Rechten und bis auf den Gellen und nach Stralsund hin. Hier liegt, über der Pfarrwiese, das Pensionshaus Wieseneck. Die vielen kleinen Landhäuser seit 1919 haben uns die freie Aussicht etwas beschränkt. Nur noch 2 Minuten weiter, und wir sind unten bei der Hiddenseer Rettungsstation am Badestrande. Ein grüner Rasendamm, früher eine beliebte Promenade, seit 1½ Jahrzehnten aber leider verboten, zieht sich von hier am Wege etwa 225 m lang hin. In der Hauptsache soll er eine natürliche Dünenbildung, ein sog. Küstenwall sein, der sich nach der Sturmflut von 1872 hier bildete und dann wohl mit Rasen beschlagen wurde. Die Rettungsstation der Rettungsgesellschaft, früher (etwa bis 1890) am Binnenwasser bei der Klostermauer

48. Pfarrwiese, Rettungstation, neue Häuser (1905).

gelegen, enthält die Rettungsboote und Raketenapparate zum Seil-Hinschießen auf strandende Schiffe. Ende August wurden gewöhnlich Uebungen veranstaltet, und der 1922 abgebaute hohe Mastbaum am Ufer wurde dann mittels der Rakete angeseilt.

Der **Badestrand von Kloster,** nach Osten durch das mit Dornbüschen bewachsene Steilufer der „Vorlege", der Hochlandausläufer, geschützt, ist natürlich, wie überall in Badeorten, ein Mittelpunkt munteren Badelebens. Ein paar Dutzend Badehütten sind hier aufgestellt. Ohne Stundenzwang badet man hier den ganzen Vormittag, sonnt sich in Strandburgen, schwimmt im Wasser, läuft, springt und turnt am Ufer, solange man will. Hier ist

49. Blumige Anhöhe über dem Badestrande in Kloster (bei der Rettungsstation)·

alles ein einziges F a m i l i e n b a d von wohltuender Zwanglosigkeit, die zu Bedenken noch keinen ernsten Anlaß gegeben hat. Eine ins Wasser gebaute hölzerne Badeanstalt würde dem ersten Sturm erliegen und könnte von der kleinen Ortschaft weder bezahlt noch unterhalten werden. Unglücksfälle sind in Jahrzehnten kaum ein oder zwei Mal vorgekommen, und wer mutwillig weit hinausschwimmt, dem helfen weder Boote noch Rettungsringe.

Ueber dem Badestrande steigen mit üppigem Grün bewachsene blumenreiche Anhöhen 10—20 m hoch empor, die großenteils mit jungem, etwa 25jährigem Kiefernwald bedeckt sind. Soweit sie nicht eingezäunt oder abgesperrt sind, kann man sie noch betreten, wiewohl sie Privatbesitz darstellen. Von der Rettungsstation östlich, an den vielen kleinen Landhäusern vorbei, schlägt man, am Zaun entlang, gewöhnlich einen Fußpfad ein, um aufwärts zu steigen, oder man biegt in die neue Allee beim Landhaus Wieseneck ein.

Malerisch einsam auf der grünen Höhe liegt da vor uns, umwebt von mittelalterlich romantischem Zauber, die **Lietzenburg,** eine burgartige Villa, erbaut vom Berliner Maler O s k a r K r u s e - Lietzenburg, auf einem Unterbau von Felsgestein mit Vorterrassen. Ein würdiger und stilvoller Bau, der trefflich in diese Landschaft paßt!

„Trotzig, klotzig, märchenschön Lietzenburg auf Dornbuschs Höhn!
„Fabel, Sage scheint Du, bist Gedicht. Wer Dich je erlebt, vergißt Dich nicht."

(So schrieb jemand ins Stammbuch des Hausherrn.)

Eine schmiedeeiserne Ente (Lietze) hängt als Sinnbild des phantasiereichen ersten Eigentümers am Osteingang.

50. Die Lietzenburg in Kloster.

Die Lietzenburg wurde, nach dem Erlaß eines Preisausschreibens durch den Bauherrn, in den Jahren 1904 und 1905 nach den Plänen der Berliner Architekten Spalding (Hausplan) und Grenander (Innenarchitektur) erbaut.

Oskar Kruse (geb. 1847, † 1919), früher Kaufm., seit seinem 42. Jahre Maler, damals noch Besitzer eines Hauses zu Berlin in der Lietzenburgerstr., das auch die Lietzenburg hieß, hatte die Insel Hiddensee mit ihren ungewöhnlichen Reizen zeitig für sein Malerauge entdeckt und künstlerisch in vielen Bildern verewigt. Er hing mit größter Liebe an ihr. Seinen Freunden und Bekannten ist er unvergeßlich durch sein phantasievolles Erzählertalent, mit dem er ganze Kreise dauernd zu fesseln verstand, wohl die größere Hälfte des Erzählten aus dem Stegreif erfindend.

In sein Haus hier, das schließlich das Drei- bis Vierfache des ursprünglichen Anschlags kostete, legte er sein ganzes Herz und seine Seele hinein, es auch von innen, nach eigenen Plänen, aufs Liebevollste künstlerisch ausschmückend und den Forderungen entsprechend, die John Ruskin in seiner Schrift „The seven lamps of architecture" (1849) für den Bau von Familien- und Wohnhäusern aufgestellt hat. Oskar Kruse ruht auf dem Hiddenseer Friedhof. Sein Haus ist jetzt im Besitz seines jüngeren Bruders, des Bildhauers Prof. Max Kruse, des Gatten von Frau Käte Kruse. 1919 wohnte Oskar Kruse selbst in der Pension „Haus am Meer" und hatte die Lietzenburg damals an den Dichter Gerhart Hauptmann vermietet.

Eine Anzahl von Oskar Kruses Bildern wurde im Jahrgang 1818/19 von Westermanns Monatsheften, teils schwarz, teils farbig wiedergegeben, begleitet von einem Aufsatz über ihn von Hans Zeeck, der in der Zeitschrift „Unser Pommerland" (1921, Heft 6) auch über „Die Lietzenburg" einige Spalten veröffentlichte. E. von Wolzogen hat in seinem Bändchen „Was Onkel Oskar mit seiner Schwiegermutter in Amerika passierte" (Berlin, Fontane, 1904, 2. Aufl.) versucht, einige improvisierte Erzählungen Oskar Kruses, der häufig „Onkel Oskar" genannt wurde, wiederzugeben. Ueber die Werke des Bildhauers Prof. Max Kruse handelt ein elegantes Foliowerk (Berlin 1924) von Fritz Stahl, mit vielen Gravüren und einem farbig reproduzierten Landschaftsbild Hiddensees, das Max Kruse von der Lietzenburg aus in Aquarell gemalt hat.

Wer sich hier von den grün begrasten Höhen vor und neben der Lietzenburg umschaut, der wird bewundernd die schöne Aussicht ringsum genießen, so malerisch reizvoll und eigen, wie sie derartig kaum irgend ein anderer Badeort der Nord- und Ostsee bietet. Die Verse Wielands vom Inseleinsiedler, die ich diesem Kapitel vorangestellt habe, werden dem, der hier rastet, nun wohl einleuchten, und schon viele, viele haben den Wunsch gehabt, hier „Hütten zu bauen". Durch den Wege- und Bebauungsplan für das hier liegende Gelände des Heilgeistklosters in Stralsund ist solchen Wünschen die Möglichkeit der Erfüllung gegeben. Vermehrte weitere Ansiedelungen, die von einigen befürchtet, von anderen gewünscht werden, würden jedenfalls dem Orte mehr Kultur zuführen und neue Wohngelegenheiten schaffen. Denn zurzeit sind die wenigen Häuser Klosters, die Zimmer vermieten, im Sommer meist schnell überfüllt, und besonders selbstwirtschaftenden Familien bietet das geräumige Vitte immer noch weit mehr Unterkunft. Etwa die Hälfte aller Hausbesitzer in Kloster gehören nicht zu den Vermietern.

Jenseits der Lietzenburg liegt in einem aussichtsreichen Waldpark am Meer auf der Höhe das letzte Haus von Neu-Kloster: „Das Haus am Meer", eine 1913 eröffnete herrschaftliche Pensionsvilla mit Stallung, bei der die Fußwege in den Bergwald führen zur Hucke, zur Hiddenseer „Riviera", zum „Klausner", zum Leuchtturm usw.

Der Erbauer des „Hauses am Meer", ein Ulanenleutnant a. D., Henning v. Sydow († 1912, Dez.), auch Schriftsteller und Maler „Verfasser des Romans „Die Sünde aber der Eltern" . ., Berlin 1909/10) ist nicht zu verwechseln mit der Schriftstellerin C. v. Sydow, deren schon erwähnter Roman „Einsamkeiten" auf Hiddensee spielt.

Kloster hat noch kein Kurhaus am Strande. Ein solches wird auch kaum gewünscht. Doch kommt die Geselligkeit trotzdem im Freien und in den Gasthöfen mit ihren Sälen auf ihre Rechnung. Vorträge und Tanzabende gibt es öfter, besonders Sonntags. Das Schönste aber sind doch die Spaziergänge nach den wunderbar mannigfaltigen Aussichtspunkten im Wald und auf den freien Bergen des Dornbuschhochlands. Auch in Kloster selbst auf den Anhöhen am Meer und vor oder bei der Lietzenburg, genießt man prächtige Schauspiele. Was Grümbke von der See bei Rügen vor mehr als 100 Jahren schrieb (1805), gilt hier ganz besonders. Er sagt:

„Das Meer habe ich nun schon über 100 mal, von verschiedenen Standpunkten, in der Ferne und Nähe, bei hellem und trübem Wetter zu allen Tageszeiten beobachtet und seine Farbe fast immer verändert gefunden; bald himmelblau, bald purpurfarbig, bald wie geschmolzenes Gold, bald wie poliertes Silber, oder auch wie eine Smaragdfläche; dann wieder hell und dunkel gestreift und gleichsam marmoriert, zuweilen trübe; bald ins Aschgraue, bald ins Lehmgelbe spielend, oder auch düster und voll Wogen, die wie weiße Flocken auf dunkelem Grunde zu tanzen scheinen, gleicht es einem Chamäleon, und mit Recht haben die Dichter von ihr das Bild des Unbestandes entlehnt, wiewohl es auch zugleich das Gemüt mit dem Gedanken der Unendlichkeit erfüllt."

Hier in Hiddensee kann man, wenn man länger verweilt, diesen Reiz des Wechsels tausendfältig erleben. Kosegarten schildert die Farbenspiele des Wassers gerade in Hiddensee folgendermaßen (1804):

„Sieh, wie im wechselnden Strahl die Farben wechseln der Meerflut
„Zwischen Rubinglut spielend und zwischen dunklem Smaragdgrün.
„Schau ich noch lang ihm zu, fürwahr, so verwirrt sich der Sinn mir
„Flüssiges Aehrengold vermein ich zu sehn, und das Saftgrün
„Duftiger Wiesen, durchwankt von manchem brennenden Mohnhaupt.
„Also, las ich, vermeint der heimwehsiechende Seemann,
„Welchen der Glutpfeil traf der lotrecht stehenden Sonne,
„Plötzlich umwallt sich zu sehn vom Grün der blühenden Heimat.
„Süßbetört, umfangen die Seele von schmeichelndem Wahnsinn,
„Nicht zu erdulden vermögend die sinnverwirrende Lockung,
„Stürzt er verlangend hinab in das wogende Grün, und der Abgrund
„Kühlt ihm auf ewig den Brand des Gehirns und das Fieber des Herzens."

Die Farben und Stimmungen des Wassers machen auf jedes empfängliche Gemüt Eindruck. Auch Clara von Sydow gibt in ihrem Roman diesen einmal u. a. in den Worten wieder:

„Schweigende Ruhe lag über den Wassern. Nur ab und zu ein dumpf-wallender Ton, wie aus den Abgründen verborgener Unterwelt. Kein blendendes Feiertagsleuchten, wie man es an so manchem Sonntagnach-mittag dieses Sommers genossen hatte. Mehr feiernder Ernst. Alle Farben gedämpft durch die Spiegelung leichten Dunstgewölks. Besonders ein tief-töniges Violett herrschte vor, nur ganz selten einmal von smaragdener Lichtflut durchschossen. Und auch diese nicht grell! Eigen weich und warm spielte alles ineinander, wie die Strophen einer schönen Elegie" . . .

Bei sonnig schönem Wetter ist hier alles voll von heiterem Liebreiz und fröhlicher Pracht. Abends sieht man den Sonnenball im weiten Meer golden versinken; die dänische Kreidefelseninsel Möen (53 km) schimmert uns zauberhaft am Horizont entgegen. In der Nacht blitzen die Flammen vieler Leuchttürme ringsum auf. Der Vollmond spiegelt sich prachtvoll in den Fluten des Binnenwassers (vom Schwedenhagen oft besonders gut zu sehen!) und ringsum herrscht das große Schweigen der Nacht.

In manchen Sommern kommen Tausende von Schmetterlingen über die See herbei und schwärmen hier auf den grünen Höhen. Die Wolkenzüge zeigen oft die wunderlichsten Bildungen. Und ein Schauspiel zum Ent-zücken ist es, wenn sich einmal ein Regenbogen als luftige Brücke über den Bodden spannt und Hiddensee mit Rügen märchenhaft malerisch verbindet.

Eigentümlich fesselnd ist es, zu sehen, wenn die Kuh-herde, vom Gutshof kommend, durch das Meer und die Lagunen auf die Weide schreitet und abends zurückkehrt. An solchen Bildern patriarchalischen Lebens ist Hidden-see reich.

Alle diese Eindrücke und das Wirken und Treiben der Fischer am Strande erzeugen eine Flut von schönen Empfindungen und poetischen Erinnerungen. Wie viele Sprüche aus dem Zarathustra Nietsches, für den fast jeder einmal geschwärmt hat, fallen einem da nicht ein! Und wie fein beobachtet erscheinen uns manche! Hier nur einige:

„Saht ihr nie ein Segel über das Meer gehn, geründet und gebläht und zitternd vor dem Ungestüm des Windes?" — „Denn noch einmal will ich zu den Menschen: unter ihnen will ich untergehen, sterbend will ich ihnen meine reichste Gabe geben! Der Sonne lernte ich das ab, wenn sie hinabgeht, die Ueberreiche: Gold schüttet sie da ins Meer aus unerschöpf-lichem Reichtume, also, daß der ärmste Fischer noch mit goldenem Ruder rudert. Dies nämlich sah ich einst und wurde nicht satt der Tränen nicht satt im Zuschauen." — „Schon kommt der Abend: über das Meer her reitet er, der gute Reiter! Wie er sich wiegt, der Selige, Heimkehrende, in seinen purpurnen Sätteln!" — „Auch das Meer schläft. Schlaftrunken und fremd blickt sein Auge nach mir. Aber es atmet warm, das fühle ich. Und ich fühle auch, daß es träumt. Es windet sich träumend auf harten Kissen. Horch! Horch! Wie es stöhnt von bösen Erinnerungen. Oder bösen Erwar-tungen? Ach, ich bin traurig mit dir, du dunkles Ungeheuer!"

Wir brauchen nicht erst nach Italien zu fahren, um solche Eindrücke und Bilder zu erleben.

Doch nicht immer ist Hiddensee süß und lieblich. Es kann auch wild und düster und großartig furchtbar werden, wenn wütende Stürme ohne Unterlaß toben; wenn sie die Häuser erzittern machen; wenn der Regen laut klatscht und halb wagerecht niederschlägt und kein Fenster ihm völlig Stand hält; wenn rabenschwarze Wolken ihre unerbittlich schwermütigen Schatten über die Landschaft gießen; wenn die grünen Wiesen überschwemmt daliegen, ein neuer Meeresteil, und die Wellen übermächtig an das Ufer branden. Aber auch das hat seine Poesie. Der Eindruck des Lieblichen, Süßen, Anmutigen und Schönen ist jedoch der Vorherrschende. Und diese Erinnerung bringen die meisten von der Insel heim, und heimlich sehnen sie sich fast alle nach ihr zurück, ebenso wie die eingeborenen Hiddenseer, wenn sie in der Fremde sind, nach ihrem „söten Länneken" bangen, als nach einem über alles teueren schönen lieben Ort.

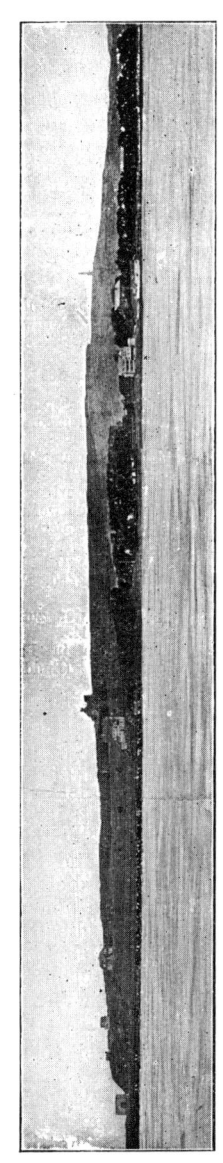

51. Gesamtansicht von Kloster und vom Dornbusch-Hochland (um 1912) vom Binnenwasser aus gesehen.
Rettungsstation und Landhäuser.   Wieseneck. Lietzenburg.   Alter Gasthof.   Hitthim.   Gutshof.

53. Nordküste beim Swanti.

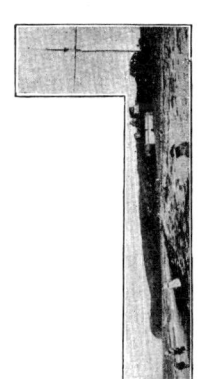

52. Rettungsstation und Landhäuser
am Badestrand in Kloster.

54. Das Hiddenseer Hochland.

12. Grieben und Alt=Bessin.

(13 Wohnhäuser; etwa 65 Einwohner.)
Vgl. Ortsplan Nr. 5 und Karte Nr. 6.

„ · · · · · · · · · · · · · Das freundliche Dörflein,
„Das, an des Hochlands Fuß sich lehnend, links durch die Bergwand
„Eingeengt und rechts durch die Meerflut bis zu des Eilands
„Nördlichstem Eck fortläuft in sparsam zerstreueten Hütten.“
L. Kosegarten. 1804.

Gasthöfe. 15 Min. vom Dampferbollwerk in Kloster: (Pl. Nr. 12 u. 13) **„Logierhaus u. Restaurant Hiddensee“** (Bes. Frau G. Kollwitz) mit altem Nebenhaus (Nr. 12), früh. „S c h w e d i s c h e B a u e r n - s c h ä n k e“ genannt und dem Einsiedler Ettenburg gehörig, und mit schönem schattigem Garten.

Privatwohnungen in vielen der übrigen Häuser. (Näheres weiterhin im **Wohnungsverzeichnis.**)

Badeverwaltung. mit Kloster gemeinsam, in Kloster (Landhaus „Meeresstille“), dem Verb. Deutsch. Ostseebäder angeschlossen. Auskünfte, Prospekte, Wohnungsnachweis.

Post (in Kloster); Bestellung zum Teil von Vitte aus.

Briefkasten und **Fernsprechstelle** in Grieben: Gasthof Hiddensee. — Schnellste Briefbeförderung: der Briefkasten abgehender Dampfer in Kloster.

Dampfer. Siehe Kloster!

Gepäckbeförderung. Fuhrwerk des Gasthofs steht am Dampfer oder Hausdiener.

Arzt. Dr. med. Fr. L a i b l e in Vitte (9—11), Dorfstr. 45d, Fernsprecher Nr. 6.

Badegäste. Mit Kloster zusammen 1912: 886; 1923: 1244.

Bäder. Unentgeltlich in Badehütten am Nordstrand (Enddorn) und am Weststrand.

Spaziergänge s. „Kloster“ und „Dornbusch“!

Grieben (zum Gutsbezirk Kloster gehörend) mit seinen lauschigen grünen Gärten und zahlreichen malerischen Strohdachhäuschen, manche von Epheu umrankt, ist ein kleines uraltes Fischerdorf am Fuß der Südostabhänge des Dornbuschhochlands. Vor allen nördlichen und westlichen Winden gut geschützt, liegt es nahe oder dicht am Wasser an einer etwa 2 km langen Bucht, die von der flachen Halbinsel Alt-Bessin gebildet wird, wo die Griebener ihre eigenen Viehweiden haben. Sicherlich ist es die älteste Ortschaft Hiddensees, deren slawischen Ursprung schon der Name andeutet. Es leben darin Fischer, Schiffer, Gutsarbeiter und einige Dauermieter.

Der an verinnerlichter feiner Seelenmalerei reiche, doch an äußerlicher Handlung arme Roman C l a r a v. S y d o w s „E i n s a m k e i t e n“ (München 1911) spielt zu einem reichlichen Teil in Grieben und zwar in der „Schwedischen Bauernschenke“ mit ihrem schattigen

Garten, die darin recht ausführlich geschildert werden, und die Hauptgestalt des Buches hat hier ihren Sommersitz.

Grieben (früher auch Griben und Gryben geschrieben) kommt zweifellos vom slawischen Wortstamm „grib" her, was Pilz bedeutet; auch heute noch im Russischen. Vielleicht wuchsen hier auf den Wiesen besonders viele Champignons, wie auch gegenwärtig noch auf so vielen anderen Stellen der Insel, in Niederungen und auf den Höhen. Unwahrscheinlich ist die Annahme, der Name Griben rühre daher, daß die Häuschen oben, von den Bergen gesehen, so klein wie Pilze erschienen (Segebrecht). Das tun sie gar nicht.

Vor der Klostergründung (1296) scheint G r i e b e n der H a u p t o r t H i d d e n s e e s gewesen zu sein, auch wohl der Sitz des landesfürstlichen Verwaltungs- und Gerichtsbeamten. Denn als der rügensche Fürst Witzlaw II. zur Anlegung eines Klosters das ganze Eiland Hiddensee dem Zisterzienser-Orden schenkte, da erhob der bisherige V o g t d e r I n s e l , der Gerichtsherr und Vertreter der Amtsgewalt, Einspruch gegen diese Schenkung, soweit sie Grieben betraf (1297). Sein Name war D e t l e v . Er machte für sich und seine Söhne ältere Besitzansprüche auf Grieben und einige Wiesen dabei geltend, die vermutlich übersehen oder vergessen worden waren. Die Rügenschen Edelleute und Ritter Heinr. und Bertold v. Osten, Heinr. v. Vicen und Joachim und Ernst Budde traten als Vermittler für ihn ein; das Kloster erkannte seine Rechte an und fand sie mit 40 Mark slawischer Pfennige ab. (Ob 1 Mark damals auch ½ Pfund Silber war, weiß ich nicht).

Ob die kleine Ortschaft Glambäk, dem Namen nach slawisch klingend, zur Zeit der Klostergründung schon bestand, wissen wir leider nicht. Um 1541 zählte man in Grieben 8 Katen.

In der Hiddenseer Kirchenmatrikel von 1585 wird Grieben auch erwähnt unter den eingepfarrten Ortschaften. Die Griebener klagten damals darüber, daß ihnen die freie Holzung, die ihre Vorfahren hatten, entzogen worden wäre. Um 1684 wohnten im Dorf „Gryben" auch acht „Bauleute" (wohl Bauern). — Außer dem Dorf Grieben gab es früher noch einen Gutshof Grieben. Seit wann ist aber nicht bekannt. Er lag etwa 150 m weiter zum Enddorn zu, etwas abseits vom Wege (vgl. Karte Nr. 6). Dieser Hof, auch „H o l l ä n d e r H o f"' genannt, meist verpachtet, stand noch bis 1864, damals von 3—4 Tagelöhnerfamilien bewohnt. Es waren drei Gebäude: ein Wohnhaus, eine Scheune und ein Stall. Nach dem Abbruch, wegen Baufälligkeit, wurden die Materialien zum Teil in Vitte von einem Gau (gen Schulten Heinrich) zum Bauen benutzt (das sog. Holländer Huus). Eine Karte von 1863 weist neben dem Gutshof Grieben noch sieben Häuser im Dorfe auf, davon eines nördlich am Wege, aber noch östlicher, als jetzt das letzte Haus.

In Grieben stieg gewöhnlich auch der D i c h t e r L. K o s e g a r t e n (Pastor in Altenkirchen) ab, wenn er nach Hiddensee kam (zwischen 1792 und 1808), bei einer Familie P e t e r s . Vermutlich der Gutspächter von Grieben. Also auch in jener Zeit schon gab es manchmal Sommergäste in Hiddensee. Unter den ausgegrabenen alten Grabsteinen, die an der Nordwand der Hiddenseer Kirche herumlagen oder angelehnt standen, fand ich 1917 auch einen mit dem Namen Peter Christi P e t e r s; das war ein aus Stralsund gebürtiger 17jähriger junger Mann, Inspektor auf dem Wittower Posthaus, der 1797 bei der Ueberfahrt nach Wittow ein Opfer des Sturmes wurde. Vielleicht ein Sohn von Kosegartens Gastfreund.

Die mit einigen Eichen untermischte W e i d e n a l l e e , die Grieben und Kloster damals verband und die auch Zöllner im Jahre 1795 erwähnt, ist um 1863 vom Gutspächter Luhde sen. entfernt worden, da die Bäume morsch waren und der f r ü h e r d r e i m a l s o b r e i t e W e g wegen des guten Ackerbodens zur Erweiterung des Feldes schmäler gemacht wurde.

Grümbke erwähnt (1819), daß die Grieber sog. Einlieger (Jnstleute), Bauern ohne Aecker, geworden waren, weil man ihre Aecker zum Hof geschlagen hatte. 1805 waren da nur Vollbauern. 1795 lag seitwärts, also oberhalb von Grieben, ein 3 Morgen großer etwa 30jähriger Kiefernwald (wohl im sog. Tannengrund; vgl. Karte Nr. 6). 5 Kossäten wohnten zu jener Zeit im Dorf.

Im Jahre 1898 kaufte der Rezitator **Alex Ettenburg,** der als „Einsiedler von Alteführ" seit 1888 die Insel besuchte, sich in Grieben für 1650 M. mit 100 M. Anzahlung ein etwa 150 Jahr altes Strohdach-Fischerhäuschen mit schattigem Garten (Haus Nr. 12 auf dem Ortsplan v. Grieben), baute eine mit schwedisch Rot angestrichene Bretterhalle dazu, nannte das Ganze **„Schwedische Bauernschenke"** und eröffnete hier einen kleinen idyllischen Gasthof, während er zugleich oben im Bergwald an der Swantewitschlucht seine **„Einsiedelei"** aufschlug und die Bergwaldschänke aufmachte, sich seitdem **„Einsiedler von Hiddensee"** nennend. Grieben bekam dadurch Badegäste, alsbald auch in einigen Privathäusern, und die Bergwaldschenke wurde das stetige Wanderziel der Fremden und der Sonntagsgäste.

In Clara v. Sydows erwähntem Roman wird nicht nur die Schwedische Bauernschenke unten in Grieben, sondern auch die Einsiedelei und Bergwaldschenke oben auf der Höhe und das Naturtheater des Einsiedlers mehr oder weniger berührt und behandelt. Freilich kommt er mit diesen Dingen bei ihr nicht gut weg. Die gediegene junge schöne Heldin des Buches spricht da von „Zigeunerzelten" und „Jahrmarktsbuden", von „Harlekinslappen" auf das „Festkleid der Einsamkeit", vom „Spektakelwald" und „Klingklangpathos" des Oberpriesters usw. und empfiehlt, einen weiten Bogen um das ganze Etablissement zu machen. Freilich wurde damals mancherlei Anlaß zur Kritik gegeben. Doch kann Niemand aus seiner Haut. An Mitteln fehlte es. Und Einsiedler und Einsiedelei haben tatsächlich zur Entwicklung des Hiddenseer Badeortverkehrs ihr gut Teil beigetragen, wenn auch die Art der Reklame manchen abstieß.

Jener kleine Griebener Gasthof gehört jetzt zum Gasthof „Hiddensee", der allmählich größer ausgebaut worden ist. Und in G r i e b e n vermieten heute alle, die Platz haben. Die ehemalige Bauernschenke mit ihrem Garten ist der einzige Ausschank in jenem tief liegenden nördlichen Inselteil und ein willkommener Ort der Einkehr für Einheimische und Fremde, die dort wohnen oder vorbeiziehen und den Enddorn oder Alt-Bessin besuchen.

Grieben gegenüber liegt eine mit dichtem Laubwald bedeckte kleine Bergkuppe, der sog. R ü b e n b e r g , von dem man eine prächtige Aussicht hat. Er gehört der Pfarre und war vor dem Kriege schon mehrere Male so gut wie verkauft. Doch haben sich die Käufe später immer wieder zerschlagen. Vielleicht haben wir in ihm ein besonders mächtiges H ü n e n g r a b vor uns. Gegenüber dem Gasthof führt ein Fußsteig (s. Zt. vom Einsiedler gepachtet) aufwärts in die Berge, vorüber am reizvollen Ginsterwald, und zum 1 0 - S e e n b l i c k und B a k e n b e r g (beim Klausner).

Vor dem ersten Hause (No. 16) in Grieben steht ein schöner hoher Eichbaum. Das Auge begegnet hier überhaupt vielen malerischen Bildern. — Oestlich von den ersten Häusern Griebens, am Binnen-Wasser, liegt ein betretbarer breiter Rasen-Schutzdamm von etwa 500 m Länge, bis zur Mitte des Dorfs gehend, der nach den Ueberschwemmungen der großen Sturmflut von 1872 durch das Heilgeistkloster hier angelegt wurde und nach Süden hin seine Fortsetzung in einem angewehten natürlichen Küstenwall findet, über den man zum Schwedenhagen kommt. — Den Weg hinter Grieben weiter verfolgend, gelangt man an alten Weiden (rechts) vorbei durch dichtes Gebüsch von Sand- oder Stranddorn und wilden Rosen zum Enddorn (auch Entendorn, Endnorden und Endur genannt), wo der Griebener Badestrand liegt (20 Min.) und ein paar Badehütten stehen.

55. Aussicht von den Höhen oberhalb Grieben auf die Halbinsel Alt-Bessin (links), den Rübenberg (rechts) und die Griebener Bucht.

Die **Halbinsel Alt-Bessin** (früher auch Alt-Busin geschrieben) — im Gegensatz zum Inselchen Neu-Bessin an der Spitze des Bug — 1910 etwa 0,85, jetzt vielleicht schon 1 qkm groß, zieht sich vom Enddorn 3¼ km südwärts. Es ist eine unbewohnte, im Norden von undurchdringlich dichtem Gebüsch bewachsene Wildnis, eine Hauptzuflucht aller Seevögel, auch ein Schlupfwinkel der Hasen, Füchse und Rehe. Als Kosegarten (1792) hier zuerst in Hiddensee landete, erschien sie ihm als „das allerödeste Land, was er je gesehen"; „weder Gras noch Gebüsch bekleidete den abgestorbenen Boden", einige verkrüppelte Hagebuttensträucher ausgenommen. Heute ist das schon ganz anders. Im Nordteil ist ein förmlicher Buschwald, reich an Dornen, Hollunder usw. Die Halbinsel wird überhaupt immer mehr bewachsen. Sie ist ein Anschwemmungsgelände und von 1695 bis 1886 schon um 700 m länger geworden. Seit 1886 ist auch die Ostseite weiter stark verbreitert; die kleinen Buchten und Teiche im Nordteil sind meist versandet, und etwa 14 ha Landzuwachs ist seitdem zu verzeichnen gewesen (nach M. Haltenberger, 1910). Auf der Lubinschen Karte von 1618 bildet „Olden Besin" noch eine Insel für sich, noch nicht halb so groß, wie die jetzige Halbinsel Alt-Bessin. Erst nach und nach ist diese Insel dann mit Hiddensee zusammengewachsen (durch Sandanschwemmungen). Auf der Karte von Prof. Andreas Mayer vom Jahre 1757 ist „Ol Besin" aber schon eine Halbinsel, doch weit kürzer, als heute. In älteren Schriften wird als Name auch Buitzin angegeben. Witzlaff II. soll 1302 Buitzin, damals also eine Insel, dem Kloster von Hiddensee geschenkt haben. Heute erhebt sich Alt-Bessin wohl höchstens erst 2 m, schwerlich viel mehr, über den Meeresspiegel.

Die große, von lagernden Seevögeln oft dicht bevölkerte, Sandbank an der Südspitze, die B e s s i n s c h e S c h a a r, die oft bloß liegt, wird sicherlich auch einmal ganz Land werden.

Das deutsche Wort „S c h a a r" hängt natürlich mit dem schwedischen Wort „S k ä r" — sprich Schär — (Klippe, kleine Insel) und dem entsprechenden dänischen Wort „S k j ä r" (die Schäre; Klippe unter der Wasserfläche an der Küste) zusammen. Die vielen kleinen Inseln an der schwedischen und finnischen Küste heißen ja die S c h ä r e n.

An der Westseite, Grieben gegenüber, liegen saftig grüne feuchte Weiden. Jeder Griebener hat hier sein Stück, sein „Kawel" (wahrscheinlich slawisch; russ. heißt Kawal-ok Stück, Fetzen). Von Grieben kann man auch mit dem Kahn hierher übersetzen. Das Wasser ist flach. Wer die Einsamkeit sucht, wird sie auf dem Alt-Bessin heute noch finden.

Der Name Bessin scheint slawischer Herkunft zu sein. Ob es nun ursprünglich B u i t z i n, B u s i n, B y s i n, B u s s i n oder B e s s i n und B e s i n hieß, ist schwer festzustellen. B u s i n á — heißt im Russischen, das dem Wendischen sehr gleicht, H o l l u n d e r, Flieder. B e s — heißt T e u f e l. Bui — die Boje.

Ob Hollunderinsel, Teufelsinsel oder sonst was mit dem Namen gesagt sein soll, wer kann das heute noch feststellen.

Die Halbinsel Alt-Bessin ist heute (seit 1911) auch eins der Hiddenseer V o g e l s c h u t z g e b i e t e.

56. Vollmondzauber am Dornbuschhochland.
Phot. J. Simonsen, Oldenburg i. H.

13. Der Dornbusch,
das Hochland von Hiddensee.

(3,9 qkm; ohne die Grieben—Klostersche Niederung 3,4 qkm; Erdmasse des Dornbuschhochlands 90 Millionen Kubikmeter).

Vgl. Karte Nr. 6.

„Sei mir gegrüßt, o Dornbuschinsel, sei
„Du Hochland mir gegrüßt! Was dort ins Meer
„Sich flach hinunterdacht, verschmäht mein Fuß;
„Doch wo ein Berg sich hebt, hebt sich das Herz,
„Da schaut die Freiheit von den Wipfeln her,
„Und unermeßlich, wie die schöne Welt,
„Die drunten liegt, ist die entzückte Brust.
„Ihr Berge meiner Sehnsucht, nehmt mich auf!
„Mein Herz ist krank nach euch, und euer Reiz
„Wird nicht umsonst um diese Sinne glühn.
„Wohin zuerst lenk ich den langen Blick?
„Zuerst zu Dir, du unermessnes Meer!
„Und ob ich täglich deine Schönheit sah,
„In jedem Wechsel der Beleuchtung, wann
„Der Abendstrahl und wann das Morgenrot
„Und wann der V o l l m o n d auf dich niederglimmt,
„Zuerst zu Dir!"   Karl Lappe, 1818.

Gasthöfe: An der Swantewitschlucht oben im Bergwald, nahe dem Leuchtturm, 20 Min. von Kloster (vergl. Karte). **„Bergwaldhotel zum Klausner** " mit Waldrestaurant (Bes. Frau Lina Hirsekorn), (Fuhrwerk am Dampfer). (Telephon). **Bäder** am Strande der Swantewitschlucht und in Kloster (Kostenlos).

Einige **Privatwohnungen** in der Nähe. Wohnungsverzeichnis („Bergwald") weiter hinten.

Im übrigen vgl. **„Kloster"**!

Literatur (vgl. auch Kapitel: Allgemeine Mitteilungen usw.:

A. Günther. Die Dislokationen auf Hiddensoe. (Diss. 1891, Berlin.)

J. Elbert. Die Landverluste a. d. Küsten Rügens und Hiddensees, ihre

Ursachen und ihre Verhinderung. (X. Jahrbuch der geogr. Gesellschaft zu Greifsw. 1905-06. Greifsw. 1907.)

J. Elbert. Die Standfestigkeit des Leuchtturms auf Hiddensoe. (Gutachten). (Ebenda).

Ernst Wilh. Schmidt (Berl.), Landverlust u. Landgewinn auf Hiddensoe b. Rügen (Neues Jahrb. f. Mineralogie, Geologie und Paläontologie, Beilage-Bd. XXIX, Stuttg. 1910.)

Michael Haltenberger (B.-Pest), Ueber Art und Umfang des Landverlustes und Landzuwachses auf Hiddensoe b. Rügen. (Diss.) Budapest 1911 (nicht im Buchhandel).

„Der Dornbusch", so wird das romantische Bergland
von Hiddensee, der Kopf der Insel, schon seit Jahrhunderten genannt. Wie ein Gebirge erhebt es sich aus dem
Wasser. Zu seinen Füßen liegen die Ortschaften Kloster
und Grieben. Seine höchsten Höhen werden durch einen
stattlichen Leuchtturm gekrönt, dessen Licht etwa 44 km
weit gesehen wird. Zwei bis drei Dutzend Bergkuppen,
von Süden nach Norden und von Osten nach Westen
immer höher werdend, heben sich von dem Gesamtbilde
des Höhenzuges ab. Nach Westen, Nordwesten und
Norden fällt das Bergland schroff und jäh zum Meere ab,
oft den Eindruck einer Felsenlandschaft hervor-
rufend. „Der Dornbusch" ist keine Sanddüne,
wie viele glauben, sondern ein fester, diluvialer Inselkern aus verschiedenen, zum Teil sehr harten Schichten,
die dazwischen aber auch mit Sandlagerungen abwech-
seln. Moränenmergel mit Feuersteinen und erratischen
Blöcken, Mariner Ton, Cyprinenton, Lehm, Sand, auch
wohl Kies und manchmal kreidige Einstreuungen lösen
einander ab. Die Oberschicht ist wohl meist aus Flugsand gebildet, aber fast überall längst mit Gras und
Blumen bewachsen und oft guten Feldboden darstellend.
Ein zum Teil schon 60 Jahre alter Kiefernwald
von etwa 2 km Länge zieht sich auf den westlichen
Höhen am Meere hin; vor ihm, nach Osten zu, lagern
sich grün begraste, meist sanft gerundete Bergkuppen,
in mehreren Terrassen aufgebaut, und die sanften östlichen Hänge werden durch weite Aecker bedeckt, die

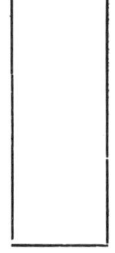

57. Waldweg (Riviera) auf dem Dornbusch.

auf manchen Stellen auf trefflichem Boden ein üppig
hohes wogendes Korn hervorbringen und wunderbare
Düfte aushauchen, wenn sie, mit blauen oder goldgelben
Lupinen besäet, zugleich eine köstliche Augenlust darbieten.

Im Walde wachsen auch stellenweise schöne Weihnachtstannen, Eichen sowie andere Laubbäume und viele Sträucher von mancherlei Art; am Westrande häufig auch der goldig blühende grünrutige Ginster, von dem zwischen dem Bakenberg und Grieben ein ganzes Wäldchen zu finden ist. Ferner stehn in dichten, großen Scharen an den westlichen Steilhängen, bis zum Badestrand bei Kloster und am Enddorn, die gelbbeerigen, ölbaumähnlichen S t r a n d d o r n b ü s c h e, welche für den „Dornbusch" von Hiddensee besonders bezeichnend und im Flachlande südlich von Kloster gar nicht zu finden sind, es sei denn, daß man sie besonders anpflanzte.

Diese Oelweidenart (Hippophaë rhamnoides) wird in Hiddensee „Stranddorn" genannt, anderweit auch Sand- oder Seedorn, während die Hiddenseer mit „Seedorn" nur einen Heckenstrauch der Flachlanddörfer bezeichnen, eine Solanum-Art, die sonst B o c k s d o r n (Lycium barbarum und halimifolium), und Teufelszwirn heißt. Auch W e i ß - d o r n (Crataegus oxycanthus) kommt vor. Ein Weißdornbaum neben der Kirche in Kloster soll über 400 Jahre alt sein.

Die Bezeichnung „Dornbusch" für das gesamte Hiddenseer Bergland hat viele Erklärungsversuche gefunden. Z ö l l n e r schreibt 1795 von der Insel: „Auf den Schiffer-Charten wird sie gewöhnlich bloß D o r n b u s c h genannt, weil ehedem ein Dornbusch von ungewöhnlicher Größe auf der nördlichsten hohen Spitze derselben den Schiffern zum Signale diente. Das ganze nördliche und nordwestliche Ufer besteht aus hohen Sanddünen und nackten Bergen, welche von der Seeseite her die ganze Insel bedecken, weshalb die Schiffer, die nichts von Häusern und Ackerfeldern zu sehen bekommen, das ganze Eiland für unbewohnt halten, wie auch auf einigen Seecharten wirklich steht: „D o r n b u s c h, g r o ß e r w ü s t e r S a n d - h a u f e n, g u t e r A n k e r g r u n d"."

Dieser Signaldornbusch soll noch größer und stärker gewesen sein als der Weißdorn neben der Kirche. Dr. A. H a a s erwähnt aber noch eine andere Erklärung: früher hätten zwei Dornbüsche auf Hiddensee gestanden, einer auf der Fährinsel und einer weiter nach Vitte zu. Diese beiden Bäume mußten sich decken, wenn Schiffe bei Ostwind westlich von Hiddensee ankern wollten, „achter'n Dornbüsch" wie die Schiffer sagten. Danach wäre der Name „Dornbusch" allmählich auf die ganze Insel übertragen worden. — Eine Stelle beim Enddorn trägt übrigens auf der Meßtischkarte auch den Namen „Dornbusch". Indeß die Erklärungsversuche mit einzelnen Dornbüschen klingen doch nicht so ganz überzeugend, zumal da man diese nach verschiedenen Stellen verlegt, einmal nach Vitte und der Fährinsel und dann wieder nach dem Enddorn oder Endnorden.

Die Bezeichnung „Dornbusch" findet sich an der Nordküste Hiddensees schon auf der Karte von Prof. Andreas M a y e r vom Jahre 1757. Sie muß aber doch wohl noch viel älter sein. Eine Stralsunder Chronik vom XIV. Jahrhundert schrieb nämlich schon: „Do plegen de Engelsken tho liggende gegen den Dornebusschen up deme Jellende; dar schepeden se uth und wedder in" (vgl. Haas, Hiddensee). Das heißt vermutlich: die Engländer ankerten nahe beim Dornbusch am Flachland („Jellende" hier anscheinend in weiterem Sinne, als bloß die Südspitze der Insel, die damals viel kürzer war.) Das Wort „B u s c h" bedeutet im Niederdeutschen nicht bloß einen Busch oder ein Gebüsch, sondern auch einen W a l d, so z. B. im Holländischen. Der Waldpark beim Haag heißt bekanntlich: het bosch d. h. Wald. An den Steilhängen des Hiddenseer Berglandes werden wohl auch schon in früheren Jahrhunderten die vielen Stranddornbüsche in Massen gewachsen sein. Diese Büsche wurden gewiß zusammengefaßt der „Dornbusch" genannt. Daß einzelne hohe Weißdornbüsche von Schiffern auch als Landmarken benutzt wurden, ist schon möglich.

Wenn S a x o G r a m m a t i c u s (1150—1216), der Schreiber des dänischen Feldherrn Bischofs Absalon, vor der Eroberung Arkonas (1168) das damals noch wendische Hiddensee zweifellos betreten hat und es gelegentlich (VIII, 258; Ed. 1886) „H y t h i n g r a c i l i s" (= schlank, schmal, mager, dürr, dürftig, ärmlich) nennt, so könnte man vermuten, er meine damit, daß es öde und baumlos war. Vom Jahre 1297 deuten aber Urkunden an, daß es um diese Zeit schon **Wälder** zur Holzung und E i c h b ä u m e zur Eichelmast der Schweine besaß. Auch um 1585 wurde da noch geholzt; 1628 haben jedoch Dänen und Kaiserliche die Wälder verwüstet, auch die oben im „Gebirge". Reisende von 1792 und 1795 (Kosegarten, Zöllner) bis 1858 (E. Boll) schildern die Berge als ganz nackt und kahl, nur ein paar Morgen Kiefernwald („Tannenkamp") ausgenommen. Hiddensee mußte diesen öde und ärmlich erscheinen. Und die Bergspitzen im Westen waren mit weißem Flugsand bedeckt, wie jetzt noch die Bismarckdüne. Aber das hat sich seitdem gründlich geändert. Im Jahre 1860 beschloß das Heilgeistkloster zu Stralsund, als Besitzer der Insel, die Höhen am Westrande a u f z u f o r s t e n und ließ 1861 sechs preuß. Morgen mit 40 Pfund Kiefernsamen besäen, die auch gut aufgingen (um 1863). Man fuhr nun alle Jahre so fort; teils säete, teils pflanzte man. Aber diese neuen Anlagen wollten bis 1875 garnicht gedeihen, was man dem Umstande zuschrieb, daß die Schafe oft darüber gingen und die Aufsicht fehlte. Etwa seit 1875 wurde dann besser dafür gesorgt. 1877, so berichten die Akten, waren auf diese Weise insgesamt schon etwa 280 Morgen aufgeforstet, von der Vorlege bis zum Leuchtturm hin. Bis um 1900 war diese Aufforstung im wesentlichen durchgeführt, doch setzte man 1902 und 1903 auch noch einige Laubhölzer u. dgl. ein.

Die ältesten Bäume, viele 30 bis 35 cm dick, stehen in der Gegend beim „Klausner" und etwas weiter südlich. Die Höhen von der Rettungsstation bis zur Hucke sahen im Jahr 1900 noch fast kahl aus, weil damals erst ganz kleine Pflänzchen sichtbar waren. Jetzt sind es schon recht hohe Bäume. Das ganze Aufforstungsgebiet auf dem Dornbusch könnte heute wohl 350 Morgen oder fast 1 qkm ausmachen. Diese Bewaldung hat die S c h ö n h e i t d e r I n s e l ungemein gehoben. Auch die Dornbüsche am Strande und an den Abhängen haben sich in den letzten Jahrzehnten so entwickelt, daß das Flugsandtreiben — mit Ausnahme der Bismarckdüne — ganz aufgehört hat und die Höhen alle grün sind.

Doch dem Sommergast Hiddensees ist es hier weniger um Naturwissenschaft und Geschichte als um die l a n d - s c h a f t l i c h e n R e i z e des D o r n b u s c h h o c h l a n d s z u t u n. Ein R u n d g a n g wird sie ihm zeigen. Folgen wir dabei dem Rufe des Dichters: „Zuerst zu Dir, Du unermessenes Meer!" Schon am Badestrand von Kloster, beim Rettungshaus, beginnen die Höhen (jetzt Privatbesitz) des Berglands. Schon hier genießt man herrliche Aussichten. Unten a m S t r a n d e e n t l a n g wandernd, an den Badehütten vorüber, sehen wir „dort, wo die Stürme hinab ins Meer stürzen und des Gebirgs Rüssel Wasser trinkt", ein malerisches kleines Vorgebirge — das „Cap Martin" (Mentone) von Hiddensee — genannt **„die Hucke"** (holl. hoek Ecke, Winkel, Landspitze, Kap), auf älteren Karten auch als „H ö w t" (Haupt) bezeichnet: 26—40 m hoch steigend, in schroffen nackten Lehm- und Mergel-Steilwänden wie ein Fels zum Meere abfallend, oben grün mit Dornbüschen, Rosensträuchern und Kiefern bedeckt. Ein Teil der Bergwand der Hucke erscheint jetzt über uns hängend und könnte mit seinen eingelagerten Steinblöcken wohl einmal abstürzen. Also Vorsicht! Hier (500 m vom Rettungsschuppen) ändert sich nun plötzlich der Strand. Er wird ganz steinig, öfter

58. Badestrand von Kloster mit der Hucke.

lehmig und schmal und ist mit wildem Steingeröll bedeckt, das bis ins Wasser hinabreicht. Man erblickt da viele große Findlingssteine. Zwei von ihnen, die weiter ab im Wasser liegen und bei etwas bewegter See nur von Zeit zu Zeit wie Robben mit ihren Köpfen sichtbar emportauchen, werden die „Saolsteine" (Seehundsteine) genannt. Manchmal sollen auch Seehunde (Saolhunde) ruhend auf ihnen gesehen worden sein.

Das Gehen ist hier an diesem Geröllstrande beschwerlich. Am Fuße der Hucke, in die Felswand hineingehend, liegt eine geräumige **Höhle,** früher am Eingang 3 m hoch und 2 m breit; 8 m tief. Jetzt wohl kleiner geworden. Angeblich durch eine S t u r m f l u t verursacht, bei

59. Die große Sturmfluthöhle der Hucke.
Phot. Dr. E. W. Schmidt (Friedenau).

Hochwasser oft von den Wellen bespült. Daneben war 1912 noch eine zweite k l e i n e r e H ö h l e (1.5 m hoch, 2 m breit). Sie ist nicht mehr zu sehen.

Hier bei der Hucke wendet sich die Küstenlinie plötzlich nach Nordosten um. Wenige Schritte weiter die

111

von oben herabrieselnde „Annenquelle". Auch die Nordküste weist verschiedene Quellen auf. Der Boden bei der Hucke ist unten oft tonhaltig. Es ist schöner reiner blauer Ton.

Kaum 100 m weiter ein mannshoher, großer, arratischer Block, der „Bismarckstein", vom Einsiedler Ettenburg vor etwa 20 Jahren so genannt und mit einer Aufschrift bemalt. 120 m weiter der etwas kleinere „Zeppelin-Stein".

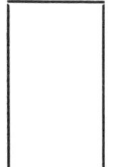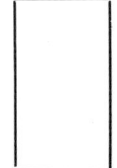

60. Der Bismarckstein a. d. Dornbusch-Steilküste.
Phot. J. Simonsen, Oldenburg i. H.

Auf der Einsenkung der Anhöhen hinter Hucke und Hübnerberg (51 m) liegt der sog. Eselsteig (35 m), der früher hinab zum Strande führte, wo hauptsächlich der Ton für die Hiddenseer Fayencen der Stralsunder Fabrik geholt worden sein soll. Das Ufer hier (Tidden-Ufer) wies noch vor etwa 20 Jahren schroffe, romantische Bergzacken, „Wissower Klinken im Kleinen", auf, die aber allmählich zerbröckelt sind. Die einsame Landschaft erinnert ein wenig an Brachts „Gestade der Vergessenheit", ein Bild, das auf einer Berliner Kunstausstellung einmal viel beachtet wurde.

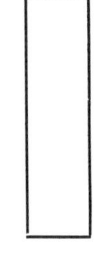

61. „Das Gestade der Vergessenheit." (Tiddenufer a. d. Dornbuschküste.)
Phot. M. A. Arnhold, Heringsdorf.

Der „Sandberg" dicht dabei (auch Hohe Düne oder Bismarck-Düne genannt), etwa 59 bis 60 m hoch, ist oben mit tiefem, weißem Flugsand bedeckt, der die Kiefern dort wie Schneewehen einhüllt und zum Absterben bringt.

Die lehmigen Steilwände treten nun stellenweise näher an den Wassersaum, und bei hohem Wellenschlag kommt man nicht immer trockenen Fußes weiter. Bald nach dem R e n n b a u m - U f e r fand sich eine dritte Höhle, bisweilen die „S t ö r t e b e c k e r - H ö h l e" genannt, in der nach der Legende (vgl. Haas, Rügensche Sagen) der bekannte Seeräuber Störtebecker, der 1402 mit 150 Spießgesellen in Hamburg hingerichtet wurde, auch an der nordwestlichen Steilküste Hiddensees gehaust haben soll. Nur sind die Hiddenseer Höhlen oft bloß von kurzer Dauer und verfallen bald wieder. Auch diese scheint wieder verschwunden zu sein.

Etwa 2,2 km von der Rettungsstation, 1,6 km von der Hucke, ist man unten am Sandstrande vor der romantischen breiten S w a n t e w i t s c h l u c h t angelangt, in einer Einbuchtung, wo man auch baden kann und wo Badehütten stehen. Aufwärts ein Weg zum „K l a u s n e r" (Hotel und Waldrestaurant; 5 Min.). Aufstiege an anderen Stellen der Steilufer sind beschwerlich und lohnen kaum die Mühe. Oft muß man dabei tief in Lehm und Sand waten.

Am Strande weiter wandernd, beim T i e t e n - U f e r (Tieten = Austernfischer, eine Seevogelart) vorüber (oft beschwerlich, wegen wellenbespülter feuchter Steilhänge) — wo ein Fußweg zum Leuchtturm emporführt — und vorbei an einer w e i t e r e n, wohl schon verschütteten H ö h l e unterhalb der Stelle des früheren Pulverschuppens kam man zu g r o ß e n **Uferabstürzen** vom Herbst 1912 und Frühjahr 1913, die von den etwa 60 m hohen Steilwänden abgebröckelt und bis an die See gerutscht waren, den engen Vorstrand zeitweilig versperrend. Heute wird man sie kaum noch bemerken. Hier ungefähr beginnen die ins Meer hineingebauten S t e i n b ä n k e (Buhnen), die die Ufer vor den saugenden und nagenden Strömungen und Wellenabwaschungen schützen sollen und bis zum stark abgeflachten Enddorn gehen (am Uferweg 4,5 km vom Rettungsschuppen, etwa 2,5 km von der Swantewitschlucht).

„Eine untergehende Insel", so lautete im Herbst 1912 die Ueberschrift einiger Zeitungsartikel, als die Meldung von neuen, nicht einmal großen Erdrutschen in Hiddensee durch die Blätter ging. „Wie lange wird es noch dauern, und Hiddensee wird, wie Vineta, nur noch in der Sage leben?" So schlossen diese Aufsätze. Natürlich waren das arge Uebertreibungen. Ufer-Abstürze an sich zersetzenden Steilküsten finden allenthalben statt, seit Jahrhunderten und Jahrtausenden, in Rügen (Arkona, Stubbenkammer usw.), Helgoland, Südengland und anderweit. Ebenso in Hiddensee und in beachtenswertem Maße. Vieles wirkt dabei zusammen; Wind und Regen, Frost und Tauwetter, Sturmfluten, Uferwellen u. dgl.

Besonders zerstörend aber erweist sich das in die tiefen, oft schräg gelagerten Lehm- und Tonschichten eindringende S i c k e r w a s s e r des Regens, das diese zu einem schlammigen Brei auflöst, der dann hervorzuquellen beginnt und die darauf ruhenden Geländeteile oft ins Rutschen und zum Abstürzen bringt. Durch die Sturmflut von 1872 sollen die Strandhöhen zwischen Rettungsschuppen und Hucke (die „Vorlege") recht beträchtlich abgebröckelt sein; 1889 stürzte ein mächtiger Teil der Hucke, 1890 ein Teil vom Rennbaum ab (etwa 30 m lang, 12 m hoch und breit). Im September 1909 sank eine Fläche von etwa 1,3 ha mit 13 000 Kubikmetern Masse am 40 m hohen Ufer, 500 m westlich vom Enddorn, in die Tiefe, wo die Wellen am Ufer vieles allmählich wegspülen. Natürlich sind das von der Dornbuschfläche (3,4 qkm) und seiner Masse (90 Millionen Kubikmeter) nur winzig kleine Teile, aber im Laufe der Jahrhunderte wirken sie doch merklich. Nach Dr. E. W. S c h m i d t geht jährlich im Durchschnitt ein 1½ m breiter Steiluferrand eine Fläche von 2688 qm verloren, sodaß angeblich in 800 Jahren der Ort Grieben erreicht sein würde. Indessen diese Landabstürze bedeuten doch wohl nicht immer auch gleich Landverluste. Denn oft sinken Geländeteile nur tiefer. Nach Dr. Haltenberger hätte es noch 1142 Jahre Zeit, bis der ganze diluviale Inselkern zerbröckelt ist, wenn es so weitergeht. Aber ist das überhaupt wahrscheinlich, da er sich doch nach Osten stark abflacht? Auch würden neue Schutzbauten, fester Rasen und zweckmäßige Strandwälle gewiß manche Verluste verhüten helfen. I m F l a c h l a n d d a g e g e n w ä c h s t n e u e s G e l ä n d e b e s t ä n d i g z u, a l l e i n a u f d e m A l t - B e s s i n j ä h r l i c h e t w a 6 0 0 0 q m F l ä c h e, a l s o d o p p e l t s o v i e l w i e d e r L a n d v e r l u s t a n d e r S t e i l k ü s t e. Der Gellen ist von 1695 bis 1886 um 1300 m, Alt-Bessin um 700 m länger geworden. Seit der Klostergründung (1296) aber ist der Südteil Hidensees um gute 3 km an Länge gewachsen, denn die Kirche auf dem Gellen

62. Blick von der Hucke auf den Badestrand Klosters mit den Anhöhen der „Vorlege" und nach Süden.

(beim Karkensee) lag damals an der Südspitze, die heute über 3 km weiter südlich liegt. Der sandige Vorstrand in Kloster bis zur Hucke scheint jetzt größere Abstürze dort zu verhüten. Auch an den weiteren Steilküsten müßte man einen solchen Vorstrand schaffen, sodaß Erdwand-Abrutsche wenigstens auf dem Lande liegen blieben. Ein dichter Rasenüberzug, der Wasser aufsaugt und das Einsickern abschwächt, wäre vielleicht auch ratsam. Neue Erdrisse vom Nebelhorn bis zum Klausner sind ja beobachtet worden. Aber der Höhenzug östlich des älteren Waldes macht doch den Eindruck unbedrohter Sicherheit. Trotzdem ist natürlich

114

zu wünschen, daß die Regierung nach wie vor einer weiteren Schmälerung des Steilufer-Landes tunlichst vorbeugt, wenn es auch fern von allen Ortschaften liegt.

Recht zweckmäßig zur Erhaltung und Verbesserung des Badestrandes von Kloster und zur Sicherung des Vorstrandes nördlich der Hucke wäre es, wenn von diesem kleinen Vorgebirge westwärts ein paar hundert Meter weit ins Meer hinaus ein kräftiger Steinwall gebaut würde, der sich dort am Ende nach NW. u. SO. gabelte, sodaß der herangetriebene Sand von den vorbeigleitenden Strömungen nicht wieder weggewaschen und weggesaugt würde, sondern liegen bliebe und mehr Vorgelände schüfe. In Plogsnagen ist infolge der Buhnen ein völlig steinfreier Badestrand entstanden.

Der Bergwald, die Berggipfel und der Leuchtturm sind dasjenige, was dem Besucher des Dornbuschhochlandes Hiddensee erst im Glanze seiner v o l l e n   S c h ö n h e i t   zeigt. Beim Klosterkirchweg bergan steigend, bieten uns schon die A n h ö h e n   n e b e n   d e r   L i e t z e n - b u r g   wunderbare Blicke nach dem vielgegliederten Binnenwasser und nach der offenen See. Hinter der Lietzenburg, durch die Talsenkung am Waldrand, vorbei an der herrschaftlichen Wald-Villa ("Haus am Meer"), führt ein Fußpfad an der Waldecke in den älteren **Bergwald,** der hier beginnt. Wenige Minuten, und man steht oben auf der **Hucke** (prächtige Aussicht!). Den Fußpfad nördlich am Uferrand weitersteigend, kommt man auf den bewaldeten H ü b n e r - B e r g (**a. —** Pl. Nr. 6). Dann hinab, den E s e l s t e i g (e) durchquerend, und wieder hinauf zur sandigen B i s m a r c k d ü n e (58,7—60 m; Pl.: c). Diesen ganzen U f e r p f a d nennt man mit einem bezeichnenden neuen Namen die *"**Hiddenseer Riviera**", an der einige Aussichtsbänke stehen. Geradeaus, immer rechts hoch, führt sie an "W a l h a l l a" vorbei (Pl.: Wh), einem weit tiefer vorgelagerten lauschigen Waldesgrund mit sehr hohem Graswuchse und mächtig entwickelten Bäumen, und endet an der breiten großen **"Swantewit-Schlucht"** beim "K l a u s n e r". Walhalla und Swantewitschlucht sind beides Namen neueren Datums, etwa seit 1912 und seit 1900. Man hat hier oft klare Aussicht bis nach der dänischen Kreidefelsen-Insel **Möen** (53 km entfernt), besonders schön am Abend und bei nördlichen Winden.

> „Du nachbarliches Mön, dein Späherblick
> „An unserm Strand das letzte Prüfungsziel!
> „Nie sah ich noch so klar das Abendrot
> „Um deine weißen Ufer glühn . . .
> „Wehmütig ruht mein Blick und tiefbewegt
> „Auf deinen Küsten, aber glaubensvoll
> „Und sanftbefriedigt. Glüh im Abendrot
> „Nur glänzend auf, o Mona, daß mein Herz
> „Nicht mehr von Schatten überdunkelt sei!"
>
> **K. Lappe.** 1818.

Reizvoll ist diese Wanderung auch, wenn man vom "Haus am Meer", bei der Waldecke, rechts am Waldrand

etwas höher hinauf den nächsten oder den dritten Fußpfad in den Bergwald einbiegt, der nach „Walhalla" führt.
Noch schöner ist der Spaziergang von da, immer am
östlichen Waldrand entlang, zunächst über den
Schulterberg (Pl. 6 b.; 42 m), beim Hexenberg
und Hexengrund (wo mitunter die Walküren und

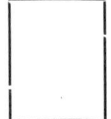

63. Ein Stück Bergwald vor 15 Jahren.
(Sog. Hiddenseer Riviera)

Hexen tanzen und die weiße Frau erscheinen soll), durch
die Talsenkung, nahe dem Aschkoben-Berg, wo die
Klosterschätze vergraben liegen sollen, und quer über
den Bergwaldweg hinauf auf den **Flaggenberg** (Pl. Nr.
6:g) — auch ein neuer Name — einen der schönsten
Aussichtspunkte Hiddensees (70 m)! Von hier
ein Fußweg in 3 Min. zum Klausner. In der Nähe auf
der Hochebene behauene Feuersteinreste, jetzt schon
seltener werdend; vermutlich ein Werkstättenplatz aus
der Steinzeit.

Wann diese im Ganzen ein Ende nahm, ob schon
etwa 1500 Jahre vor Christo, wie skandinavische Gelehrte
für ihre Heimat annehmen, das wissen wir nicht. Doch
Werkstätten auf den Bergen Hiddensees mit bearbeiteten
Feuersteinen waren unzweifelhaft feststellbar.

Die Waldwanderung ist oft besonders genußreich in
den frühen Morgenstunden, und wer den langschlafenden
Großstadtphilister in sich zu überwinden vermag, sollte
solche Frühspaziergänge nicht ganz vermeiden. Oft erblickt man dann die am Tage sich scheu versteckenden
Rehe in entzückender Anmut durch den Wald springen,
man sieht die goldbraunen Fasanen krächzend auffliegen,
man genießt die erfrischende Morgenluft und die beruhigende Waldeinsamkeit.

Etwa 250—300 m nördlich vom Flaggenberg, ungefähr
50 m östlich vom Waldrand beim Klausner, liegt der
10-Seen-Blick: eine Stelle des Hochplateaus, wo man
etwa zehn verschiedene Meeresteile, abgeteilt wie einzelne
Seen, erblickt, teils nördlich, zwischen den Berggipfeln,
teils zwischen den Rügenschen Halbinseln und südlich die
mehr oder weniger abgegrenzten Boddenteile und das
Außenmeer. Bei Boppard am Rhein gibt es bekanntlich

einen „Vierseenblick", durch Schlängelungen des Stromes zwischen den Bergen hervorgerufen. Hier aber sehen wir in ähnlicher Weise etwa 10 Seen, bisweilen auch wohl noch mehr.

Westlich daneben, an der Nordostecke des alten Waldes, der ***Bakenberg** (72,4 m, mit geographischem Stein), der höchste Berg der Insel, ein berühmter alter Aussichtspunkt. Hier soll (nach Zöllner) Prof. Andreas Mayer aus Greifswald, als er im Auftrage der schwedischen Regierung seine Karte von Rügen (1757) aufnahm, für die Messungen eine Bake aufgestellt haben. Nach Osten hin sieht man hier besonders schön alle Halbinseln und Buchten Hiddensees und Rügens, sowie die Höhenzüge bei Lohme und Quoltiz.

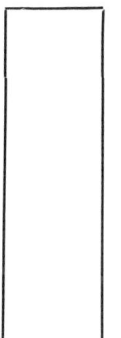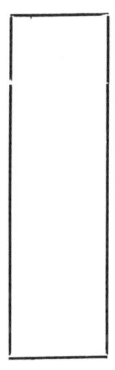

64. Durchblick über die Swantewitschlucht beim Klausner auf die Hochsee.

Es ist ein ergreifendes Schauspiel, der Blick von hier ringsum! Wir sind hier bei den Glanzpunkten der Insel, auf allen diesen Höhen. Ein bis zwei Minuten auf dem Wege waldeinwärts, öffnet sich vor uns die breite und tiefe ***Swantewitschlucht** am offenen Meer. Auf dieser Bergwaldhöhe, auch gegen 70 Meter hoch, liegt das Waldrestaurant des Bergwaldhotels **„Zum Klausner"**, mit zahlreichen Tischen, Stühlen, Bänken und Hallen, das unvermeidliche Wanderziel der Spaziergänger, Ausflügler und Sonntagsgäste.

Der Platz ist s. Zt. vom „Einsiedler" Ettenburg (vgl. S. 27) ausgesucht und volkstümlich gemacht worden. Er hatte hier von 1898 bis 1910 seine Einsiedelei, die alte einfache Waldschenke, und seine Schilfrohrbauten und seinen Vortrags- und Tanzsaal mit dem genialen Pappdach ohne Bretterunterlage; ferner etwas unterhalb sein „Naturtheater", wo einst „Iphigenie" und sein Stück „Swantewits Fall" aufgeführt wurden. Jetzt steht hier oben ein festes wohlgebautes Haus, das B e r g w a l d -h o t e l mit Stall und 2 kleinen hölzernen Landhäuschen.

Alle Punkte ringsum tragen die Weihe ergreifender Schönheit. wie man sie in dieser Art in Mitteleuropa gar nicht so leicht wiederfindet. Das verdient offen ausgesprochen zu werden. Das nachstehende, warm empfundene und begeisterte Gedicht eines Berliners, das ich im Fremdenbuch hier fand, wird diese Ansicht nur bestätigen und darum allen für solche Naturschönheit empfänglichen Menschen — so überschwenglich es dem fernstehenden auch erscheinen mag — nur aus der Seele gesprochen klingen, wenn sie diese Inselpunkte kennenlernen.

> „Ein Wundereiland hat mein Fuß betreten,
> Mein ganzes Wesen ist der Welt entrückt.
> Und mich durchglüht ein ungewolltes Beten.
> Fragt nicht, warum; ich fühls, ich bin beglückt.
> Ihr schaut von Hügeln auf den Glanz der Wogen,
> Ihr rühmt der Schluchten Absturz in das Meer,
> Bespülter Buchten weite. sanfte Bogen;
> Der Blick ist reich. O sei das Herz nicht leer!
> Ihr hört das Tosen und das Wellenrauschen,
> Der Zweige flüstern leis' im Abendwind;
> Ihr wißt dem Vogelzwitschern fein zu lauschen,
> Ihr hört mit Ohren, die voll Weisheit sind.
> Ihr pflückt Euch Ginster. Aehren, Immortellen,
> Der Heckenrose luftiges Gebild.
> Ihr laßt Euch schaukeln von bewegten Wellen,
> Euch blinkt die Abendsonne glitzernd, mild.
> Und all dies, alles schildert Ihr begeistert.
> Ich bleibe selig überwältigt stumm.
> Und wenn mein Mund nicht schöne Worte meistert —
> Ich bin beglückt, ich fühls; fragt nicht warum!"
>
> **Siegfr. Mauermann.**

65. Abhang an der Swantewitschlucht.

Ist man unten am Strande der Schlucht, wenn es stürmt, welche Brandung! Und immer und überall das Inselgefühl! „Hier, die Odyssee zur Hand", schreibt der sehr besonnene Rügenforscher Grümbke 1805, „mit welchen Empfindungen würden wir hier jene Stellen gelesen haben, die der griechische Sänger mit so unübertrefflicher Natur schildert, ich meine, wie der Schiffbrüchige Odysseus sich schwimmend an die Insel Scheria rettet!" Und wer abends oder nachts zu diesen Bergen hinansteigt, dem fällt wieder soviel an poetischen Erinnerungen ein. Auch wohl ein Satz aus dem Zarathustra, der lautet:

„Und als er auf die Höhe des Bergrückens kam, siehe, da lag das andere Meer vor ihm ausgebreitet; und er stand still und schwieg lange. Die Nacht aber war kalt in dieser Höhe und klar und hellgestirnt. Ach Schicksal und See! Zu Euch muß ich nun hinabsteigen"!

Nur 5 Minuten vom „Klausner" liegt auf dem freien, grünen Schluckswiek-Berge (70 m) der stattliche **Leuchtturm „Dornbusch"**, erbaut im Jahre 1888, dessen Besteigen bis Sonnenuntergang gestattet ist. Von seiner Plattform hat man die umfassendste Aussicht, wohl eine der allerschönsten an der ganzen Ostsee.

66. Der Hiddenseer Leuchtturm „Dornbusch".

Der **Leuchtturm** ist 22,8 m hoch; sein Blinkfeuer ist abwechselnd: ein Blink weiß und rot; Blink 4,5 Sek.; Wiederkehr 10 Sek. Ungefähr 45 000 Hefnerkerzen Lichtstärke; Linse II, Petroleum-Glühlicht. Sichtweite 24 Seemeilen (zu 1852 m) = 44½ km. Eintrittspreis bescheiden. 102 Stufen zur Galerie. Fernrohr kostenfrei zu benutzen. Drei Leuchtturmbeamte, sechs Min. weiter unten im großen Wärterhaus wohnend. — Die Risse außen am Turm sind bloß in der äußeren Verblendsteinschicht. Im Herbst und Frühling fliegen oft Zugvögel geblendet gegen das Licht und schlagen sich tot.

2 Min. nördlich auf dem Fliederberg (Pl. h. Nr. 6) ein hoher **Signalmast** zu Sturmwarnungen (nach telegraph. Meldungen der deutschen Seewarte) und zum Signalisieren mit vorüberfahrenden Schiffen. Dreieckige Signale melden Sturm und geben die Windrichtung an. Runde verraten stürmische Atmosphäre.

Noch zwei Minuten weiter am Abhangsrande das neue **Nebelhornhaus**, das durch Hornsignale bei Nebel, Schneetreiben und „diesigem" Wetter die Schiffer vor Annäherung an die Küste warnt und zugleich angibt, wo sie sich befinden. 1887—1902 zählte man durchschnittlich im Jahre 37 Nebeltage, vereinzelt auch bloß 13 jährlich. Im Mai und Oktober nur etwa

2½, im Juni und September 1¹/₈ u. 1²/₄, im Juli und August ¾ u. ²/₄ Tage. Zwei Stentorhörner werden beim Nebelhorn automatisch durch Preßluft betrieben. Die Maschine dafür im neuen Maschinenhaus steht im Honiggrund beim Wärterhaus. Als Nebelhornhaus dient der alte Kanonenschuppen, wo früher durch Kanonensignale gewarnt wurde (seit März 1911 aber das Nebelhorn). Der alte kleine Pulverschuppen von ehemals am Rande der Höhe ist abgestürzt. Nebelhornsignal: Ton C, tief, 3 Sek.; 4 Sek. Pause; Ton G, hoch, 3 Sek.; 4 Sek. Pause; Ton C, tief, 3 Sek. Wiederkehr nach 90 Sek.

Vom Leuchtturm geht es hinab und vorbei am Leuchtwärtergehöft (6 Min.) und am blumigen Tal des Honiggrundes, wo im Spätsommer die Sumpfparnassia blüht, zum grünen einsam stehenden **Swanti** (früher auch Swantig oder Swantich geschr.), dem „h e i l i g e n B e r g" der Wenden, 62 m hoch, also weit höher als die Höhe von Arkona (43 m), doch in gleicher Art, mit drei Bergkuppen. Umfassende Aussicht ringsum. „Swanti" heißt im Wendischen heilig. Im Russischen swiäty, im Polnischen ähnlich.

> Und „sie gewannen die Spitze des weitumschauenden S w a n t i g ,
> Der auf die niederen Gipfel, ein Ries' auf Zwerge, herabsieht.
> Darum auch wählten die Väter der längst entschlafenen Vorwelt
> Anzubeten auf ihm den Herrn des Meers und des Trocknen.
> S w a n t e w i t nannten sie ihn, das unausforschliche Urlicht . . .
> Schwarzblau wogt in der Tiefe der Golf, der zwischen des Hauptlands
> Grünender Kühle sich strudelnd ergießt, und dem öderen Eiland.
> Jenseits begrüßte den Golf die grünende Küst'. Aus dem Süden
> Blaute das festere Land mit prangenden Zinnen der Städte."
>
> L. Kosegarten. 1804.

Vom Swanti wieder zum Leuchtwärterhof. Dann auf einem Feldweg über Grieben nach Kloster zurück. Und überall und immer auf Hiddensee und dem Dornbusch der Anblick des blauen Meeres!

> „O Meer der Schönheit, mit den schlagenden
> Klangvollen Wellen, mit dem weißen Schaum
> Und mit den tausend Zungen, deren Wort
> Prophetisch um die stille Erde tönt:
> Laß mich dein Lob verkünden, wenn mein Laut
> Auch Kindesstammeln bleibt, und mir ein Lied
> Zu deinem Preise würdig tönen kann!"
>
> K. Lappe. 1818.

14. Pflanzenwelt und Tierleben in Hiddensee.

Gar vielen Besuchern und Freunden der Insel, die auf den Blumenteppichen der Anhöhen und Wiesen, die in den Wäldern, an Wegerändern und Rainen oder am Strande, auf den Dünen und in der Heide dahinwandeln, kommt oft genug der Gedanke: O wüßtest du doch die Namen all der vielen bunten Blumen, die dich hier täglich so freundlich grüßen! Wüßtest du nur einen guten Teil dieser Namen oder doch wenigstens die Namen derjenigen Pflanzen, die dir in Massen überall begegnen, die du gern nennen und sicher wiedererkennen möchtest! Die verblaßten Schulerinnerungen werden im Gedächtnis hervorgeholt, aber sie nützen meist wenig. Tatsächlich fehlt es noch an einem Führer durch die Hiddenseer Pflanzenwelt, einem Führer, der uns genau genug die Standorte und die unzweideutigen Merkmale der häufigsten und der seltenen Pflanzen angibt, womöglich mit getreuen Abbildungen, und der uns nicht bloß mit lateinischen Namen abspeist, die dem Nichtfachmann und gewöhnlichen Sterblichen am Ohre vorbeiklingen und ihm meist nichts sagen.

Es gibt zwar eine kleine Schrift über „Die Flora der Insel Hiddensee" von J. W. Stolz (Niesky O.-L.).*) Sie ist ein dankenswerter Versuch, aber doch wohl allein für den botanischen Fachmann bestimmt, da nahezu alle Namen bloß lateinisch sind und in der Hauptsache gruppenweise nur aufgezählt werden. Es mögen wohl an 250 verschiedene Arten sein. Wie der Verfasser selbst bemerkt, ist dies Verzeichnis nicht vollständig. Gewiß, im Wesentlichen sind es ja wohl dieselben Pflanzenarten, wie in Rügen, wo schon vor hundert Jahren an wilden und zahmen Gewächsen etwa 800 Arten (ebenso viel wie in Capri) angenommen wurden, wie Grümbke, der tüchtige Rügenkenner, uns mitteilt 1819. Es ist wahrscheinlich, daß Hiddensees Pflanzenwelt in der Zahl der Arten um ein paar hundert mehr zählt, als Stolz angibt. Denn im Ganzen ist das Pflanzenleben auf der Insel doch recht üppig entwickelt und nimmt auch mit zunehmender Bewaldung weiter zu. Der 2 km lange Wald im Bergland stammt allerdings erst von einer Aufforstung seit 1860 und, die schmalen Wälder am Westufer nördlich und südlich von Neuendorf-Plogshagen, wohl 4—5 km lang sich hinziehend, sind noch viel

---

*) Als Sonderheft der „Beiträge zur Naturdenkmalpflege auf Hiddensöe", herausgegeben von Dr. F. Schepp, im Auftrage des Internationalen Frauenbundes für Vogelschutz (Berlin 1913), 20 Seiten.

jüngeren Datums, erst etwa 20 Jahre alt oder noch jünger.

Daß man auch die deutschen Pflanzennamen angebe, ist kein unberechtigter Wunsch, wie von Fachleuten öfter behauptet wird. Gewiß haben manche Pflanzen in den verschiedenen Gegenden Deutschlands ganz verschiedene Namen, aber der lateinische Name läßt sich ja noch daneben angeben. In der deutschen Flora, so schätzt man, gibt es ungefähr rund 2400 verschiedene Pflanzen, etwa $^1/_{100}$ aller Pflanzen der Erde. Deutsche Pflanzennamen aber sind etwa 24 000 zusammengestellt worden. Manche Pflanzen haben ein halbes Dutzend oder gar mehrere Dutzend verschiedene deutsche Namen. Es genügt ja aber, den ortsüblichen oder die üblichsten herauszugreifen und den lateinischen, der für die Wissenschaft unzweideutig ist, hinzuzufügen. Prof. G r ä b n e r 's Taschenbuch zum Pflanzenbestimmen tut es auch so.

In Hiddensee ist, wie schon gesagt, die Pflanzenwelt mit der Wandlung des Bodens in der Fortentwicklung begriffen. Die neuen Wälder auf früherem Sandboden haben Humusschichten geschaffen, auf denen neue Pflanzenarten gedeihen, die früher nicht vorkamen. Es würde zu weit führen, hier eine Aufzählung der verschiedenen Hiddenseer Pflanzen zu geben. Wald-, Wiesen- und Strandflora sind hier so entwickelt, wie anderswo an der deutschen Ostsee. „Die Pflanzenwelt auf und am Dornbusch", schreibt Stolz, „ist nicht nur üppig entwickelt, reich an bunt und schön blühenden Arten, sondern auch durch vielfaches Ineinandergreifen der einzelnen Pflanzenformationen zu kennzeichnen und darum schwer in einzelne Pflanzenvereine zu sondern."

Ich will mich damit begnügen, hier wenigstens auf einige für die Insel besonders kennzeichnende und auf einige seltene, aber hier noch vorkommende Pflanzen hinzuweisen.

An den westlichen Steilufern des Dornbuschhochlands fallen vor allem die in Massen hier wachsenden S t r a n d - oder S a n d d o r n b ü s c h e (Hippophae rhamnoides) auf, die vielleicht dem Dornbuschhochland den Namen gegeben haben. Im Herbst sind sie reich an gelben Beeren, die von Vögeln, besonders Fasanen, gegessen werden und zur Likörbereitung brauchbar sein sollen. Auch W e i n r o s e n s t r ä u c h e r (Rosa rubiginosa) sind hier häufig. Im Kiefernbergwald findet man die g e m e i n e H e c k e n k i r s c h e (Ladestockholz, Lonicera xylosteum), eine nicht gerade häufige Pflanze. Auch wilde J o h a n n i s b e e r e n, die aber etwas widerlich süßlich schmecken. An den Waldrändern und weiter nach Osten kommen viel G i n s t e r b ü s c h e vor. auch S t a c h e l g i n s t e r, im Frühling schön goldgelb blühend. Mitunter noch im November.

Im Norden der Halbinsel A l t - B e s s i n sind fast undurchdringliche B u s c h w ä l d e r von Sanddorn, Weinrosen, S c h w a r z d o r n (Prunus spinosa), auch wohl Schlehdorn usw. entstanden, ein beliebtes Versteck für Wild und Geflügel. In den letzten Jahren war der Boden auf den lichteren Stellen des Bergwaldes g o l d g e l b gefärbt von Hunderttausenden von gelben Blumen, deren Namen selbst naturkundigen Pflanzenfreunden nicht geläufig war. Leider versagten dabei auch die Taschenbücher zum Pflanzenbestimmen, weil sie zu wenige Merkmale angaben.

Es schien W a l d k r e u z k r a u t (Senecio silvatica) oder F u c h s - k r e u z k r a u t (Senecio Fuchsii) zu sein, nicht Goldruta (Solidago virgo aurea), wie auch gemeint wurde. Vielleicht auch Jacobs-Kreuzkraut (Senecio Jacobaea).

Auf den Bergwiesen bei Kloster und weiter blüht in Massen der T h y m i a n — von den Einheimischen Tee genannt, auch recht schmackhaft als Tee zum Trinken — bis in den November hinein. Ebenso die G r a s n e l k e (Armeria vulgaris).

Eine recht seltene Pflanze ist der M e e r k o h l oder S e e k o h l (crambe maritima). Ich sah vor reichlich 15 Jahren einen ganzen Strauch davon am Badestrand zu Kloster, diesseits der Hucke. Von 4 anderen Exemplaren berichtet I. W. Stolz. Bemerkenswert ist auch, daß es in Hiddensee w i l d w a c h s e n d e n S p a r g e l (Asparagus officinalis) gibt, von dem Grümbke (1819) wie auch E. Boll (1858) schon berichteten. Seine Spitzen sind etwas lila getönt. Aber er ist ganz gut eßbar. Schon auf der Höhe am Rettungsschuppen in Kloster kann man ihn alljährlich beobachten, aber auch an anderen Stellen.

Eine Zierde der Stranddünen ist die bläulich angehauchte S t r a n d - d i s t e l (Eryngium maritimum). Sie war etwa um 1910 schon fast ausgerottet. Doch seit dem Polizeiverbot, sie zu pflücken, ist sie wieder reichlich in Hiddensee vorhanden, besonders in den entlegeneren Strandgegenden der Vitter Dünenheide und weiter südlich. Hier erblickt man auch, im August, schön lila blühend, große Flächen des Heidekrauts (Calluna vulgaris) und auf den Wanderdünenhügeln die myrtenähnlichen kleinen Sträucher der silberhellschimmernden grünen K r i e c h w e i d e (Salix repens), von manchen Badegästen scherzweise „Strandmyrte" genannt.

Auch S t e c h p a l m e n (Ilex aquifolium) kommen in der Heidegegend Hiddensees vor. Ich habe aber noch keine gefunden. Schutzbedürftig, weil sehr selten, ist ferner das k l e b r i g e L e i m k r a u t (Silene viscosa). Erwähnenswert wäre auch noch der M e e r s e n f (Cakile maritima) und die fleischige S a l z m i e r e (Ammadenia peploides) am Strande. Auf feuchtem Boden findet man die insektenfressende Pflanze S o n n e n - t a u (Drosera rotunditolia u. intermedia).

Hier in Hiddensee hieß es früher, daß dort nichts gedeihe, was man anpflanze. Dieselbe Rede ging schon vor 100 Jahren in Wittow, wie Grümbke berichtet. Das ist aber Unsinn, wie die vielen üppig emporgeschossenen Aufforstungen und die vielfachen Obstbaumanpflanzungen in Hiddensee lehren. Auch im Mittelalter gab es doch hier schon größere Waldungen, Eichen, Erlen und Tannen.

Daß auch der s c h w e d i s c h e M e h l b e e r b a u m (Sorbus scandica) hier gut fortkommt, lehrt das Vorhandensein solcher Bäume beim alten Klostertor und im Pfarrgarten, wo auch ein uralter Wallnußbaum zu sehen ist.

Zu erwähnen wäre noch, daß Hiddensee auch zahlreiche P i l z e hervorbringt, darunter leider viele, die man mit den vorhandenen Pilzbüchern doch nicht sicher bestimmen kann. Am reichlichsten schießen sie gewöhnlich im Herbst empor. C h a m p i g n o n s wachsen an sehr zahlreichen Stellen, auf Wiesen, Höhen und in Waldgegenden. Der B l u t r e i z k e r erscheint erst spät. B u t t e r p i l z e sind im Wald oft zahlreich da. P f e f f e r l i n g e fehlen. Einen hübschen Anblick gewähren die großen stattlichen P a r a s o l - oder S c h i r m p i l z e, die eßbar, aber etwas zäh sind. S t e i n p i l z e findet man nur sehr selten, merkwürdigerweise auch im Heidekraut. Neben jungen Kieferstäuchern sieht man da auch neuerdings S a n d p i l z e.

Das Tierreich ist in Hiddensee, von Vögeln abgesehen, weniger zahlreich vertreten. Man liest davon, daß in uralten Zeiten auf dem Gellen H i r s c h e gehaust hätten.

Auch daß manchmal noch Hirschgeweihe gefunden würden. Das kann zutreffen. Aber Hirsche, die bisweilen vom Festland oder von Rügen herüberschwimmen und bei zugefrorener See im Winter leicht herüberkommen können, wurden auch noch im Jahre 1911 in Hiddensee gesehen, um bald wieder zu verschwinden, wie schon erwähnt. Sehr zahlreich anzutreffen, fast auf jedem Spaziergang, sind in Hiddensee die H a s e n. Ganz selten sind im Bergland jetzt die F ü c h s e, doch sollen sie im Süden häufiger sein. E i c h h ö r n c h e n habe ich im Walde überhaupt nicht gesehen. Auch der M a u l w u r f, so liest man, kommt in Hiddensee nicht vor. Daß er auf Sandboden, in dem er nichts findet, nicht gedeihen könnte, ist klar. Doch in Kloster und Grieben, wo es genug gute dunkle Erde mit Regenwürmern und Maden gibt, könnte er schon fortkommen. W i e s e l, M a r d e r, R a t t e n, I g e l gehören auch zu den Inselbewohnern. Den Igeln kann man oft in Vollmondnächten begegnen, und wer mit ihnen umzugehen versteht, kann sie bequem aufheben, zum Entrollen bringen und bald leidlich zutraulich machen. Etwa vor 10 Jahren wurden auch F a s a n e n und R e h e auf dem Dornbusch eingeführt und losgelassen. Sie haben sich gut vermehrt. Namentlich die Fasanen, denen man an der „Vorlege" und im Walde so oft begegnet, wobei sie krächzend auffliegen.

Der Förster in Kloster schätzte im Frühjahr 1924 die Zahl der F a s a n e n auf 300 S t ü c k, die der R e h e, deren anmutige Sprünge man in der Morgenfrühe im Wald beim „Haus am Meer" und weiterhin öfter beobachten kann, auf 16 Tiere. An H a s e n nahm er etwa 350 S t ü c k an, an F ü c h s e n aber nur einen. An S c h l a n g e n habe ich in 2 Jahrzehnten keine einzige gesehen. Doch kamen Kreuzottern vor, besonders in den abgelegenen Stellen der Heide, namentlich im Frühling. B l i n d s c h l e i c h e n sind selten. Glühwürmer und die großen Wegeschnecken habe ich nie beobachtet.

In diesem Kapitel zu erwähnen bliebe noch der B e r n s t e i n, den man nach Stürmen an der Westküste auch heute noch öfter findet, doch nur selten in faustgroßen Stücken. Seinetwegen nannte K o s e g a r t e n Hiddensee in seinen Poesien auch die „B e r n s t e i n i n s e l". Zöllner (1795) erwähnt, daß Bernstein auch gegraben wurde, und Stralsunder Juden Herrn v. Giese für die Erlaubnis dazu 300 Rthlr. Pacht zahlten, auch wohl ein Stück von ¾ Pfund Gewicht fanden und dafür 100 Taler erzielten. Der Leuchtturmwärter Wenzlaff fand manchmal faustgroße Stücke. Er schnitzte u. a. auch Bernsteinporträts. 1922 fand Hr. Schliecker am Wassersaum ein großes schweres Stück beim Rettungsschuppen, das die Sucher achtlos liegen gelassen hatten. Bernstein soll das v e r s t e i n e r t e H a r z verschiedener Kiefer- und Fichtenarten aus der Eozänzeit sein.

15. Hiddensee als Vogelschutz= gebiet.

Die Naturschutzbestrebungen sind schon seit mehreren Jahrzehnten bei uns im Gange und haben bald auch zu wertvollen Erfolgen geführt. „Natur- und Heimatschutz"! ist die Losung weiter Kreise geworden. Zur Natur in diesem Sinne gehören auch Pflanzen, Tiere und Vögel, die nur zu leicht der Ausrottung durch Menschenhand verfallen, wenn ihr nicht Einhalt geboten wird. Als ein Gebiet, das dieses Schutzes besonders bedürftig und wert ist, kann Hiddensee, diese Insel voll Schönheit und voll Ursprünglichkeit, unzweifelhaft betrachtet werden. Die Naturforscher haben ihr erst ziemlich spät Beachtung geschenkt. Wohl ist B r e h m , der berühmte Schilderer allen Tierlebens, auch einmal dagewesen. Er soll auch eine Studie über die Insel niedergeschrieben haben, deren Handschrift jedoch angeblich verloren ging. Auch verschiedene bedeutende pommersche Ornithologen des vergangenen Jahrhunderts, wie E. F. v. H o m e y e r (1881), T a n c r é und Q u i s t o r p , ebenso Prof. K ö n i g (Bonn), der Besitzer des größten privaten Vogelmuseums in Deutschland, haben schon vor langer Zeit die Bedeutung Hiddensees für die Vogelwelt erkannt. Dann aber hat man sich sehr wenig weiter um Hiddensee gekümmert. Und noch im Jahre 1900 konnte Dr. Ad. H e i l b o r n in einer ethnologischen Studie im „Globus" (No. 24) schreiben, das Eiland sei „fast so unbekannt, wie die ominösen weißen Flecke auf der Karte Zentralafrikas oder Zentralasiens." Nur gewisse Vogelschießer und Eierräuber schenkten seiner Vogelwelt ein allzu großes Interesse. Bis zum Jahre 1910 fanden unbarmherzige Plünderungen der Brutvogelnester und Niederknallungen schöner, seltener Vögel statt. Zwar gab es damals bereits V o g e l - s c h u t z s t ä t t e n . Auf der Kurischen Nehrung in R o s s i t t e n war schon um das Jahr 1900 die jetzt w e l t - b e k a n n t e V o g e l w a r t e sowie ein V o g e l m u s e u m eingerichtet worden, die 1888 von dem namhaften Vogelkenner Dr. Lindner angeregt worden waren. Aber es bedurfte für Hiddensee noch erst neuer Anstöße, von denen weiter unten die Rede ist. Zwar ist die Kurische Nehrung etwa 80—90 km lang, und Hiddensee bloß 17—18, und doch war, so schrieb D r. L i n d n e r ,

„gerade diese Insel wie kaum eine andere geeignet und es wert, zur V o g e l f r e i s t ä t t e erhoben zu werden. Denn sie bietet nicht nur in ihrer günstigen geographischen Lage, sondern auch besonders durch ihre Bodenformation sozusagen einen n a t ü r l i c h e n z o o l o g i s c h e n G a r t e n en g r o s für V ö g e l : Da ist Wald und Gebüsch und

Dorndickicht für Singvögel und Höhlenbrüter; sandiger, kiesiger Strand für Strandvögel; nasses Wiesen- und Sumpfgelände für Sumpfvögel; Rohrdickicht für Rohrsänger, Tauch-, Wasser-, Rohrhühner; Süßwasserteiche für Lachmöven und Enten; Brachland, Heide und Ackerland für Lerchen, Pieper; ferner Gelände, das sich als Brutstätte für Grabgänse, Säger, Säbelschnäbler, Möven und Seeschwalben eignet; kurzum, für fast alle Vogelarten ist auf Hiddensee durch die Natur gesorgt."

Daß Hiddensee an ornithologischer Bedeutung Rossitten noch übertreffen dürfte, hat Lindner selbst wiederholt ausgesprochen. Es vereinige die Vorzüge und Eigenarten von Helgoland und Rossitten und verdiene mindestens so wie diese zur wissenschaftlichen Beobachtungsstation mit staatlicher Unterstützung ausgebaut zu werden.

Angeregt wurde der Vogelschutz für Hiddensee schon 1910 von Prof. Hübner in Stralsund und vom Landtagsabgeordneten Dr. Schepp in Berlin. Doch praktisch wirksam durchgeführt auf der Insel wurde er zum ersten Mal erst seit dem Frühling 1911 vom „Internationalen Frauenbund für Vogelschutz" zu Charlottenburg (dem späteren „Deutschen Bund für Vogelschutz", Vorsitzender H. Steinmetz) und nachher auch von zwei anderen Vereinigungen, dem Stuttgarter Bund für Vogelschutz und dem Stralsunder Ornithologischen Verein, die weiterhin näher erwähnt werden. Das Schießen, Eiersammeln u. dgl. ist verboten worden. Und Vogelwärter hatten die Schutzgebiete — die Fährinsel, den Gellen und die Halbinsel Alt-Bessin — genau zu überwachen. Der „Natur- und Heimatschutzbund Hiddensee" sollte später die Zentralstelle dieses Schutzes sein. Gegenwärtig hat auch der Staat der Sache seine Unterstützung geliehen. Sogar ein Heimats- und Vogelmuseum für Hiddensee sollte begründet werden. Durch den Krieg und die Nachkriegszeit gingen diese Bestrebungen freilich stark in die Brüche.

Das Gesamtbild des Vogellebens ist in Hiddensee in den einzelnen Monaten sehr verschieden. Man muß zwischen Brutvögeln und Durchzugsvögeln oder Gästen scharf unterscheiden. Die meisten hier nistenden See- und Strandvögel, aber auch Finken und Grünlinge, verlassen nach Vollendung des Brutgeschäfts und Aufzucht der Jungen die Insel und machen nordischen Gästen und Durchzüglern Platz. Manche Vögel fangen schon im April zu brüten an, andere erst Ende Mai oder im Juni. Nordische Durchzügler beginnen aber oft schon im Juli herzukommen. Mehr freilich wohl erst im Spätherbst. Strandvögel bleiben das ganze Jahr da, Strichvögel nur zeitweise oder als Zugvögel nur 6 bis 9 Monate. Durch die Aluminiumfußringe mit Inschriften hat man feststellen können, woher die Vögel kommen und wohin sie ziehen. Es würde viel zu weit führen, hier auf alle einzelnen Vogelarten einzugehen, die man in Hiddensee beobachtet hat. In der „Ornithologischen Monatsschrift" (Magdeburg) findet man seit 1911 ständig Berichte darüber. Doch eine Anzahl seien hier wenigstens aufgezählt.

Der Bergwald und die dornbuschreichen Uferböschungen sind Aufenthalte vieler Kleinvögel, wie Grasmücken, Würger, Braunellen, Turmfalken, Elstern, Krähen, Ringeltauben, Drosseln nisten gern in hohen Baumbeständen. Ich glaube nicht zu irren, auch einen Specht dort gesehen zu haben, der hier angeblich nicht vorkommt. Auch bei den Baumanlagen der Heiderose versammeln sich Kleinvögel in großen Scharen zur Zugzeit; ebenso im Sumpfgelände. Als nordische Wintergäste kommen Schneeammern, Bergfinken, Leimzeisige, dazu Gimpel, nordische Drosseln, auch wohl Seidenschwänze und Alpenlerchen herangezogen. Im Stranddorndickicht des Alt-Bessins nisten Säger und Grabgänse, die hier im Freien, sonst in Fuchshöhlen brüten. Auch der Steinwälzer (Arenaria interpres) hat in Hiddensee an der Südspitze und auf dem Gänsewerder genistet. Dies soll in Mitteleuropa nahezu die einzige Brutstätte dieser Vogelart sein.

An der Südspitze der Halbinsel Alt-Bessin, auf der Sandbank (Bessinsche Schaar) rasten zur Zugzeit ungeheure Scharen von Wandervögeln; bisweilen sind etwa 1 000 Enten oder 500 Graugänse da beobachtet worden. Ferner Strandläufer, Wasserläufer, Uferläufer, Limosen, Brechpfeifer, Sandregenpfeifer und Scharen fliegender Lach- und Sturmmöven.

An der sumpfigen Boddenseite leben Kiebitze, Rotschenkel und Uferläufer, Wiesenpieper, Kuhstelzen, auch wohl Wasserhühner und Rohrhühnchen. Den Weststrand bevorzugt der Sandregenpfeifer. Beim Dunt trifft man Rotschenkel und Kampfläufer, Alpenstrandläufer, Austernfischer und Lachmöven; auf der Fährinsel auch Brutstätten der Zwergseeschwalbe, der Flußseeschwalbe, Austernfischer usw.

Auf dem Gellen hat man auch gelegentlich Seeadler am Erdboden nisten sehen. Sehr reich ist er an Vögeln nicht. Umsomehr aber die kleine Insel „Gänsewerder" an seiner Ostseite. Hier nistet der schwarzweiße Säbelschnäbler mit dem säbelartig nach oben gebogenen Schnabel, der Steinwälzer, wie schon erwähnt, die Flußseeschwalbe, der Rotschenkel, Austernfischer und viele andere. Zur Vogelzugzeit rasten östlich auf den Sandbänken am Gellen große Scharen wilder Gänse, Tausende von Strandläufern, Wasserläufern, Enten, Fischreiher, auch Sanderlinge, Regenpfeifer, Steinwälzer usw. Schon beim Vorüberfahren mit dem Dampfer erblickt man hier oft Hunderte von wilden Schwänen, die sich dauernd aufhalten, jedoch ohne zu brüten. Auch Raubseeschwalben, eine große, mövenartige Seeschwalbenart, die sonst nur in Sylt vorkommt, wurden hier beobachtet. Dr. Lindner, Verfasser eines „Ornithologischen Vademecums" für Exkursionen (Neudamm, 1906), hatte von 1911 bis 1916 **auf Hiddensee im Ganzen 207 verschiedene** Vogelarten festgestellt, davon 79 als Brutvögel. (Vgl. seinen Aufsatz „Die ornithologische Bedeutung Hiddensees" in der Zeitschrift „Die Naturwissenschaften" 1916, Heft 16.)

Zu erwähnen wäre noch, daß für das geplante Museum schon viele ausgestopfte Vögel bereit gestellt sind und daß der frühere Leuchtturmwärter Wenzlaff (†) in Plogshagen auch eine sehenswerte Vogelsammlung angelegt hat.

Für das Natur- und Heimatsmuseum ist auch schon ein Herbarium gestiftet worden, das 175 Pflanzenarten enthalten und vom Pflanzenkenner Dr. Hoepel (Oberpfarrer in Magdeburg) herrühren soll. Es bleibt nur zu wünschen, daß diese Natur- und Heimatschutzbestrebungen weiter ausgebaut werden und daß die sich ihnen widmenden Vereine durch neue Mitgliedschaften und Beiträge reichlich unterstützt werden, zumal da der Staat wegen Mangels an Mitteln auch nicht viel tun kann.

Ueber die Entstehung des Vogelschutzes in Hiddensee und seinen gegenwärtigen Stand sind im Nachstehenden noch weitere Einzelheiten zu finden.

Im „Berliner Lokalanzeiger" erschien am 26. Juli 1910 ein Aufsatz „Eine Vogelschutzstätte an der Ostsee" vom Landtagsabgeordneten Dr. F. Schepp (Berlin). Er berichtete darin von einem Ausflug des Pommerschen Vereins für Geflügelzucht und Ornithologie unter Führung seines Obmanns Prof. Hübner (Stralsund) nach Hiddensee, wobei der Gedanke erörtert und der Entschluß gefaßt wurde, dies schöne Eiland wegen seines Vogelreichtums als „Naturschutzstätte" in Aussicht zu nehmen. Insbesondere der Gellen, die Fährinsel und die Halbinsel Alt-Bessin sowie der Wald auf dem Dornbuschbergland, so hieß es weiter, wären dazu geeignet. Ein Verbot des Abschießens und Eiersuchens müßte zuerst erfolgen und die Anstellung von Vögelwärtern eingeführt werden. Aehnliche Anregungen sind auch von anderer Seite ausgegangen. Der Herausgeber der „Natururkunden" (Berlin 1908), Georg E. F. Schulz (Friedenau) richtete im August 1910 an das Kloster zum Heiligen Geist (Stralsund), als Hauptbesitzer der Insel, ein Gesuch, in dem er um Aufstellung von Warnungstafeln vor dem Raub von Eiern und Jungen und vor dem Niederschießen von Vögeln auf der Fähr-

insel bat. Die Erfüllung dieser Bitte war der vorbereitende e r s t e
S c h r i t t zu einem tatsächlichen wirksamen Vogelschutz auf der Insel
Hiddensee, der nun bald folgte. Der rührige Vorsitzende des „I n t e r -
n a t i o n a l e n F r a u e n b u n d e s f ü r V o g e l s c h u t z" (später
„Deutscher Bund f. Vogelschutz"), Lehrer H. S t e i n m e t z zu Charlottenburg, Tegeler Weg 13, bot im Sommer und erneut im November 1910
dem damals schwer erkrankten Vorsitzenden des Ornithologischen Vereins
zu Stralsund die Hilfe des Frauenbundes an, falls der Stralsunder Verein
beabsichtige, die Insel unter Schutz zu stellen. Da an eine Wiederher-
stellung des Erkrankten vor Ostern, wie es hieß, nicht zu denken war, so
nahm der „Internationale Frauenbund" die Sache selbständig und allein
in die Hand und begann zuerst praktisch dafür zu sorgen, daß schon zu
Ostern 1911, bei Beginn des Brutgeschäfts, g e n ü g e n d e r u n d w i r k -
s a m e r V o g e l s c h u t z in Hiddensee vorhanden war.

Noch im Jahre 1910 war von den Badegästen auf der vogelreichen
Fährinsel böse gehaust worden. Alte Vögel wurden wahllos herunter
geknallt, Junge und Eier wurden fortgeschleppt und die Nester oft
vernichtet.

Der Frauenbund schloß nun V e r t r ä g e mit den Hiddenseer Jagdpächtern ab, daß die Jagd auf der ganzen Insel mit Zubehör vom 1. März
bis 15. August völlig ruhen sollte und niemand Erlaubnis zum Schießen
und Eiersammeln erhalten dürfe. Ein V o g e l w ä r t e r wurde angestellt
und W a r n u n g s t a f e l n wurden aufgehängt. Ein Wärterblockhaus im
Süden auf dem Gellen wurde vorbereitet usw.

Nun entstand jedoch ein Wettbewerb anderer Vogelschutzvereine. Das
Inselgebiet wurde a n d r e i V e r e i n e v e r t e i l t, blieb jedoch 1912
noch in der Hand des Frauenbundes. 1913 aber fand eine neue Verteilung
statt, sodaß die F ä h r i n s e l Schutzgebiet des S t r a l s u n d e r
O r n i t h o l o g i s c h e n Vereins wurde, die Halbinsel Alt-Bessin dem
Charlottenburger Bund überlassen blieb, der Süden, der G e l l e n, aber
dem mitgliederreichen S t u t t g a r t e r „B u n d f ü r V o g e l s c h u t z"
zufiel (über 40 000 Mitglieder).

Um die entstandenen Reibungen der drei Vereine aus der Welt zu
schaffen, wurde der „N a t u r - u n d H e i m a t s c h u t z b u n d H i d -
d e n s e e" (1913) gegründet, in der Voraussetzung, daß der Vogelschutz
am besten in der Hand der Einheimischen am Ort und Stelle gedeihen
würde und einheitlich gestaltet werden müsse. Und daß der Heimatschutzbund vermittelnd als Z e n t r a l i n s t a n z für alle drei Vereine
wirken sollte. Dieser Bund, der zunächst als Ortsgruppe des
Charlottenburger Frauenbundes gegründet war, sollte diese Bezeichnung
ablegen und, wie gesagt, zur selbständigen Zentralstelle mit Vertretern
aller 3 Vereine umgebildet werden. Er sollte sich nicht bloß den Vogelschutz, sondern den Schutz aller Naturschönheiten und Naturseltenheiten
auf der Insel, die Wahrung ihrer Eigenart auch bei den Bauten, ihrer
Pflanzenwelt usw. zur Aufgabe stellen. Ein I n s e l m u s e u m war auch
geplant.

Die Einigungsverhandlungen stießen aber auf mancherlei Widerspruch
und scheinen noch nicht beendet zu sein.

Zu Anfang des Krieges, als der Fremdenbesuch nachließ, gedieh der
Vogelschutz recht gut. Später gebrach es den Vereinen an Geldmitteln,
es fehlte die strenge Aufsicht, der Vogelschutz ging wieder stark in die
Brüche. Die Geldentwertung im Herbst 1923 brachte die größten Nöte
mit sich. Der Charlottenburger D e u t s c h e B u n d f ü r V o g e l -
s c h u t z (früher „Internationaler Frauenbund", h a t s i c h a u f l ö s e n
m ü s s e n. Die Hoffnung auf ein Wiederaufleben ist aber vielleicht nicht
unbegründet. Die beiden anderen Verbände bestehen noch.

Der 1898 gegründete S t u t t g a r t e r B u n d f ü r V o g e l s c h u t z
e. V. (Geschäftsführer: Ing. Herm. H ä h n l e, G i e n g e n an der Brenz)
hat für 1924 3 Vogelwärter auf Hiddensee in Tätigkeit gestellt und seine
Stuttgarter Geschäftsstelle nach G i e n g e n verlegt. Die seinem Gebiet,
dem G e l l e n, östlich vorgelagerte sehr vogelreiche Insel „D e r G ä n s e -
w e r d e r" (etwa 250 m lang), bisweilen durch Waten zu erreichen, ist
neuerdings zum staatlichen Naturschutzgebiet durch Ministerialverordnung

erklärt worden. Der Besuch der **Vogelwarte Hiddensee-Süd** ist nur mit E r l a u b n i s s c h e i n vom Vorsitzenden des Ornithologischen Vereins in Stralsund, Prof. E. H ü b n e r's (Verfasser der „A v i f a u n a von Vorpommern und Rügen", Leipzig 1908), Mönchenhof Nr. 10 und nach vorheriger Meldung beim Vogelwart in Neuendorf a. H. gestattet. Dieser S t r a l s u n d e r V e r e i n übt den Schutz der See- und Strandvögel im Bereich der Vogelwarte Hiddensee-Süd fortlaufend mit dem Stuttgarter Bund zusammen aus. Die Ministerialverordnung ist auf beider Antrag erfolgt. Die **Stralsunder Regierung** nimmt an der Durchführung des Vogelschutzes auf Hiddensee unterstützend teil. Auch die S ü d s p i t z e des Gellens, angeblich sogar ganz Hiddensee, ist neuerdings s t a a t l i c h e s N a t u r s c h u t z g e b i e t geworden. Der Staat will auch seinerseits für die Durchführung des Schutzes sorgen. Der in Vitte neu eingestellte **Landjäger** soll an dem **Ueberwachungsdienst** teilnehmen.

Wegen der in der Kriegs- und Nachkriegszeit fast eingeschlafenen Tätigkeit der Vereine hatte der Eierraub übrigens wieder stark zugenommen.

Der „**Natur- und Heimatschutzbund Hiddensee" gedenkt,** wie ich höre, auch wieder aufzuleben.

Berichte über den Vogelschutz in H i d d e n s e e waren seit 1911 fortlaufend in der „O r n i t h o l o g i s c h e n M o n a t s s c h r i f t" (Magdeburg, Creutz'sche Verlagsbuchhandlung) und in den J a h r e s b e r i c h t e n d e r V e r e i n e u. V e r b ä n d e erschienen. Deren Vertreter fochten auch in dieser Zeitschrift ihre Meinungsverschiedenheiten und Prioritätsstreitigkeiten aus. Etwa s e i t 1 9 1 6 h ö r t e n aber, vermutlich wegen Mangels an Mitteln, die J a h r e s b e r i c h t e a u f.

In der Monatsschrift erschienen häufig Schilderungen und Aufsätze über die Ausflüge zu Vogelschutzbeobachtungen und die Zahl der Brutstätten aus der Feder des dem Charlottenburger Deutschen Bund für Vogelschutz nahestehenden, sehr kenntnisreichen Ornithologen Dr F r. Lindner (Oberpastor in Quedlinburg), des Bundesvorsitzenden S t e i n m e t z, des Prof. H ü b n e r-Stralsund, des Lehrers B e r g in Kloster (Schriftführer des Naturschutzbundes Hiddensee) u. a.

Dieser Naturschutzbund gab auch S o n d e r s c h r i f t e n heraus z. B. Heft 2 (1914) über die „Sturmfluten" und die Gellenkirche (von Lic. P a s t o r G u s t a v s), Heft 3 (1915) über die „M ö v e n p l a g e" von Dr. L i n d n e r (†).

Vom S t u t t g a r t e r B u n d erschien 1915 ein Büchlein: „B i l d e v o n u n s e r e m S c h u t z g e b i e t H i d d e n s o e", mit schönen farbigen Abbildungen aus dem Vogelleben, einem Jahresbericht aus der Monatsschrift von Prof. Hübner und einem Aufsatz „Die Vogelschutzstätte Hiddensoe" von Dr. Alwin V o i g t (Lpz.), Sonderdruck aus den „Blättern für Naturschutz- und Heimatpflege" 1916 (Berlin S. 61).

Nicht unerwähnt soll hier übrigens die Schrift „N a t u r d e n k m ä l e r u. N a t u r s c h u t z a u f H i d d e n s e e" von Prof. Hübner bleiben: Abdruck eines früher gehaltenen Vortrags; im Druck erschienen etwa Anfang 1911, mit der Anregung, auf Hiddensee für den Vogelschutz eine allgemeine V o g e l f r e i s t ä t t e zu schaffen und Eiersuche, Fang und Jagd ganz zu verbieten, unter Mitwirkung der Regierung. (Aus den Verhandlungen des ornithologischen Vereins zu Stralsund. Ohne Jahreszahl).

In dem neuen Buche von P. F. W e c k m a n n - W i t t e n b u r g : „O r n i t h o l o g i s c h - p h o t o g r a p h i s c h e N a t u r s t u d i e n" (mit 78 Abbildungen), (Bielefeld u. Lpz. 1922) sind auch 60 Seiten der Insel Hiddensee gewidmet.

Ueber V o g e l s c h u t z i m A l l g e m e i n e n handelt das schon in 10. Auflage in Neudamm 1923 erschiene wertvolle Buch von H a n s F r h. v. B e r l e p s c h, Dr. phil. h. c. (1. Aufl. 1899; 10. Aufl. 1923). Ebenso hat das Buch „V o g e l l e b e n und V o g e l s c h u t z" von O. v. R i e s e n t h a l, (Neudamm, 3. Aufl. 1923). Beide mit Bildern.

In der Zeitschrift „Unser Pommerland" (Sonderheft Hiddensee, 1921, Nr. 6) findet sich eine muntere Schilderung: „In den Vogelschutzgebieten von Hiddensee im Sommer 1920" von E r n s t G a r d u h n (Stettin), mit **einigen Abbildungen.**

Für Vogelfreunde dürften noch 2 Bücher von Reiz sein: Prof. V. Voigt's „Exkursionsbuch zum Studium der Vogelstimmen" und Cornel Schmitt u. Hans Stadler s Werk: „Die Vogelsprache, Anleitung zu ihrer Erkennung und Erforschung". (Stuttgart 1919). Mit Notenschriftbeispielen.

---

16. Hiddensee's Geschichte.

A. Hiddensee vor der Klostergründung (bis 1296).

Erst zur Zeit der Völkerwanderung, vielleicht im 5.—7. Jahrhundert n. Chr., so nimmt man an, rückten slawische Stämme in die Gebiete der jetzigen deutschen Ostseeländer, auch in das Inselgebiet Rügens. Sichere Nachrichten über den Zeitpunkt fehlen, und daher ist dem Streit der Meinungen hier viel Spielraum gegeben. Doch im achten Jahrhundert, zur Zeit Karls des Großen, sind die Ostseeländer bereits slawisch geworden. Die Bewohner Rügens waren Wenden. Daß vorher, etwa um Christi Geburt und mehrere hundert Jahre nachher deutsche Stämme hier gewohnt hatten, wird von namhaften Forschern nicht bezweifelt. Tacitus tut bekanntlich der germanischen Rugier Erwähnung, die anscheinend irgendwo hier auf dem pommerschen Festlande gewohnt haben. Aber ob sie Rügen selbst besetzt hielten und ihm den Namen gaben, das gilt für dunkel. Im 5. Jahrhundert wird im Gefolge der Hunnen ein Volk der Rugier erwähnt, zeitweilig an der Donau sitzend und dann mit Odoaker das Weströmische Reich über den Haufen rennend. Es könnten dieselben Rugier sein, die zu Tacitus' Zeit an der Ostsee saßen.

Rügen aber war nun von slawischen Wenden (Vénedi) bewohnt, wie die Deutschen diesen Volksstamm nannten. Ob der Name der Insel Rügen deutscher Herkunft ist und die Wenden ihn bloß übernahmen, das kann schwer ausgemacht werden. Der angesehene Geschichtsforscher Fock meint, der Name Ruga oder Rugia für Rügen habe wahrscheinlich schon im ersten Jahrhundert nach Christo bestanden. Die Wenden, die Rügen besetzten, wurden im 12. Jahrhundert Ranen oder Rjanen, auch Rojaner, Rujaner usw. genannt. Der Inselname wird in sehr verschiedenen Formen überliefert: Rugia, Rugania; in dänischen und rügischen Urkunden Roe, Roia, Ruia, Rue, Ruie; die Einwohner Ryenzer, Roiani, Ruiani, Ruani, Rani. Auch Runen, Riemen, Rivaner usw. kommt vor.

Das Volk Rügens wird als grausam, seeräuberisch, „mordisch und zenkisch" bezeichnet. „Omnes insulani mali", meint der Pommernchronist Kanzow († 1542) dabei.

Auch in Hiddensee hat dies heidnische Wendenvolk gelebt. Die slawischen Ortsnamen schon deuten darauf hin. Ebenso mancherlei Gräberfunde. Aus noch früherer vorgeschichtlicher Zeit allerdings weiß man nichts Bestimmtes. Doch Feuersteinwerkzeuge, Pfeilspitzen, Beile u. dgl., selbst Urnenscherben und Bernsteinarbeiten sind auch in Hiddensee zahlreich gefunden worden. Auf den Höhen sind ganze Feuerstein-Werkstätten aus der Steinzeit gewesen.

Die Ranen unternahmen oft ihre gefürchteten Raubzüge, besonders gegen die Dänen. Diese haben sich unter dem König Waldemar und seinem Feldherrn Bischof Absalon von Roeskilde, nachdem sie Hiddensee wiederholt zum Stützpunkt gewählt hatten, schließlich im Jahre 1168 mit der Eroberung der Veste Arkona und der Verbrennung des Slawengötzen Swantewit die Wenden Rügens unterworfen und sie gewaltsam dem Christentum zugeführt.

Der Name Swantewit oder Swantivit ist auch verschieden gedeutet worden; einmal als Swanti = heilig (slawisch) und Vit (St. Veit), da der heilige Veit aus Corwey früher einmal die Wenden zeitweilig bekehrt haben soll und sie seinen Namen angeblich auf ihren Götzen übertrugen. Aber der Stamm Vit bedeutet andererseits auch soviel wie Held (im Russischen heute noch Witjäs = Held); also Swanti-Vit = Heiliger Held.

(1168—1325, dänische Oberhoheit.)

Von **1168 bis 1325** standen die Rügenschen Fürsten **unter dänischer Oberhoheit** und Lehnsherrlichkeit; nach päpstlicher Genehmigung auch in kirchlicher Hinsicht, und hierin noch viel länger. Der Rügensche Fürst Jaromar I. († 1218) begünstigte Christentum und Kirchengründungen und rief seit 1190, da Rügen verödet war und viele Wenden mißvergnügt das Land verlassen hatten, deutsche Ansiedler herbei zur Kolonisation. Insbesondere belehnte er deutsche Ritter aus Sachsen und Lüneburg mit den verlassenen Ländereien und Ortschaften, bevorzugte sie durch hohe Aemter und ersetzte wendische durch sächsische Sitten und Rechtssatzungen. Auch in Hiddensee wurden, wie es scheint, viele Besitzrechte an Fremde verliehen, besonders an deutsche Ritter. Die Wenden im Rügenschen, teils selbst auswandernd, teils verdrängt, teils sich vermischend, wurden in etwa zwei Jahrhunderten so völlig germanisiert, daß um 1404 die letzte Person, die noch Wendisch konnte, begraben wurde, eine alte Frau. Fürst Jaromar I.

von Rügen hatte 1209 Stralsund gegründet, welches 1234 durch Verleihung des Lübischen Rechts zur Stadt erhoben wurde. Die Handelsschiffahrt nach Norden belebte sich. Bei H i d d e n s e e s Dornbusch ankerten oft große englische Schiffe. Der in Hiddensee trotz wiederholter Verbote immer noch übliche Strandraub scheint aber der Schiffahrt sehr störend gewesen zu sein, zumal da die Westküste der Insel durch ihre vielen Schiffbrüche berüchtigt war. Vermutlich war dies mit ein Grund dafür, daß F ü r s t W i z l a w II. (1282—1303) sich geneigt zeigte, durch Gründung eines Klosters auf Hiddensee die Einwohner zu christlicheren Sitten zu erziehen, wie er ja in seinem Testament selbst seine leibeigenen Sklaven freigab.

B. Hiddensee während der Klosterzeit (1296—1536).

Auf Anraten des Abtes Arnold vom Zisterzienser-Kloster Neuenkamp (jetzt Franzburg, unweit Stralsunds) schenkte F ü r s t W i z l a w II. v o n R ü g e n im Jahre 1296 d i e g a n z e I n s e l H i d d e n s e e dem Zisterzienserorden, um dort eine K l o s t e r - A b t e i anzulegen, die dem h e i l i g e n N i k o l a u s, d e m S c h u t z p a t r o n d e r S c h i f f e r u n d K a u f l e u t e geweiht werden sollte (Lateinisch: Abbatia oder Monasterium Sancti Nicolai in Hyddense.)

Die **Schenkungsurkunde** ist aus Neuenkamp (Novo Campo) vom **13. April 1296** datiert. Das Original befindet sich im Stettiner Provinzialarchiv, wo auch noch drei Original-Transsumpte (beglaubigte Abschriften) von 1377, 1388 und 1389 vorhanden sind. Eine zweite Ausfertigung auf Pergament und eine gewöhnliche Abschrift sind ferner in der Stralsunder Ratsbibliothek in der Mohnkeschen Sammlung zu finden. Auch das Barther Archiv hat eine Abschrift und die Hiddenseer Matrikel ein Transsumpt von 1347 (Fabricius). Die lateinische Urkunde beginnt so:

„Wizlaus, des Herrn Jaromar (II.) Sohn, von Gottes Gnaden Fürst der Ruyaner (wünscht) allen Gläubigen in Christo (Heil) in Ewigkeit (Wizlaus, domini Jaromari filius, princeps Ruyanorum etc.). Wir wollen hierdurch den jetzt und später lebenden Menschen bekannt machen, daß wir . . . . in der Hoffnung, für uns und unsere Ahnen Gnade bei Gott zu erlangen, G o t t u n d d e r h e i l i g e n J u n g f r a u M a r i a u n d d e m g e s a m t e n C i s t e r c i e n s e r o r d e n und insbesondere dem ehrwürdigen Herrn A r n o l d, Abt des Klosters Neuenkamp, und d e m g a n z e n C i s t e r c i e n s e r o r d e n d i e g a n z e I n s e l **Hyddense** g e s c h e n k t h a b e n, mit dem Vollbesitz dieser Insel (donavimus deo et beate virgini Marie universoque ordini Cysterciensi . . . . totam i n s u l a m **Hyddense** cum integra proprietate eiusdem insule), so wie sie von allen Seiten vom Salzmeer umschlossen wird, damit sie auf der Insel selbst eine **Abtei** (abbatiam) des genannten Cistercienser-Ordens erbauen, welche **Abtei des Heil. Nikolaus** genannt werden und auf ewig dem Kloster Neuenkamp gemäß den Einrichtungen des Cistercienserordens untergeben sein soll . . . ." — Weiter wird den Ordensbrüdern und dem Abt in dieser Urkunde ausdrücklich das volle Besitzrecht an der Insel, an der Fischerei im Bodden (zwischen Hiddensee und „Rugen") und die volle Gerichtsbarkeit verliehen, außerdem aber das Dorf Tzarrencin geschenkt und die ganze Insel Cingst für 2000 Mark-Pfennige verkauft, vorbehaltlich der Jagd.

Der wohl schon längst in dieser Form übliche und so gesprochene Name **„Hyddense"** kommt 7 mal in der Urkunde vor.

Der Bischof Johann von Roeskilde, der die kirchliche Herrschaft über Rügen besaß, genehmigte die Stiftung in einer lateinischen Urkunde, datiert „XI. Kal. Juli 1296". Er als Däne schreibt natürlich ebenso wie Saxo Grammaticus: „insula que dicitur Hithinsö".

Fürst Wizlaw hatte zwar die ganze Insel verschenkt, doch hatte er dabei zum Teil in ältere, schon vergebene und noch bestehende Besitzrechte eingegriffen. Denn es erfolgten Einsprüche, die aber mit Geld oder durch Vergleich abgefunden wurden. Der Schaproder Burgherr und dänische Ritter Andreas Erlandson (auch Oerlandson genannt), mit dem Rügenschen Fürstenhause verwandt, hatte die Hälfte Hiddensees besessen. Seine Witwe Ingefrid focht für ihren minderjährigen Sohn Andreas die Schenkung an und bedang sich bei der Abfindung u. a. aus, nach wie vor in den Waldungen Hiddensees ihren Holzbedarf decken und die Schweine dahin zur Eichelmast schicken zu dürfen.

Ebenso erhob der Vogt der Insel, Detlev (Detlow), der bisherige landesfürstliche Gerichtsherr und Verwaltungsbeamte der Insel, Einspruch, weil er alte Besitzrechte am Orte Grieben zu haben behauptete. Verschiedene deutsche Ritter vermittelten schließlich einen Vergleich.

Auch die Schenkung von Zingst und Tzarrencin wurde von deutschen Rittern angefochten.

Hiddensee scheint jedenfalls schon eine ganze Weile vorher von mancherlei deutschen Herren in Anspruch genommen gewesen zu sein. Der junge Erlandson war gewiß auch von deutschen Kolonisten umgeben. Schon vor der Klostergründung waren die Einwohner wahrscheinlich im Wesentlichen germanisiert. Wackenroder bemerkt zu einem Zeitraum zwischen 1252 und 1287:

„Es ist wohl glaublich, daß zu dieser Zeit nirgends mehr in Rügen in der Wendischen Sprache ist gepredigt worden, weil die von Adel mit ihren Untertanen Niedersächsisch redeten."

Die Insel Hiddensee hat sicherlich schon vor der Zeit der Wenden unter den Germanen einen Namen gehabt und ebenso vor dieser neuen Besitzergreifung durch Germanen. Unter den Wenden, so lesen wir bei Schwartz, (1734) und auch bei Grümbke (1819) soll sie „Hadoscha" geheißen haben. Das würde wohl eine Uebersetzung des Wortes

Hütte sein. (Im Russischen heißt Hütte: Chata; Hüttlein: Chatotschka). Weniger sicher ist nach Schwartz der angeblich ebenfalls slawische Name H i t t h i m. Die Dänen haben das Eiland natürlich auf ihre Weise benannt und das Wort ö = Insel angehängt. Saxo Grammaticus (1150—1216) läßt sie sagenhaft als Insel eines Königs Hithin (Hithinsö) erscheinen. Aber das ist natürlich nicht der alte Name der Insel, sondern damals eben sagenhaft ausgesponnen.

Der K l o s t e r b a u war anscheinend schon 1297 oder 1298 vollendet. Der Roeskilder Bischof Stigor weihte den Bau ein. A u ß e r d e m **Abt** b e h e r b e r g t e d a s K l o s t e r **mehr als 30 Mönche**, wie uns Wackenroder mitteilt. Anfangs sollen es mit dem Abt nur 12 gewesen sein.

Gleichzeitig mit dieser Abtei und der Kloster- kapelle wurde a u f d e m G e l l e n e i n e K i r c h e gebaut und auch dem H e i l. N i k o l a u s geweiht. Als diese auch die allgemeine Seelsorge übernahm und Gemeinde- kirche wurde, erhob diesmal der Pleban W u l f a r d v o n S c h a p r o d e symbolisch nach römischer Rechtssitte Einspruch gegen den Neubau, indem er ein Steinchen hineinwerfen ließ, weil bisher die Seelsorge für ganz Hiddensee seiner Parochialkirche unterstanden hatte. Auch er wurde mit einer Rente abgefunden.

1306 errichtete das Kloster zusammen mit der Stadt Stralsund ein L e u c h t f e u e r (lucerna) auf der Süd- spitze des Gellens, das vom 8. September bis zum 1. Mai brennen mußte. Ein B o l l w e r k, wohl auch ein Hafen und ein „Elendenhaus" (Herberge und Krankenhaus) wurden dort ebenfalls erbaut.

Etwa um 1309 litt das etwas zu nah ans Wasser gebaute Kloster sehr unter einer gewaltigen Sturmflut. Denn seine Südmauer ging fast bis an den „Schilfweg" von heute (beim Hotel Hitthim). 1872 stand, wie wir wissen, das Wasser ja bis über das Klostertor hinaus, das weit höher liegt. Der Platz war sonst gut gewählt. An- scheinend war vorher keine Ortschaft hier gewesen.

Mit Wizlaw III., dem Minnesänger, dem Nachfolger Wizlaws II., starb im Jahre 1325 das Geschlecht der einheimischen, ursprünglich wendischen Fürsten von Rügen aus.

1325—1637, Zeit der Pommernherzöge.

Rügen und Hiddensee k a m e n j e t z t, gemäß einem abgeschlossenen Erbvertrage, an das Haus der **Herzöge von Pommern-Wolgast,** und blieben unter dieser Herr- schaft **von 1325 bis 1637,** bis zum Aussterben der Pom- mernherzöge; nicht ohne manche Versuche der Dänen, die alte Landesoberhoheit zu behaupten. Erst 1438 ver- zichteten sie darauf.

Aus der **Hiddenseer Klosterzeit** seien noch einige Tatsachen hier angeführt. Die Nikolausabtei und die Insel genossen vielerlei Vorrechte, z. B. Steuerfreiheit. Die Stadt S t r a l s u n d gestattete ferner dem Abte, dort ein Haus zu kaufen (Mühlenstr. Nr. 15); es war der sog. H i d d e n s e e i s c h e   H o f, ein Absteigequartier für die Klosterleute.

1338 überließen die Herren von Putbus dem Klosterkonvent die K r u g w i r t s c h a f t   i n   H i d d e n s e e, die von den einkehrenden Heringsfischern besucht wurde. Strandgüter bergen durften seit 1339 nur noch die Mönche allein, da die Hiddenseer immer noch gerne den Strandraub ausübten.

Die Mönche legten ferner eine W a s s e r m ü h l e an. Der „Mühlbach" besteht noch heute. Dieser Mühlbach oder Mühlgraben kam aus dem Teiche des heutigen Pfarrgartens geflossen und wurde erst 1912 bei dem Teil westlich des Dornbuschhotels mit Erde überschüttet, der übrige Teil ist noch zu sehen. Vermutlich ist dieser Mühlbach der Abfluß von oberhalb angelegten Fischteichen gewesen.

Seit 1386 wurde die Seelsorge für die ganze Insel in der K a p e l l e   v o r   d e m   K l o s t e r t o r abgehalten, die im 16. Jahrhundert „B a u r k i r c h e" hieß, wohl zum Unterschied von der Klosterkapelle in der Abtei. Ganz klar sind diese Ueberlieferungen aber nicht. 1389 brannte ein Teil des Klosters mit der Klosterkapelle nieder, wurde aber wieder aufgebaut, und die neue Kirche wurde 1410 eingeweiht. 1410 bestätigte Kaiser Sigismund auch die Klosterrechte. Wegen der Herings-Fischerei gab es mehrfach Streit mit den Stralsundern.

Das H i d d e n s e e r   K l o s t e r hatte **viele Güter** und zinspflichtige Besitzungen, meist in der Umgegend auf Rügen. Ihre Zahl stieg e t w a   b i s   a u f **65**. Es war eines der reichsten im Lande. Zur Stiftung der Universität G r e i f s w a l d gab es nicht geringe Summen her. Trotzdem geriet das Kloster zeitweilig auch in wirtschaftliche Nöte und verkaufte oder verpfändete dann mancherlei Besitzungen und Renten.

Der A b t   v o n   H i d d e n s e e erhielt auch den Rang eines P r ä l a t e n mit dem Vorrecht, den B i s c h o f s s t a b tragen zu dürfen: er nahm an den L a n d t a g e n teil und wurde im Jahre 1400 einmal vom Papst zum S c h i e d s r i c h t e r im Streite einiger Weltlichen auf Rügen ernannt. Auch des Ehrenzeichens der G o l d e n e n R o s e, früher vom Papst nur hohen Häuptern verliehen, wurde die Hiddenseer Nikolaus-Abtei teilhaftig. Dies Kloster des Eilands, das mit Rügen Dänischer Lehnsoberhoheit unterworfen war, unterstand erst dem B i s c h o f z u R o e s k i l d e (in Seeland). Nächst diesem Bischofe hatte aber auch der Abt von Hiddensee die Inspektion über die Rügensche Geistlichkeit. Er fühlte sich wohl auf der Insel und hatte hier gute Verbindungen überall hin. Als Rügen und Hiddensee pommerisch geworden, ja noch später, etwa seit 1430, nachdem der Kaiser die Klosterrechte bestätigt hatte, wurde die Nikolaus-Abtei dem B i s c h o f v o n C a m m i n unterstellt. Das Kloster Neuenkamp scheint indessen eine Art Patronat über Hiddensee besessen zu haben und pflegte seine Verträge erst zu genehmigen.

Nur sehr wenig wissen wir von dem M ö n c h s l e b e n a u f d e r I n s e l. Einmal wurde ein Mönch, namens Heinrich, der entlaufen war, eingesperrt. Auch der Prokurator des Klosterbaus (1297) hieß so. Bisweilen (1345) wurden auch Mönche des Festlands zur Strafe nach dem fernen Hiddensee versetzt. Manche Hiddenseer Mönche studierten in Greifswald und Rostock.

Der Reichtum des Klosters scheint aber auch zur Ueppigkeit geführt zu haben. Aus dem Jahre 1414 meldet ein Rügenscher Chronist:

„Es wurden zwar die Kirchen besser und ansehnlicher aufgeführet. Allein man klagte über des Cleri Geitz, Faulheit und Wollust; absonderlich, da die B u c h d r u c k e r e y erfunden, hatten d i e M ö n c h e um so weniger zu tun, als die sonsten im K l o s t e r H i d d e n s e e bishero gewohnet waren, auf Pergamenen die Patres (Kirchenväter) abzuschreiben und die alten Musicalischen Concerten und Lateinischen Kirchgesänge und Noten zu bezeichnen."

Es wurde den Rügenschen Mönchen von oben auch nahe gelegt, „den sehr einreißenden Concubinatum" zu meiden, „des Schmausens, der Trunkenheit und der üppigen Tänze auf den Gilden", der „Gemeinschaft mit Weibern" und „der Karten und des Brettspiels" sich zu enthalten. Das wird alles auch für Hiddensee gegolten haben.

Die Tage der Nikolausabtei waren nun aber bald gezählt. Im Jahre 1527, also ein Jahrzehnt nach Luthers Thesen zu Wittenberg, bestätigten die Pommernherzöge Georg I. und Barnim IX. dem Kloster zwar noch einmal seine Rechte und Besitztümer. Aber bald gingen auch sie zur Reformation über und begannen alle Klöster aufzuheben, ihre Besitztümer einzuziehen und lutherische Prediger anzustellen. Auch „d i e R e v e n ü e n d e s K l o s t e r s z u H i d d e n s e e s a m t d e m L ä n d l e i n n a h m d e r H e r t z o g z u s i c h". Das war im Jahre 1534. Und 1536 wurde das Kloster **nach 240-jährigem Bestehen** endgültig aufgelöst. Der letzte A b t G e o r g (J ü r g e n) V i l t e r (1529—36; † 1560 in Stralsund) und

137

ein Prior Matthias mußten 1536 am Sonntag nach St. Gallus die Abtei mit allem Zubehör an die herzoglichen Kommissare abliefern und die Insel verlassen. Das war bitter und schmerzlich! Die Mönche dagegen gingen teils in die Welt, wie es heißt, in das dänische Kloster zu Roeskilde, teils zerstreuten sie sich über das Eiland. Einzelne traten auch zur lutherischen Lehre über und wurden Prediger. Aber „etliche haben im Lande lange Jahre herumgebettelt und einen so lieben Ort nicht quittieren wollen". Es ist rührend, so was zu lesen. Auch den Mönchen hatte das süße Ländchen es offenbar angetan!

Die Lage des Klosters, das später zerstört wurde, war etwa folgende. Vom mittleren Torbogen (Südseite) des erhaltenen westlichen Klostertors ging die äußere Klostermauer noch etwa 24½ m südlich nach dem Wasser zu und bog dann rechtwinklig nach Osten um. Diese Südfront hatte eine Länge von etwa 140 m; die letzten 50 m machten jedoch, ungefähr bei dem alten Hollunderbaum, eine ganz geringe Schwenkung (etwa 12—15°) nördlich. Dann bogen die Mauern wieder rechtwinklig um, nach Norden (an dieser Ecke etwa 20 m vom Wasser), und liefen so ungefähr auf die Mitte des heutigen Gutshauses. Die erhaltene Westmauer (mit dem Tor) ist etwa 95 m lang. Bei der begründeten Annahme, daß diese 95 und 140 m ungefähr die Seiten eines Rechtecks darstellten, hätte der ummauerte **Klosterbau** also rund **13 300 Quadratmeter** oder **etwa 5 Morgen Grundfläche** gehabt. Die wesentlichen Südmauer-Fundamente sind durch Ausgrabungen des Berliner Redakteurs A. Freybourg, eines geborenen Hiddenseers, im Jahre 1883 festgestellt worden, ebenso ein kleiner Teil der dranschließenden nordwärts gehenden Ostmauer. In der Südostecke der Klostermauern war ein zweites Portal: etwa 20 m schräg nach innen, also gegenüber der Glasveranda des Hotels Hitthim, doch im Gutsgarten, 8 m vom Wege, stand eine kleine quadratische Kapelle (Grundfläche etwa 6 × 6 m). Etwas westlich vom Hotel Hitthim innerhalb der Mauern, vom erhaltenen Klostertor 30—45 m östlich, scheint eine Kirche und 9—10 m südöstlich vom Tor ein Brunnen oder ein Pförtnerhäuschen gestanden zu haben. Reste von diesen Bauten wurden 1883 ebenfalls bloßgelegt. Ein 2,30 m langer behauener Abflußstein des Südostportals liegt beim Brunnen des Gutshofes. Die Klosterschmiede soll an der Stelle des älteren Pfarrhauses gelegen haben, also im heutigen Pfarrgarten bei der alten Linde und dem alten Nußbaum. Zu Anfang des 18. Jahrhunderts sah man an der Klostermauer noch die eingefallenen Zellen der Mönche. Die Namen von 19 Aebten sind uns bekannt. Hoogeweg teilt uns sogar 23 Namen mit. Beim Neubau des **Hotels Hitthim** (1909/10) wurde an der Stelle, wo jetzt die Hotelküche ist und es nach dem Keller geht, an der Ostwand ein **unterirdischer Gang** aus der Klosterzeit entdeckt und bloßgelegt, aus Feldsteinen sauber gemauert. Er führte in der Richtung auf den Schwedenhagen. Ob es ein Kloakengang oder ein geheimer Ausgang zum Entfliehen, vielleicht zu Wasser, war, das hat man leider nicht festzustellen versucht. Die Maurer haben damals den Gang auch wieder schnell zugemauert, um in der Arbeit nicht aufgehalten zu werden.

Ueber die Klostermauer schrieb der Hiddenseer Pastor Kirchner 1833 eine Bemerkung nieder, die so lautet:
„Die Mauer am Binnenwasser unterhalb Kloster, welche in einigen Nachrichten über Hiddensee eine Klosterruine genannt wird, ist von dem Kammerrat Giese (✝ 1780) zur Einschließung seines Hofs aufgeführt worden."
Diese Bemerkung scheint sich aber doch mehr auf die Mauern zu beziehen, die den Weg vom Klostertor zum Gutshof links und rechts einfriedigen, als auf die 95 m lange Mauer, nördlich und südlich des Tores, die tüchtig massiv gemauert ist, zum Teil mit den alten Ziegelsteinen großen Formats aus der Klosterzeit. Sie schließt in Wirklichkeit den Gutshof auch gar nicht ein und scheint zu hoch und kostspielig für einen Gutszaun. Das alte Gutshaus lag damals beim Eingang zum Gutsgarten, angelehnt an die große Scheune.

„Daß auch zu Hiddensee einige **Monumenta Literaria** gewesen, ist wohl vermutlich, doch beklagt man nicht unbillig, daß man von dergleichen Schriften, wie sie beschaffen und wo sie geblieben, keine weitere Nachricht bekommen." (Wackenroder). — Beim Brande des Klosters von 1389 wurde, wie aus alten Urkunden (bei Hoogeweg) hervorgeht, das Klosterarchiv in einer Kiste oder Truhe gerettet. Die Siegel der Stiftungsurkunde wurden damals jedoch beschädigt. Um 1424, so erfahren wir, wurden Bücher, die das Kloster ausgeliehen hatte, von einem gewissen Nikolaus Frauendorf widerrechtlich nicht zurückgegeben.

Bei einer Revision von 1428 rügte der Abt von Neukamp die geringe Andacht der Hiddenseer Mönche und ihren Silben verschluckenden Gesang. Auch das Gebot des Schweigens an den vorgeschriebenen Orten wurde bei Strafe mit Wasser und Brot neu eingeschärft, die Armut empfohlen und der Einlaß von Frauen in das Klostergebäude unter allen Umständen untersagt.

Das Vorhandensein einer Klosterbücherei ist urkundlich nachweisbar.

Ueber die **Klosterschätze** und deren Verbleib haben sich frühzeitig vielerlei Legenden gebildet, deren tatsächlicher Kern sich nicht feststellen läßt. Es wurde erzählt, es seien im Kloster Gold- und Silber- geräte vergraben worden, und bisweilen seien ver- kleidete fremde Mönche gekommen, diese Stelle zu besich- tigen. Nach einer andern Erzählung wären die Schätze in einem alten Steinhügelgrab (Hünengrab) verborgen, doch 1538 von zwei Mönchen hervorgeholt und nach Roeskilde gebracht worden, wo viele Hiddenseer Mönche ein Unterkommen fanden. Nach einer dritten Lesung sollen im Berge Aschkoben (Askawen) am Bergwaldweg, der ja einem Hünengrab ähnelt, eine goldene Wiege und 12 goldene Apostel vergraben sein. Ein Verzeichnis der vergrabenen Schätze liege in Rom und nur die Geistlichen wüßten die Stelle. An diesen Legenden könnte immerhin auch was Wahres daran sein. Der sagenhafte Schatz des Priamus von Troja ist ja auch schließlich von Schliemann durch Ausgrabung gefunden worden.

Ob die Mönche vor Aufhebung des Klosters ihre Schätze rechtzeitig in Sicherheit brachten oder ob man ihren Reichtum sehr übertrieb, weiß man nicht. Doch bei einer Inventaraufnahme auf Befehl des pommerschen Herzogs im Jahre 1525 zeigte sich, daß es damit doch nicht sehr von Weitem her war. Sie wurden nach Wolgast in die herzogliche Residenz gebracht. Näheres kann man in Hoogewegs Geschichte des Klosters Hiddensee nach- lesen.

Daß der Hiddenseer Goldschmuck, dessen kreuzförmige Grundformen als christliche Symbole er- scheinen, aus dem Besitz des Klosters stammen könnte, haben manche wohl vermuten wollen. Die seltsame Geschichte seines Fundes will freilich diese Vermutung nicht gerade unterstützen. Aber vielleicht ist das der Fall bei dem goldenen Armring, den der Strandvogt Joh. Schluck am 24. Juni 1888 beim Steinezangen hinter der Hucke an der Nordwestseite des Dornbuschs in 5—6 m Wassertiefe fand. 682 Gramm schwer, mit Delphinköpfen an den Enden, als nordischer Schmuck des 8. Jahrhunderts angesprochen, wurde er vom Berliner Völkermuseum für 3000 M. erworben. Die Behaup- tung im Buche (1919) Ettenburgs, daß dieser Armring gestohlen und durch eine Nachahmung ersetzt worden sei, wurde mir beim Nachforschen nicht bestätigt.

Auf einem Riff nach Möen zu sollen Hiddenseer Fischer ferner vor längerer Zeit ein Kästchen mit Goldstangen gefunden haben.

Die Hiddenseer Klosterzeit ist auch schon Gegenstand poetischer Erzählungen gewesen. Solche sind: „Das geheimnisvolle Meß-Buch" von Thoms vom Sunde (1840) und, wie schon erwähnt, „Der Hiddenseer Goldschmuck" von Konr. Maß (1902 und 1924).

Die Mönche selbst scheinen ebenfalls manche **Legenden** verbreitet zu haben, vermutlich auch die von der Entstehung der Insel Hiddensee. Danach kam in alten Zeiten eines Abends ein Mönch und Missionar nach Hiddensee in ein Fischerdorf (Vitte) und bat in einer Hütte um Aufnahme, wurde aber von der Eigentümerin („**Mutter Hidden**"; später Vidden) schroff abgewiesen. Bei der armen Nachbarin dagegen fand er gastliche Herberge. Am andern Morgen dankte er dafür und schied mit den Worten: „Gold und Silber hab ich nicht; allein dein erstes Geschäft an diesem Tage soll dir gesegnet sein!" Ihr erstes Geschäft bestand aber darin, daß sie selbstbereitetes Leinenzeug vermaß. Und das Messen sowie das Zeug nahm kein Ende, bis das ganze Haus voll war. Als der Mönch später einmal wiederkehrte, da nahm ihn diesmal jene hartherzige Frau, da die Nachbarin von ihm erzählt hatte, besser auf. Er schied wieder mit demselben Segen. Sie aber wollte nun klug sein und ihr Spargeld zu zählen beginnen, in der Hoffnung, daß es sich endlos vermehre. Doch vorher wollte sie noch schnell einmal „austreten", um ungestört zählen zu können. Doch die Segensformel erwies sich schon bei diesem „ersten Geschäft" so wirksam, daß die Flut kein Ende nahm und das Land so überschwemmte, daß Hiddensee von Rügen ganz abgetrennt wurde. Nach Wackenroders Meinung hing das Eiland früher wirklich mit Rügen durch ein kleines, flaches, leicht zu durchwatendes Wasser zusammen und wurde erst durch die ungeheure Sturmflut (1309) „zu einer völligen Insel". An einigen Plätzen habe man auch noch unlängst durchreiten können. Das ist schon glaubhaft, da das Wasser bei der Fährinsel meist sehr flach ist.

Auch die Sage von der **weißen Frau** spielt auf Hiddensee. Nach Edmund Höfer hängt die Legende von einem **Hexentanz** in gewissen Nächten auf den Bergen des Dornbuschs mit der Gudrunsage zusammen. Einen Hexenberg und Hexengrund gibt es ja da, am Bergwaldweg, gegenüber dem Aschkoben.

C. Hiddensee nach der Klosterzeit (seit 1536).

Nach der Aufhebung des Klosters wurde darin ein herzoglich pommersches Rentamt zur Verwaltung der bisherigen Klostergüter, jetzt fürstlichen Kammergüter, eingesetzt, auch ein Amtshaus erbaut, das Herzog Philipp I.

ötter besuchte, um sich hier „zu divertiren". Zugleich
wurde ein lutherischer Prediger bestallt, der einer der
bekehrten Mönche gewesen sein soll und ebenso wie sein
Nachfolger „ohne Liebste" im Coelibat lebte und auf dem
fürstl. Amtshause speiste. Seit 1570 verwaltete das herzogliche Domänen-Rentamt zu Bergen, mit dem das Hiddenseer Rentamt verschmolzen wurde, auch die früheren
Klostergüter. Die gewesene Nikolaus-Abtei vereinsamte.
Um 1585 wohnten auf dem „Kloster-Hoff" nur zwei
„Holländer", der Krüger und der Pfarrer. Die Gebäude
sollen auch bereits baufällig geworden sein.

Herzog Philipp Julius von Pommern-Wolgast verpfändete 1608 die Insel auf 20 Jahre (bis 1628)
an seinen Rentmeister Joachim v. Scheele. Der letzte
Pommernherzog Bogislaw XIV. trat sie 1629 ganz an
seine Schwester Anna, die Witwe des Herzogs Ernst
v. Croy und Areschott († 1620) ab. Der 30 jährige Krieg
zog nun auch Hiddensee in Mitleidenschaft. Als Wallenstein Stralsund belagerte (1628), besetzte der Kaiserliche Oberst Götze Rügen und beobachtete von dort
aus das kleine Eiland. Denn in Hiddensee hatten die
Dänen Fuß gefaßt und auf der Fährinsel eine
Schanze aufgeworfen und mit einer Batterie versehen,
um die gegenüber liegende Schanze der Kaiserlichen auf
Rügen zu bekämpfen und ihnen die Durchfahrt durch
das enge Fahrwasser unmöglich zu machen. 1630, ein
halbes Jahr nach dem Abzug der Dänen, bemächtigte
sich der schwedische Oberst und Kommandant von Stralsund, Alexander Lesle, Hiddensees. Die Kaiserlichen
Soldaten hatten in diesen 3 Jahren die Wälder Rügens
furchtbar verwüstet. Auch in Hiddensee hat Wallenstein die Wälder wegbrennen und abschlagen lassen,
um den Dänen das Brenn- und Bauholz zu entziehen. Die
Dänen ihrerseits hatten vorher auch zahllose Bäume
abschlagen lassen. Sie sollen auch hauptsächlich das
Hiddenseer Kloster zerstört haben. Die Steinreste wurden
zum Bau des Klosterhofs und der Gutsgebäude verwandt.

1648—1815, die schwedische Herrschaft.

1637 starb das Pommersche Herzogshaus aus. Nach
kurzem Interregnum in den Kriegswirren kam **Hiddensee**
mit Rügen und Vorpommern dann **1648 an Schweden**
und blieb **schwedisch bis 1815.** Im Nordischen Kriege
errichteten die Schweden 2 Schanzen bei Hiddensee:
eine auf der Fährinsel und eine gegenüber bei Seehof.
1715 halfen die Hiddenseer ihrem König Karl XII. durch
Aufeisen des Fahrwassers, aus Stralsund zu entkommen.

Der Sohn der Anna v. Croy, Herzog Ernst Bogislaw
v. Croy, verkaufte das Eiland schließlich im Jahre

142

1657 an den Stralsunder Ratsherrn und Kaufmann Berend v. Wolfradt († 1660), dem sein Sohn Berend († 1693), dann dessen Sohn Berend Christoph († 1742) und endlich dessen Tochter Brigitta Helene († 1766) folgten. 1693 von der schwedischen Krone als ehemaliges Domanialgut in Anspruch genommen, wurde Hiddensee 1728 schließlich als erbfreies Allodialgut (lehnsfreies Privatgut) anerkannt. Der Mann der Brigitte Helene v. Wolfradt, Major Matthias v. Loos, verpachtete die Insel (im Vertrage „Hiddensee" geschrieben) für die Zeit von 1723 bis 1754, und seine Erben verkauften sie im Juni 1753 an den schwedischen Kammerrat und Kaufmann Joachim Ulrich v. Giese zu Stralsund († 1780). Dessen Sohn, Hauptmann Thuro Joachim v. Giese übernahm im Mai 1786 das Gut (die Insel) käuflich von der Mutter für **36 000 Reichstaler** mit 267 Untertanen (Leibeigenen) in Vitte und 32 untertänigen Segelknechten in Vitte, Grieben und Plogshagen. Die Giesesche Zeit soll im Ganzen eine glückliche Zeit für die Einwohner gewesen sein, die mit großer Liebe an der Kammerrätin, ihrer „guten Mutter", hingen und als sie die Insel verkaufen wollte, sich freiwillig zu höheren Abgaben erboten, wenn sie nur da bliebe. Der unternehmende Kammerrat v. Giese hatte um 1750 vom Dr. Weigel in Stralsund ein Gutachten über den Hiddenseer Ton erbeten, der als vorzügliche Walkererde erkannt wurde, und ließ ihn nun planmäßig abbauen — etwa beim Eselsteig, so erzählt man — schlemmen und nach Stralsund verschiffen. Dort errichtete er 1757 in der Tribseerstraße (jetzt Nr. 24) mit einem Kapital von 50 000 Talern eine große **Fayence-Fabrik,** die mit Unterbrechungen bis 1792 in Betrieb war und die sog. **Hiddenseer Porzellane** anfertigte, Tafelgeschirre, Kacheln und dergl. Waren etwa nach Delfter Art. Sie eroberten sich schnell einen großen Markt in Norddeutschland und im Auslande. Doch nach Gieses Tode (1780) ergaben sich finanzielle Schwierigkeiten, und schließlich ging die Fabrik wieder ein. Die Stücke sind heute selten geworden. Im Stralsunder Provinzialmuseum im Rathaus war ein ganzes Zimmer mit ihnen gefüllt, und in der Lietzenburg zu Kloster besteht ein Ofen aus alten Hiddenseer Kacheln. Ebenso ein Ofen in einem Privathause in der Barther Straße zu Stralsund.

Die Giese'schen Erben verkauften Hiddensee im Jahre 1800 für **54 000 Rtlr.** an den Hauptmann Fr. Wilh. Ludw. v. Bagewitz (zu Ralow; † 1835). Nach seinem Tode fiel die Insel dann durch Kaufvertrag vom 19. März

1836 für **68 000 Rtlr.** an das **Kloster zum Heiligen Geist in Stralsund,** ein Besitztum der Stadt.

Die Leibeigenschaft war in Rügen vom schwedischen Könige Gustav Adolph mit allen Frohndiensten schon im Jahre 1806 aufgehoben worden. In Hiddensee auch bald darauf, von 1810 ab.

Seit 1815: Hiddensee preußisch.

Seit **1815 war Hiddensee übrigens mit Rügen und Neu-Vorpommern preußisch** geworden, nach 167 j ä h r i g e r s c h w e d i s c h' e r H e r r s c h a f t. Unter dem Stralsunder Heilgeistkloster erwarben die Einwohner von Vitte im Jahre 1859 endlich Häuser und eigenes Land in Hiddensee. Erst 1911 war alles abgezahlt worden. In Neuendorf und Plogshagen gab es (nach Grümbke, Indigena) um 1805 nur freie Leute und in Grieben schon einige Vollbauern. Die Leute der Süderdörfern erwarben aber nur ihre Hausgrundstücke und bloß sehr wenig Weideland, nicht aber das Dorfgelände.

1870 am 17. August fand bei **Hiddensee** ein **Seegefecht** statt. Der kleine deutsche Aviso „G r i l l e" unter Kapitän Graf Waldersee, von Rügen kommend, lockte 7 französische Panzerschiffe und zwei Kanonenboote durch Angriffe und Plänkeleien in die Gewässer Hiddensees, wo beim Wittower Posthause im Libben deutsche Kanonenboote lagen, die den überlegenen Feind nun 2 Stunden lang angriffen, mehrere Treffer hatten, doch selbst unbeschädigt blieben. Am Abend aber mußten sie sich schließlich in die Bucht von Hiddensee zurückziehen, da sie ungepanzert waren. Die Einwohner von Kloster und Grieben dagegen standen damals mit Sensen und Aexten bewaffnet auf dem Dornbusch, bereit, auf diese Weise das Vaterland zu verteidigen.

Am 12./13. November 1872 verheerte die ungewöhnlich g r o ß e S t u r m f l u t Rügen und Hiddensen, welches durch den Fund des „H i d d e n s e e r G o l d s c h m u c k s" (vgl. Neuendorf!) bald berühmt wurde und 1878 neue Ufer-Schutzwälle erhielt.

Eine neue Blüte scheint der Insel beschieden zu sein durch die Verkehrsentwickelung mit Hilfe der Dampferlinien, die etwa seit 1885 (Stralsund—Breege) und 1892 (Wiek—Kloster—Stralsund) hier zu fahren begannen und seit 1905 besonders rege geworden waren, sodaß die Dampfer dreimal täglich die Insel anfuhren. Die Kriegszeit und Nachkriegszeit hat die Dampferverbindungen jedoch vermindert. Hiddensee ist aber längst im Begriff, nicht nur ein bekannter, sondern bald vielleicht ein weltbekannter Insel-Badeort zu werden, so wie

Helgoland, Capri und mehrere Nordseeinseln. Die Gewähr dafür liegt in seinen außergewöhnlichen natürlichen Reizen und seiner überraschenden Schönheit, die wohl ihresgleichen sucht. Die alte Klosterherrlichkeit ist dahin. Die patriarchalische Zeit der Gieseschen Fayenceindustrie ebenfalls. Ein neues Zeitalter hat für Hiddensee begonnen: das Zeitalter des Verkehrs und der Badeortentwickelung.

---

17. Der Name der Insel:
Hiddensee oder Hiddensoe?

Seit Jahrhunderten hatte sich der Name H i d d e n - s e e auf der Insel selbst, auf Rügen, in Pommern und in ganz Deutschland — bis zu G o e t h e in Weimar — durchgesetzt und war der allgemein übliche, außeramtlich beim Volk und amtlich auf den Meßtisch- und Generalstabskarten, in den Kataster- und Grundbuchämtern, bei der Post und Telegraphie, im Reichskursbuch, in der Schiffahrt, in den Geschichts- und Geographiebüchern usw. Nur einige Eigenbrödler und Reiseführerschreiber versuchten an ihm zu rütteln, weil sie der Meinung waren, Ortsnamen müßten auch mit der L o g i k in Einklang gebracht werden. Zwar nicht andere Ortsnamen, aber doch der Name dieser Insel. Prof. Dr. A. H a a s (Stettin), der 1896 die beste und gründlichste Studie über das Eiland („Die Insel Hiddensee", Stralsund) veröffentlicht hatte und diese alte Schreibweise (Hiddensee) immer beibehielt, sagte erläuternd dabei:

„Der Name der Insel lautet bei uns jetzt d u r c h g e h e n d s Hiddensee; da man aber ein S t ü c k L a n d natürlich nicht als „S e e" bezeichnen kann (?), so wird erklärt, der Name hätte ursprünglich Hiddens-Oe oder -Oie gelautet."

F. W. S e g e b r e c h t, welcher 1912 ein Buch „Die Insel Hiddensoe" herausgab, bemerkte zur Sache, auch an der Logik anstoßnehmend:

„Diese sinnwidrige Schreibweise (w i e k a n n m a n e i n e I n s e l „S e e" n e n n e n!) hatte sich im Laufe der letzten Jahrhunderte gebildet, war jedoch keineswegs die seit 600 Jahren allein gebräuchliche, wie von anderer Seite behauptet wird." (Das richtet sich vermutlich gegen meinen Aufsatz in der Stralsundischen Zeitung „Hiddensee oder Hiddensoe? Deutsch oder dänisch?"; 1912, Nr. 189, 190, 192, 195).

Auch an amtlichen Stellen hat man anscheinend an der scheinbaren U n l o g i k dieses Inselnamens etwas auszusetzen gehabt, im Gegensatz zu den I n s e l - b e w o h n e r n selbst, die es doch am meisten anging.

Ohne diese zu befragen, ohne die Besitzer der Insel zu hören, anscheinend auch ohne die Kreis- und Provinzialvertretungen dabei heranzuziehen, erging von der Regierung zu Stralsund unterm 19. Oktober 1911 plötzlich die überraschende Bekanntmachung (in No. 43 des Amtsblattes der Regierung):

„Im Einverständnis mit dem Herrn Minister des Innern wird die Schreibweise des Namens der zum Kreise Rügen gehörigen Insel „**Hiddensoe**" als die im amtlichen Verkehr maßgebende festgesetzt."

Eine Begründung für diese Neuerung wurde nicht mitgeteilt. Ihr geistiger Urheber wurde nicht genannt. Ein zwingender Anlaß war nicht zu erkennen. Der staatspolitische Grundsatz des „Quieta non movere!" wurde durchbrochen.

Die schon damals sich lebhafter regenden Natur- und Heimatschutzbestrebungen, die sich nach einem Erlaß des zuständigen Ministers auch auf überlieferte alte volkstümliche Flurnamen und Bezeichnungen von Oertlichkeiten erstrecken sollten, fanden in diesem Vorgehen keine Unterstützung. Die Hiddenseer sahen plötzlich den Namen des Landes ihrer Väter umgetauft, und hätten doch recht gern hier ein bischen Selbstbestimmungsrecht ausgeübt.

Besonders bedenklich war es, daß jener Erlaß nichts über die Aussprache des amtlichen Namens hinzufügte. Daß eine amtliche Bekanntmachung auch der amtlichen Rechtschreibung Rechnung trägt, sollte man wohl annehmen dürfen. Hier scheint das aber nicht der Fall zu sein. In den Regeln der deutschen Rechtschreibung, herausgegeben vom preußischen Unterrichtsministerium (1902) heißt es in § 1, Anmerkung 2, daß die Umlaute ä, ö usw. so, und nicht a e oder o e (groß geschrieben: Ä u. Ö, nicht Ae oder Oe!) zu schreiben sind. Man wird Hiddensoe hiernach also nicht Hiddens-ö, sondern Hiddenso-ë aussprechen müssen. Oder man wird dies o e als lateinische, nicht als deutsche amtliche Rechtschreibung ansprechen.

Wie eine amtliche Namengebung stets mit einer großen Autorität verknüpft ist, so wirkte dieser Erlaß auch hier. In Segebrechts Buch wurde gläubig vorausgesetzt, daß er gewiß erst „nach reiflicher Erwägung" ergangen sei. Und folgerichtig hielt Segebrecht sich auch an die Regeln der Rechtschreibung, und statt „Hiddenseer" schreibt er stets „Hidden**soer**". Das kann man natürlich nur entweder „Hidden**so-er**" oder, wenn man sich an die Regeln nicht kehrt, „Hidden**sör**" aussprechen. Aber es kommt noch eins hinzu. In

67. Steilküste am Dornbuschhochland.
Phot. J. Simonsen, Oldenburg i. Holstein.

68. Leuchturm „Dornbusch" in Hiddensee.

69. Swantewitschlucht und Tietenufer.

der amtlichen Benennung „Hiddensoe" findet sich ein Schluß-s, ein scharfes s. Dieses s allein hat der Namensänderung den beabsichtigten Sinn gegeben, nämlich auszudrücken, daß es eine Insel, aber kein See sein soll. Nun heißt im Dänischen das Wort Ö bekanntlich in der Tat Insel. Ebenso Öe (nicht Oe!) Da in den skandinavischen Sprachen der Artikel am Schluß angehängt wird, so heißt „die Insel" — Öen. Öie (nicht Oie!) heißt „Auge". Das Auge — Öiet. — Die Wörter „Oehe" oder „Öhe" und „Oje" oder „Oie" sind schon nicht mehr dänisch, sind vom deutschen Sprachgeist entstellte Abänderungen der gleichen dänischen Wörter; sind, sozusagen, schon Lehnwörter. Oe allein ist aber weder dänisch noch deutsch.

Ein anderes dänisches Wort ist sö (das s wird in den skandinavischen Sprachen stets scharf gesprochen). Sö heißt See (der u. die See; Meer, auch Welle). Söen = die oder der See. Hiddensö kann im Dänischen also sowohl Hidden-see wie Hiddens-ö (Hiddens-Insel) heißen. Wenn wir aber deutsch „Hiddensö" (Hiddensoe) mit einem langen weichen S schreiben und -sö sprechen, und dann etwa meinen, wir drückten durch das ö die Insel aus, so ist das irrig. Denn Sö heißt eben auch im Dänischen See, nur wird es scharf ausgesprochen. Meinen wir aber Hiddens-ö, so müssen wir das s wenigstens scharf sprechen und es in deutschen Buchstaben als Schluß-s schreiben.

Diese Dinge wurden bisher eigentlich immer unterschiedslos in einen Topf geworfen. Auch von einigen Gelehrten, die ebenfalls zu den Namenkritikern gehörten und meinten, „eigentlich" müsse es nicht Hidden-see sondern Hidden-sö (oder Hiddensöe) heißen. Und das neue amtliche „Hiddensoe" geht leider fast in alle jungen Doktorschriften und Badeprospekte und Reiseführer über; das Wort Hiddensoer ist auch alle Augenblicke zu treffen. Früher schrieb man, von manchen tüchtig gelehrten Ö-Anhängern abgesehen, recht einheitlich überall „Hiddensee" und „Hiddenseer". Jetzt aber ist allgemein eine furchtbare Verwirrung eingerissen, und alle möglichen Schreibweisen werden durcheinander gemischt. Wenn es schon eine Stillosigkeit ist, das Hochdeutsche mit deutschem Platt zu vermengen, z. B. in dem Vers des Hiddenseer Einsiedlers

„Dort wohne ich einsam am Vitter Strand
Als der Einsiedler vom „söten Land"!

so ist es noch stilloser, einem deutschen Namen eine dänisch sein sollende Endsilbe anzuhängen, obwohl es in beiden Fällen germanische Worte sind. Aber sie wirken doch wie ein Fremdkörper.

Bei dem dänischen Geschichtsschreiber S a x o G r a m - m a t i c u s (1150—1216), dem Verfasser der Gesta Danorum (bis 1184), der Schreiber des Bischofs Absalon war und mit diesem die Eroberungszüge gegen die Wenden in Rügen mitmachte, wird uns die Insel Hiddensee geschichtlich zuerst erwähnt als **insula Hithini,** auch **Hithinsö** und **Hythis** (Acc. Hythin und Hythim). In seinen ersten 9 Büchern schildert Saxo nun die Vorzeit auf Grund heimischer Sagen und die Geschichte vom sagenhaften K ö n i g H i t h i n (in einzelnen Ausgabe auch Höthinus und Aithinus genannt), der in der Edda H e d i n und im G u d r u n l i e d Hettel heißt. Hithin fiel angeblich mit seinem Gegner Högin in der Schlacht bei Hiddensee, das nach ihm H i t h i n s ö benannt wurde. In der j ü n g e r n E d d a ist der Schauplatz der entsprechenden Sage aber bei den O r k n e y i n s e l n und im G u d r u n l i e d e auf dem W ü l p e n s a n d e oder Wülpenwerth bei der S c h e l d e m ü n d u n g, wo eine Bucht in der Nähe H e y d e n s e e heißt. Saxo und die dänische Flotte lagen wiederholt vor „**Hithinsö**" (insula Hythini), das in der Knytlinga Saga **Hedinsey** genannt wird und wo ein Friedensschluß stattfand. Auch vor der Eroberung Arkonas wurde erst noch auf Hiddensee gelandet.

Hithinsö und Hiddensee oder Hiddensoe sind sprachlich jedoch nicht dasselbe. Warum will man denn aber nur auf das ö oder oe zurückgehn und nicht auch auf den ganzen alten dänischen Namen der Insel?

Man sagt, eine I n s e l, ein S t ü c k L a n d ist doch k e i n S e e. Das soll wohl der Grund sein für die Aenderung des Namens. Aber seit wann wären dann die alten Ortsnamen durchweg logisch aufgebaut? Eine Insel ist kein See. Gewiß! A b e r e i n S e e o d e r e i n M e e r e s t e i l ist a u c h k e i n L a n d und k e i n e I n s e l, a u c h k e i n e S t a d t. Eine benachbarte Stadt heißt aber S t r a l s u n d. S u n d ist ein M e e r e s t e i l. eine Meerenge (auf dänisch). Ist dieser Name nun etwa logischer als Hiddensee? Wenn Ortschaften auf dem Lande den Namen eines Sees oder Meeresteils tragen, warum soll dann eine Insel nicht auch den Namen nach einer See oder einem See- und Meeresteil führen? Solcher Ortschaften gibt es viele, z. B. W e i ß e n s e e b. Berlin, B l a n k e n s e e i. d. M., W i t t e n s e e b. Rendsburg usw.

Sollen wir an den Namen der beiden Inseln im Chiemsee in Bayern, **Herrenchiemsee** u. **Frauenchiemsee,** auch Anstoß nehmen und sie ändern? Soll die Insel S v a r t - s j ö" (sprich Swartschö, d. h. Schwarzsee) im Mälarsee in Schweden auch der Aenderung empfohlen werden?

Ist die S c h a b e auf Wittow etwa logisch zu erklären, da dort doch nichts geschabt wird? Das Wort stammt vom Slavischen skoba und bedeutet Klammer. Hat S t u b b e n k a m m e r einen verständlichen Sinn? Es soll vom Wendischen Stupen = Stufe und Kamen = Stein, Felsen, herkommen.

Daß Hiddensö, Hiddensoe, Hyddensoe und andere Bezeichnungen in Urkunden des Mittelalters vorkommen, auch Hiddenze, Hilderseh usw., das ist bekannt. Die Rechtschreibung jener Zeit ließ sich weiten Spielraum. Nicht blos y und i, e und ee u. dgl. wechselten einander ab, es ging oft noch viel weiter.

Aber wir dürfen nicht vergessen, d a ß n u r d e r N a m e H i d d e n s e e es war, der sich allgemein d u r c h s e t z t e. Nicht erst im letzten Jahrhundert, sondern schon in der Klosterzeit. Die Aebte und der Konvent des Klosters, welche mit der ganzen Insel und den Rügenschen Fürsten von 1296 bis 1325 politisch der d ä n i s c h e n O b e r h o h e i t unterstanden, waren in g e i s t l i c h e r H i n s i c h t d e m B i s c h o f v o n R o s - k i l d e (Seeland) unterstellt, der wohl Anlaß gehabt hätte, den Insel- und Klosternamen in dänischer Form vorzuschreiben, wenn genügender Grund dafür vorlag; das war aber offenbar nicht der Fall. Das runde S i e - g e l d e s K l o s t e r k o n v e n t s ist uns noch an einer Urkunde erhalten und zeigt die Inschrift:

Sigillum conventus de Hiddense.

Aber auch die Aebte hatten ihre eigenen Siegel. Das erhaltene Siegel des Abtes Johannes vom Jahre 1483 weist die Umschrift auf:

Sigillum Johannis Abbatis . . . **Hyddensee.**

In der soeben erschienenen, auf Grund vieler hundert Urkunden sehr sorgsam bearbeiteten „G e s c h i c h t e d e s K l o s t e r s H i d d e n s e e" v o n G e h e i m r a t D r. H. H o o g e w e g (Stettin, Saunier, 1924) kann man das Nähere darüber nachlesen.

Aber auch schon in der S t i f t u n g s u r k u n d e d e s K l o s t e r s vom 13. April 1296, die noch im Archiv zu Stettin vorhanden ist, ist der Name Hiddensee 7 mal zu lesen, wenn auch mit einem y und nur einem e am Ende geschrieben. „Donavismas totam insulam H i d d e n - s e e" usw. heißt es da.

Späterhin, namentlich seitens der Pastoren, wurde auch die Form „H i d d e n s e h e" oder „H i d d e n s e è" gebracht. Urkunden über „Kirchenvisitationen" von 1585 in der Pfarre zu Kloster enthalten die Schreibart „H i d d e n s e ë" und „H i d d e n s e e"; 1664 auch „H i d - d e n s e h e"; 1684 u. 1689 „H i d d e n s e e", auch wohl „H i d d e n s é e", wie ja die Einheimischen die letzte Silbe stets betonen, im Gegensatz zu Fremden.

Die späteren Besitzer der Insel schreiben in ihren Geschäftspapieren und Vertragsurkunden von 1751, 1753, 1754, 1786 usw. stets „H i d d e n - s e e"; auch das ee mit Akzenten kommt vor.

Eine schwedische Karte von Olof Spaak (zu Grundsteuerzwecken) vom Jahre 1695 schreibt den Namen: ön (Insel) H e d d e n s e e (nicht Hiddensö). Preußen übernahm die Insel von Schweden (um 1815) als H i d d e n s e e. Das Stralsunder Kloster zum Heiligen Geist kaufte sie 1836 als „Hiddensée" und schrieb seitdem in Tausenden von Aktenstücken stets Hiddensee, ebenso wie alle Zeitungen Stralsunds, Pommerns, Deutschlands.

Aber auch wohlbekannte pommersche Geschichtsschreiber und andere gelehrte Forscher schrieben schon seit Jahrhunderten „H i d d e n s e e". So Th. Kanzow († 1542), v. Eickstedt († 1600), Cramer (1628). Micraelius (1629), E. H. Wackenroder (1730) der sehr gründliche und gelehrte Prof. A. G. Schwartz (1745), Dähnert (1756), Steinbrück (Gesch. der Klöster in Pommern, 1796), v. d. Lancken (1819); ferner die Schriftsteller oder Dichter Kosegarten (1794), Nernst (1800), K. Lappe (1818). Furchau (1830), Meinhold (1830), ebenso auch G o e t h e u. W. v. H u m b o l d t (1796). Der bedeutendste Kenner Rügens, J. G r ü m b k e („Indigena", 1805) sagt ausdrücklich: „H i d d e n s e e, so schreibe ich diesen Namen, weil hier im Lande a l l g e m e i n s o g e s c h r i e b e n und g e s p r o c h e n wird."

Der hochangesehene Geschichtsschreiber Pommerns O. F o c k (1861), aus Rügen gebürtig, der gute Kenner des Eilands A. F r e y b o u r g, ein geborener Hiddenseer, und der erwähnte G e h e i m r a t H o o g e w e g in seiner Geschichte des Klosters, sie alle haben dem Eiland seinen längst eingebürgerten alten Namen Hiddensee unversehrt gelassen.

Daß es einzelne tüchtige Gelehrte und Schriftsteller gab, die den üblichen Namen auf eigene Hand abänderten, der eine so, der andere so, ist nicht zu bestreiten. So schrieb z. B. E. Boll (Insel Rügen, 1858) „Hiddensöe"; R. Baier (Ins. Rügen 1886) und O. Wendler (Rüg. 1906) „Hiddensoe". M. Isra̅l (Hans. Gesch.blätter 1896) „Hiddensoie". Die Verwirrung ist nun gerade groß genug.

Und warum alle diese Aenderungen? Weil eine Insel kein See, kein Wasser ist. Darum also ö oder oe.

Aber **ö** ist nach Ergründung der Sprachforscher ursprünglich dasselbe wie im Deutschen **Au**, ein wasserdurchflossenes oder wasserumflossenes Land, auch eine Flußinsel, Insel (daher Mainau, Ufenau).

Au geht aber sprachlich auf das althochdeutsche **ouwa** zurück, was nach W e y g a n d „Wasser, Strom, Wasserland" bedeutet.

Doch **ouwa** hängt nach den Forschungen der berühmten Gebrüder Grimm „deutlich zusammen" mit **aha** (= F l u ß im Althochdeutschen) — wie z. B. in Kurland und Livland zwei Flüsse den Namen Aa führen — **aha**, gothisch **ahva**, lateinisch **aqua** (Wasser).

Somit wird also den Freunden des ö oder oe ihre Insel, ihr Land, das sie damit zu retten glaubten, schließlich doch wieder zu Wasser. Hiddensö und Hiddensoe oder Hiddensoe fallen sich an ihrem Ursprunge wieder sanft in die Arme.

Der Name H i d d e n s e e war bisher aber der einzige, der volkstümlich geworden und sich durchgesetzt hatte, amtlich und nichtamtlich, und damit auch der einzig berechtigte.

Woher der Name sich herleitet und wie er in allerältesten Zeiten gelautet hat, das wissen wir nicht.

Grümbke (1805) hat ganz recht, wenn er, an ein bestimmtes Beispiel in Rügen (Stubbenkammer) anknüpfend, sagt:

„Wer kann überhaupt den wahren Ursprung einer Benennung ausmitteln, die sich in längst entflohene Jahrhunderte verliert, wo alle Geschichte schweigt? Vielleicht ist jede dieser etymologischen Satzungen gleich falsch, und der Name kann ganz unabsichtlich, ich meine, ohne daß eine besondere Deutung damit verbunden werden sollte, entstanden sein, wie denn bekanntlich ein Gegenstand seine Benennung oft durch einen unerheblichen Zufall empfängt" Und Prof. Haas schrieb noch neulich („Unser Pommerland", 1921, Heft 6) sehr richtig: „Wenn der Volksmund den Namen Hithinsö zu Hiddensee umgewandelt hat, so haben wir diese nun schon seit mehr als 600 Jahren gebrauchte Namensform als Prägung des Volksmundes zu ehren und bei zu behalten."

18. Ausflüge in die Umgegend Hiddensees.

(Vgl. Karte Nr. 1 u. 7—10.)

Es gibt eine ganze Anzahl mehr oder weniger sehenswerter Punkte und Orte in der Umgegend der Insel, besonders auf dem benachbarten Rügen, die man teils mit den Dampfern (von Kloster oder Vitte oder von der Fährinsel aus), teils mit Segelbooten erreichen kann. Für 1924 sind die früheren Dampferverbindungen Kloster—Wiek, Kloster—Schaprode—Neuendorf nicht vorgesehen. Vielleicht werden sie jedoch wiederkommen. Doch bei der Fährinsel kann man sich ein- und ausbooten lassen und dann vielerlei Ziele erreichen.

1. **Schaprode** (322 Einw.) (vgl. Kap. 4), früher ¾ Std. m. d. Dampfer v. Kloster; oder von Hiddensee b. d. Fährinsel übersetzen und dann zu Fuß erreichbar. Von da nicht weit nach d. Insel U m m a n z, Hauptort W a a s e.

2. **Wiek**, Kirchdorf v. 1018 Einw. (Gasthöfe: Rasmus; Schütt), auch Badeort, mit Kleinbahn (am Hafen); Dampfer von da nach Schaprode und Stralsund. Von Wiek nach Dorf Dranske (85 Einwohner), kl. Badeort an der interessanten nur etwa 30—40 m breiten Landenge (m. Steindamm), die ihn mit der Halbinsel B u g (gr. Kiefernwald) verbindet. Von Wiek auch nach dem B a k e n b e r g (28 m; 6—7 km), über Gramtitz; großer Kiefernwald; reiner steinfreier Sandstrand. Ferner nach A l t e n k i r c h e n (3½ km. v. Wiek; 545 Einw.), der Pfarre Kosegartens, der hier begraben liegt. Von Wiek auch nach Ostseebad B r e e g e u. Juliusruh (etwa 4—4½ km).

3. **Breege**, Dorf (am Binnenwasser) und Badeort (am Außenstrand), 509 Einwohner; 1912: 2144 Badegäste, 1923: 1200. („Kurhaus u. Strand-Hotel"; „Hotel am Meer"; „Stephanis-Hotel"; „Hotel Ostsee"-Breege; „Lockenvitz Gasthof"). Bei Breege alter gr. Park **„Juliusruhe"** mit gleichnamigem Seebad (695 Badegäste). Nach Breege mit dem Dampfer, b. d. Fährinsel einbooten.

Unterwegs dahin W i t t o w e r F ä h r e (Kleinbahnstation), beliebtes Seegelbootziel, mit Gasthaus; ferner V i e r e g g e (Dorf; 149 Einwohner), Dampferstation, Ausgangspunkt zum Besuch des lohnenden 43 m hohen Berges **Hochhilgor** (der „nicht genug zu preisende Hochhilgord" sagt Fr. v. Schönholz, 1837), einst von Friedrich Wilhelm IV. besucht.

Von Breege über Altenkirchen oder auf dem Wege am Außenmeer nach dem Fischerdorf V i t t (Gasthaus von Ewert) (76 Einw., mit Arkona), in romantischer Talschlucht, mit einer Kapelle auf der

Höhe, von Kosegarten gebaut, der hier die berühmten **U f e r -
p r e d i g t e n** hielt, bei gutem Wetter unter freiem Himmel, sonst in
der Kapelle.

Von da nach **Arkona**, Rügens Nordspitze (46 m hoch), mit der von
Rasenwällen eingefaßten **J a r o m a r s b u r g** der Wenden, 1168 von
den Dänen erobert; neuer **L e u c h t t u r m** (32 m hoch; Spitze 75 m
ü. M.); Aussicht! Dampferverbindung nach Lohne, Stubbenkammer,
Saßnitz usw.

Unweit das **Dorf Puttgarten** (155 Einw.; ,,Borgwardts Gasthof"),
8½ km von Altenkirchen. Von **B r e e g e** nach **Lietzow** (Bahnstation
für Saßnitz u. Bergen); ,,Heidtmanns Gasthof"; Bad; Aussicht!

4. **Wittower Posthaus** (am Südende des **B u g** ; daneben die kleine Insel
N e u - B e s s i n , Seevögel!), beliebter Segelbootausflug; Lotsenstation (kein Gasthaus) und einige Häuser. 102 Einw.

5. Im Sommer gingen früher meist ein- bis zweimal auch Extradampfer
nach den Bädern **Zingst** (1923: 2500 Badegäste) und **Prerow** (9000
Badegäste).

6. Segelbootausflug nach **Barhöft** (Lotsenstation), gegenüber der Südspitze
Hidensees.

7. Früher auch gelegentliche Extradampferfahrt (ein- bis zweimal im
Sommer) nach der romantischen dänischen **I n s e l Möen** (53 km
v. Dornbusch), mit Kreidefelsen und Buchenwald, bis zu 143 m hoch.
M ö e n s K l i n t (unweit Liselund), einer der schönsten Punkte Däne-
marks. Vorläufig werden solche Fahrten wohl kaum gemacht werden.

70. Die Dünenheide bei Vitte. 1913
Nach einem Gemälde von C. H. Vockeradt (Berlin-Charlottenburg).

Literatur=Verzeichnis.

Ältere Literatur:

Saxo Grammaticus (1150–1216) Gesta Danorum.

Saxo Grammaticus, Historia danica. Deutsch von H. Jantzen. Berlin 1900.

Gottfr. Wilh. Becker (pseudonym erschienen). Der Ausflug nach der Ostsee oder Die Fahrt nach Rügen. Leipz. 1838.

Joh. Jak. Grümbke, (ps. Indigena), Streifzüge durch das Rügenland. Altona 1805.

Joh. Jak. Grümbke, Geogr. statist. hist. Darstellungen von der Insel und dem Fürstenthum Rügen. 2 Teile. Berlin 1819.

Thomas Kantzow, Pomerania. Aus dessen Handschrift. Herausgegeben von H. G. L. Kosegarten. 2 Bde. Greifswald 1816/17.

Thomas Kantzow, Chronik von Pommern in niederdeutscher Mundart. Herausgegeben von W. Böhmer. Stettin 1835.

Eilhard Lubinus, Karte von Pommern. Mit ornament. Beiwerk und reich. Bilderschmuck. 1618.

Fr. W. Meinhold, Miniaturbilder von Rügen und Usedom. Greifswald 1830.

Karl Nernst, Wanderungen auf Rügen. Herausg. v. L. Kosegarten. 1800.

R. Schneider, Der Reisegesellschafter durch Rügen. Berlin 1823.

Fr. v. Sch. (Schönholz), Rügen. Ein Reisehandbuch. 1837.

A. G. Schwartz, Kurtze Einleitg. zur Geographie der Norder=Teutschlandes slaw. Nation. Greifswald 1745.

Steinbrück, Geschichte der Klöster in Pommen. 1796.

E. H. Wackenroder, Altes und neues Rügen. Stralsund 1730.

J. T. Zöllner, Reise durch Pommern nach der Insel Rügen. Berlin 1797.

Neuere Literatur:

Bänsch, Die Sturmflut vom 12/13. Novbr. 1872 an den Ostseeküsten des Preuß. Staates. (Zeitschrift für Bauwesen 25. Jahrg.). Berlin 1875.

Beiträge zur Naturdenkmalpflege auf Hiddensöe. Herausg. v. Dr. F. Schepp. Berlin 1913.

Bilder von unserem Schutzgebiet Hiddensöe. Herausg. v. Stuttg. Bund für Vogelschutz. 1915.

Ernst Boll, Geognosie der deutschen Ostseeländer. Neubrandenburg 1846.

E. Boll, Die Insel Rügen. Reiseerinnerungen. Schwerin 1858.

J. Elbert, Die Landverluste an den Küsten Rügens und Hiddensees, ihre Ursachen und ihre Verhinderung. (X. Jahrbuch der geogr. Ges. Greifswald). Greifswald 1907.

J. Elbert, Die Standfestigkeit des Leuchtturms auf Hiddensee. Gutachten, Greifswald 1907.

Alex Ettenburg, Die Insel Hiddensee das Ostseebad der Zukunft. Ein Informationsbüchlein. Bergen 1912.

O. Fock, Rügensch=Pommersche Geschichten. Leipzig 1861/72.

A. Freybourg, Hiddensee. Gesammelte Notizen über die Insel und die Grundherrschaft. (Als Manuskript gedruckt). Berlin 1889.

A. Günther, Die Dislokationen auf Hiddensee. Dissertation. Berlin 1891.

A. Haas, Die Insel Hiddensee. Stralsund 1896.

Michael Haltenberger, Über Art und Umfang des Landverlustes und Landzuwachses auf Hiddensoe bei Rügen. Dissertation. Budapest 1911.

„Hiddensee" (Sonderheft der Zeitschrift Unser Pommerland). Stettin 1921.

„Hiddensee" Ein Heimatbuch. Herausg. von Ernst Garduhn. Stettin 1924.

Hoogeweg, Geschichte des Klosters Hiddensee. (Sonderdruck aus dem Werk Stifter und Klöster der Provinz Pommern). Stettin 1924.

Prof. **E. Hübner,** Avifauna von Vorpommern. Leipzig 1908.

Prof. **E. Hübner,** Naturdenkmäler und Naturschutz auf Hiddensee. 1911.

Max Israel, Die Insel „Hiddensoie" und das Cisterzienserkloster daselbst. Vortrag. (Hansische Geschichtsblätter Jahrg. 1893). Leipzig 1894.

Felix Krause, Hiddensee. (Sonderdruck aus Westermanns illustr. Monats‌heften). Braunschweig 1907.

Natur‌ und Kulturdenkmäler der Insel Rügen. Heft 1 und Folge. Bergen, W. Krohß.

E. Wilh. Schmidt, Landverlust und Landgewinn auf Hiddensoe b. Rügen. (Neues Jahrbuch für Mineralogie etc., Beilagebd. 29). Stuttgart 1910.

Fr. Wilh. Seegebrecht, Die Insel Hiddensoe. Selbstverlag. Liegnitz 1912.

Sonderhefte des Naturschutzbundes Hiddensee. Heft 1, 2, 3. 1914/15.

J. W. Stolz, Die Flora von Hiddensee. Niesky O.‌L. 1913.

P. F. Weckmann‌Wittenburg, Ornitholog.‌photograph. Naturstudien. Bielefeld 1922.

Martin Wehrmann, Geschichte von Pommern. 2 Bde. Gotha 1904/1906.

Frz. v. Wendrin, Die Entdeckung des Paradieses. Braunschweig 1924.

Dichterische Literatur:

Borgwardt, „Regenwetter". Gedichte. Berlin 1901.

E. Büchsel, Kinderspiel auf Hiddensee. Ein Bilderbuch für große und kleine Leute mit Versen. Von H. Görcke. München 1909.

Elisabeth, Elisabeth's Abenteuer in Rügen. Roman. Übersetzt aus dem Englischen von Hedwig Jahn.

A. Ettenburg, Savantiwits Fall. Einakter. Stralsund 1900.

Hiddé, Die Fee des „söten Lännekens". Wolgast.

H. Findeisen, Hiddensee‌Märchen mit Zeichnungen. Greifswald 1924.

H. Fraude, Bilder von der Insel Hiddensoe. Putbus 1913.

R. Fuchs, „Strandgut". Gedichte. Leipzig—Altenburg 1890.

E. F. Furchau, „Die Insel Rügen 12 Gedichte" Stralsund 1830. „Arkona". Berlin 1828.

A. Haas, Pommersche Wassersagen. Greifswald 1922.

A. Haas, Rügensche Sagen und Märchen. Stettin 1903.

O. Hanstein, Blinkfeuer von Hiddensee. Roman. Berlin 1924.

G. Hartmann, Tiere der Insel. Novelle. Mit Zeichnungen. Dresden 1923.

Gerhart Hauptmann, Gabriel Schillings Flucht. Drama. Berlin 1912.

Gerhart Hauptmann, Schluck und Jau. Spiel zu Scherz und Schimpf. Berlin 1900.

Heimatkalender für den Kreis Rügen. Seit 1907. Bergen. W. Krohß. (Viele Jahrgänge auch mit Beiträgen über Hiddensee).

Ludwig Th. Kosegarten, Die Inselfahrt, eine ländliche Dichtung. Berlin 1804.

Ludwig Th. Kosegarten, Gesänge. Stralsund 1776. Gedichte. Leipzig 1788. „Rhapsodien". Leipzig 1790/94. 1801.

E. Philipp Lange, (ps. Ph. Galen). Der Strandvogt von Jasmund. Roman. Leipzig 1859.

Karl G. Lappe, Sämtliche poetische Werke. Rostock 1836.

Henni Lehmann, Es singt das Meer. Sonette. Weimar 1922.

Konrad Maß, Der Goldschmuck von Hiddensee. Erzählung. Stettin 1902 und 1924.

Konrad Maß, Zum Licht. Roman. 1910.

Theodor Mügge, Der Vogt von Hiddensee. (Erschien im Almanach ,,Roswitha'' 1844).

W. Schulte v. Brühl, Der Hammer Thors. Weltbrandgeschichten. Berlin 1917.

F. Sommer, Ein wunderliches Eiland. (Betrifft die Insel O e h e b. Schaprode). Leipzig 1914.

Clara v. Sydow, Einsamkeiten. Roman. München 1912.

Thoms vom Sunde, Das geheimnisvolle Meßbuch. 1840.

Otto Vogel, ,,Rügen''. Liederkranz. Greifswald 1887.

Adolf Wilbrandt, Hiddensee. Roman. Stuttgart 1911.

E. v. Wolzogen, Was Onkel Oskar mit seiner Schwiegermutter in Amerika passierte. Berlin 1904.

Vollständiges Häuser- u. Wohnungsverzeichnis.

(Adreßbuch der Insel Hiddensee.)

Man beachte hierzu die Ortspläne und Karten mit den Hausnummern.

Das nachstehende Verzeichnis enthält **sämtliche Wohnhäuser der Insel Hiddensee** nach dem Stande vom Juni 1924. Es bringt die **Namen der Besitzer** oder Inhaber oder Bewohner in allen 5 Badeorten, soweit sie zu ermitteln waren. Die rechtliche Feststellung des Besitzes bleibt dadurch unberührt. Manche Häuser sind nicht Eigentum des tatsächlichen Inhabers.

An der Hand der **Ortspläne** und deren **Hausnummern** kann sich jeder Leser schon aus der Ferne ein Bild über die Lage jedes einzelnen Hauses machen.

Die Nummern in **Neuendorf** gehen ziemlich nach der Reihe. In **Vitte** nur zum Teil, da es Nummern der Grundstücke sind. Mehrere Häuser ohne Grundstücksnummern sind auf dem Plan und in dem Verzeichnis erst mit Nummern versehen worden. In **Kloster** haben die Grundstücke und Häuser amtliche Nummern überhaupt nicht. Die Nummern des Verzeichnisses und des Ortsplans sind von mir erst eingerückt worden. Jedenfalls ist jedes Haus so leicht zu finden. In **Grieben** sind die alten Grundstücksnummern auf dem Plan wiedergegeben.

Das Verzeichnis ist nach einem gleichartigen Schema durchgeführt: **a)** die **Hausnummer, b)** (abgekürzt) die Art der **Bedachung** und das **Jahr der Erbauung, c) Vorname, Zuname,** Beruf und Titel des Besitzers oder Inhabers, **d)** die Zahl der vermietbaren **Fremdenzimmer** (einschließlich der Gasthöfe und Fremdenheime), **e)** die Zahl der **Betten,** der **Fremdenzimmer, f)** ob **Küchenbenutzung** möglich ist? **g)** Ob **Selbstkochen** im Zimmer (mit Spiritus oder Petroleum) erlaubt ist.

Dann auch **h)** ob ein **Ruderboot** oder **Seegelboot** da ist (nicht überall bemerkt), **i)** ob ein **Klavier** vorhanden. — **Wer nicht vermietet, bei dem ist nichts vermerkt, k)** auch **Fernsprechanschlüsse** (Amt Vitte) sind angegeben, **l)** bei den Häusern von **Sommerlandhausbesitzern,** die nur zeitweilig da sind, aber nicht zu vermieten pflegen, ist durch die vorgesetzte **Abkürzung Lh** (= Landhaus) hierauf hingewiesen worden.

Die Bedachungsart (Stroh, Pappe, Ziegel, Schindel, Schiefer) läßt auf die Art der Häuser mehr oder weniger schließen. In den Dörfern haben die älteren Fischerhäuser meist Strohdächer, die neueren Pappdächer. In Kloster sind die allermeisten Häuser neuen Datums. Manche haben farbig angestrichene Dächer aus Ruberoid-Pappe.

Viele Städter als Badegäste wohnen gern in traulichen einfachen Strohdach-Häusern der Fischer und genießen so als Abwechselung den Reiz patriarchalischer Wohnstätten.

Manche Häuser der Dörfer, sog. **Doppelhäuser,** haben 2 Besitzer; einer die eine Hälfte, der andere die andere. Daher oft gleiche Nummer, oder Nummern, dazu a und b usw.

Abkürzungen:

1. für die **Dächer:**   **St** = Stroh;   **P** = Pappe;   **Z** = Ziegel;   **Sch** = Schindel;   **Schi** = Schiefer;   **RP** = Ruberoidpappe.
2.   **Z** = **Zimmer** (Fremdenzimmer)
3.   **B** = **Betten** (in den Fremdenzimmern)
4.   **Kb** = **Küchenbenutzung** möglich? (sei es nun Allein- oder Mitbenutzung)
5.   **Sk** = **Selbstkochen** im Zimmer erlaubt? (mit Spiritus oder Petroleum)
6.   **Rb** = **Ruderboot** da;   **Sb** = **Segelboot** da.
7.   **(Lh)** = **Landhaus,** Sommerlandhaus.
8.   **(M)** = **Mieter** (Dauermieter) im Hause).

Neuendorf a. H.

(Vergl. Kapitel 7, Ortsplan Nr. 2.)

(Die Namen Schabernack, Plauderberg, Königsberg sind nicht amtliche, sondern nur volkstümliche Bezeichnungen einzelner Dorfteile.)

Nr.	Vermieter	Z.	B.	Kbn	Sk.
1	St 1872 **Max Gau,** Fischer	1	2	—	—
2	St 1874 **Ernst Gau,** Fisch.	1	2	—	—
3	St 1872 **Karl Hübner,** Fsch.	1	2	—	—
4	St 1873 **Karl Gottschalk,** Gemeindevorsteher	2	4	ja	—
5a	P 1890 **Emil Striesow,** Fischer	3	4	ja	—
5b	P 1886 **Paul Striesow,** Fischer	3	6	ja	—
7	St — **Karl Gottschalk,** Altsitzer	—	—	—	—
8	St 1878 **Herm. Gottschalk,** Fischer	3	5	ja	ja
9	St 1877 **Helmuth Striesow,** Fischer	3	6	ja	ja
Schule	Z — **Willi Gruhn,** Lehrer	1	2	—	ja
10	P 1901 **Alfred Freese.** Gastwirt ,,Gasthof am Meer" Tel. 14 (A. Vitte) Kl. Rb.	7	12	—	—
11	Z 1913 **Hugo Witt,** Kaufm. (Tel. —)	10	20	—	—
12	St 1870 **Robert Striesow,** Fischer	3	4	ja	ja
13	St — **Karl Seefeld,** Fischer	4	8	ja	—
14	St — **Karl Schluck,** Fischer	3	4	—	ja
14	St — **Karl Gau,** Fischer	1	2	—	ja
15	St — **Siegfried Wolter,** Fischer	2	4	ja	—
15	St — **Dr. Schönwald.** Rechtsanwalt, Dresden-A. Sachsenplatz 3	—	—	—	—
16	St 1876 **Otto Gottschalk,** Fischer	3	6	ja	ja
17	St 1877 **Karl Hübner,** Fisch.	2	4	ja	ja
18	St 1876 **Ewald Striesow,** Fischer	3	6	ja	ja
19	St 1872 **Paul Baier,** Fisch.	2	3	ja	ja
19	St 1872 **Karl Wolter,** Fisch.	2	4	ja	—
20	St 1870 **Malte Schluck,** Fischer	3	4	ja	—
21	St 1854 **Robert Wilken,** Fischer	2	4	ja	—
22	St — **Otto Beyer.** Fischer	3	7	ja	ja
23	St — **Karl Dau,** Fischer	2	4	ja	—
24	St — **Marie Gottschalk,** Witwe	1	2	—	—
25	Z. 1913 **Malte Schlieker,** Fischer	5	9	ja	—
26	St — **Joachim Kronemann** Fischer	4	6	ja	—
27	St — **Max Kasper,** Kaufm. Hamburg, Marie Luisenstraße 112	—	—	—	—
28a	St 1875 **Robert Tode,** Fischer	2	4	ja	—
28b	P 1886 **Paul Gau,** Fischer	3	5	ja	—
29	St 1876 **Theob. Gottschalk,** Fischer	1	2	—	ja
30	Z 1914 **Ernst Schluck,** Fischer	2	2	—	ja
31	St 1850 **Magnus Hütteberg** Fischer	1	2	—	ja
32	St 1850 **Robert Gau,** Fisch.	1	2	—	ja
33	St — **Karl Gottschalk,** Fischer	—	—	—	—
34	P 1889 **Paul Gau,** Fischer Ruderboot	1	2	ja	ja
35	St 1879 **Hugo Gottschalk,** Fischer	3	6	ja	—
36	St 1870 **Karl Hübner.** Fisch.	2	4	ja	—
37	Z 1881 **Willi Schlieker,** Fischer	3	4	—	—
38	Z 1919 **Paula Hütteberg,** Witwe	—	—	—	—

Plogshagen

(zur Gemeinde Neuendorf gehörig).

Nr.	Vermieter	Z.	B.	Kbn	Sk.
1	St 1872 **Johann Striesow.** Fischer	3	6	ja	—
2	St 1872 **Johann Schlieker,** Fischer	2	4	—	—
3	St 1872 **Julius Hübner,** Fischer	2	4	—	—
4	St 1873 **Paul Niemann,** Fischer	2	4	—	—
4	St 1873 **Paul Gottschalk,** Fischer	2	5	jaRb.	
5	Z 1880 **Marie Karsten.** Wtwe., Gastwirtschaft	1	2	—	—
6	P 1898 **Franz Niemann,** Fischer	3	5	—	—
7a	St — **Albert Gau,** Fischer	1	2	—	—
7b	St 1885 **Otto Gau.** Fisch.	—	—	—	—
8	St 1883 **Otto Gau.** Fischer	2	4	—	—
9	St 1886 **Malte Hütteberg.** Fischer	3	4	—	—
10	P 1890 **Malte Gottschalk.** Fischer	3	6	ja	—
11	Z 1858 **Karl Karsten.** Fisch.	3	5	—	—
12	St 1860 **Willi Thürke,** Fisch.	2	4	—	—
13	St 1860 **M. Schlieker,** Fisch.	2	4	—	—

Nr.	Vermieter	Z.	B.	Kbn	Sk.	Nr.	Vermieter	Z.	B.	Kbn	Sk.
13a	P — **Dünenwärterhaus** **Max Rubarth,** Dünenwärter	—	—	—	—	14	Z 1913 **„Süderhaus",Hubert Heinich,** Oberregisseur am Lessing-Theater, Berlin NW 40, Alexanderufer 1	—	—	—	—

Vitte

(Vgl. Kapitel 10 und Ortsplan Nr. 3)

(Auch hier einzelne Dorfteile mit volkstümlichen Sondernamen: Bucht, Peitersburg, Strat, Kiel, Wischberg (Wiesenberg) und „Loop". Die Hauptstraße ist die **Dorfstraße,** die ein **„Norderende"** und ein **„Süderende"** hat. Wo diese anfangen und endigen, darüber gehen die Ansichten auseinander. Die Hausnummern sind auf

Norderende der Dorfstraße (Westseite):

Nr.	Vermieter	Z.	B.	Kbn	Sk.	Nr.	Vermieter	Z.	B.	Kbn	Sk.
1	Z 1922/23 **Karl Dinse,** Maurer	4	7	—	—	12b	Z 1909 **Paul Schluck,** Fischer	5	7	ja	—
1a	Z 1923 Lh **Rich. Müller,** Kfm., Direktor, Berlin-Schöneberg, Frh. vom Steinstr. 21.	—	—	—	—	13	P 1883 **Ferd. Schluck,** Fischer	6	10	ja	—
1b	Z 1923/24 Lh **Karl Weidermann,** Kfm., Dir. Berlin-Grunewald	—	—	—	—		**Dorfstraße (Westseite)**				
2	St 1860 **Paul Thürke,** Fisch., Obm. d. Rettungsstation, Fernspr.	—	2	4	ja	14	Z 1904 **„Privatpensionat Waldemar Schwartz",** Müller- u. Bäckermstr.	10	18	—	—
3	St 1864 **Karl Schluck,** Fisch.	3	6	ja	—	15	Z 1850 **Ww. Sophie Kollwitz †**				
3a	Z 1911 Pension **„Haus Arndt",** Richard Arndt, Bauunternehm., Maurer	10	18	—	—	16	Z 1850 **Karl Kollwitz,** Fischer	1	2	ja	—
4	St 1874 **Nikol. Niemeyer,** akademisch. Kunstmaler, Berl.-Steglitz, Albrechtstraße 28	—	—	—	—	15a	Z 1922 **Emil Kollwitz,** Fischer	1	2	ja	—
						83	P 1898 **Heinrich Wolter,** Häusler	3	4	ja	—
5	St ? **Elisab. v. Blücher,** verw. Frau Oberstleutn., Berl.-Lichterfelde, Enzianstr. 1 (Tel. 4191)	4	5	usw. (Vermietg. nur im Ganzen)		18	Z 1880/1909 **Frommhold Hübner,** Fischer	2	5	ja	—
6	St Z 1874 **Ww. Frau Bertha Wendt**	—	—	—	—	19	Z 1830/1921 **Paul Hübner,** Fischer	3	6	ja	ja
6a	Z 1921 Lh **Fritz Bleiert,** Legationsr., Berl.-Steglitz, Humboldtstr. 24/26	—	—	—	—	74	P 1884 **Ewald Gau,** Fisch.	—	—	—	—
						20	St 1860 **Otto Timm,** Fisch.	2	3	ja	—
7	St 1874 **Wilh. Schaewel**	—	—	—	—	20a	St 1834 **Ww. Marie Gau**	1	2	—	—
8	St 1868 **Ernst Thürke,** Fischer	1	2	ja	—	82	P 1894 **Ernst Witt,** Fisch.	5	8	ja	—
9	St 1871 **Aug. Witt,** Fischer	2	4	—	—	22	C P 1886/1907 **„Hotel zur Ostsee".** Besitz. **Ernst Freese,** Fernspr. Nr. 3	18	40	—	Kl.
10	P 1914/1922 **Ferd. Bayer,** Fischer	3	5	ja	—	23	St 1864 **Otto Wolter,** Fsch.	—	—	—	—
10a	Z 1921 **Max Bayer,** Fisch.	—	—	—	—	77	Z 1908 **„Villa Seestern",** **Karl Witt.** Schuhm.-Meister u. Fleischbesch.	10	30	ja	—
11	St Z 1874/1908 **Ernst Gau,** Fischer	2	4	—	—		(**Post** u. **Fernsprechstelle** i. Hause)				
12	P 1880 **„Villa Antoinette"** Bernh. **Hoffmann,** Ob.-Regierungsrat, Breslau, Hohenzollernstr. 25 II	—	—	—	—	24	P 1899 **Paul Niemann,** Fischer	4	8	ja	—
						24a	Z 1913 **Ernst Ewert,** Fsch.	5	10	ja	—
						25	St 1875 **Fritz Ewert,** Fsch.	2	4	ja	—
						26	St 1820 **Ferdinand Timm,** Fischer	2	3	ja	—
						85	P 1905 **Karl Päper,** Schuhmachermeister	4	7	ja	—

27 D P Schi 1898 „Gasthof u. Restaur." Else Schluck. Ww. Emma Schluck, 16 25 — — Drogerieladen

27a Z 1914 Ferdinand Gau, Fischer 5 10 ja —

28 St 1875 Heinrich Strohmeyer — — — —

29 St 1875 Otto Hübner, Fischer 2 4 ja —

Süderende der Dorfstraße (Westseite)

29a Z 1914 „Haus Daheim", Paul Hübner, Fischer 5 10 ja —

30 St 1850 Hellmuth Witt, Fischer 1 1 ja —

31 — — Otto Strohmeier, Häusler 2 4 ja —

32 St — Ww. Maria Nehls 1 2 ja —

33 St 1820 Frau Alfred Ritscher, früh.FrauSusanne Löwenthal, Hamburg, Moltkestr. 49a — — — —

34 St 1850 Bes. Joh. Beyer's Erben. Inh.Paul Hübner 1 1 — —

34a Z 1912 Wilhelm Beyer, Fischer 6 12 ja —

35 P 1900 Heinr. Gau,Fisch. 4 8 ja —

36 St 1860/1901 Franz Alfred Freih. v. Sommaruga, Kunsthdl., Berlin W.15, Kurfürstendamm 200 (T. Stpl. 14570) — — — —

37 P 1860/1901 Ernst Wolter, Fischer 2 4 ja —

38 St 1840 Wilhelm Hübner, Fischer 1 2 — —

39 St 1824 Wilh. Gau, Fisch. 1 2 ja —

39a Z 1919 Ferd. Sponholz, Bauunternehm. u. Maur. 2 4 — —

40 St 1854 Heinrich Wolter, Fischer — — — —

86 Z 1906 Haus „Meeresgruß", Herm. Kradel, Tischlermeister 5 10 — —

Dorfstraße (Ostseite)

14b (Nebenhaus zu Nr. 14a) St —? Frau Geheim-Rat Henni Lehmann, Wwe. Weimar, Lieselstr. 20 (Bilderausstellg.)

17 P 1904 Zollbeamtenhaus, Inh. Fritz Henck, Zollassistent 2 3 — ja

50a Z 1911 Walter Freese, Kaufm. (Lad.), Strandkörbe. Fernspr. Nr. 24 5 8 ? —

49a Z 1914 Nebengeb. z.Nr. 49

49 Z 1914 Joh. Schuhmacher 6 10 — —

75a Z 1910 KarlRhode, Bäckermeister, Fernspr. Nr. 22 5 10 ja —

75 P 1886/1909 Willi Kaiser, Kfm. (früh. Fritz Gau), Lad., Strandkb., Fernspr.Nr.23 8 18 ja —

47 Z 1912 Karl Witt, Fischer 4 8 ja —

48 P 1885 Robert Niemann, Fischer (M) Rich. Niemann, Friseur 3 10 ja —

46 P 1899 Heinr. Gau, Fisch. 4 9 ja —

45e Z 1908 „Privatpensionat" Heinrich Schluck, Gemeindevorsteher, Badeverwaltung, Geschäftsstelle der Genossensch.-Reederei Hiddensee 14 25 — —
Fernsprecher Nr. 13

45d Z 1914 Arzthaus der Gemeinde, Dr.med.Friedr. Laible, Badearzt (mit Hausapotheke) — — — —
Fernsprecher Nr. 6

45c Z 1909 Malte Krabbe, Bäckermeister 4 12 ja —

45a St 1824 Frau Geh.-Rat Muthesius, Berl.-Nikolassee — — — —

45 St 1880 Otto Niemann, Fischer 3 7 ja —

45b Z 1913 Robert Gau, Kapt. des Dampfers „Caprivi" 4 8 ja —

44 St 1877 Ferdinand Gau. Fischer, Fuhrgeschäft 2 3 ja —

Süderende der Dorfstraße (Ostseite)

43 St 1810 Elisab. Büttner, Malerin,Hamburg-Großborstel, Brückwiesenstraße 31

22 P 1895 Joh. Witt. Fisch. 2 5 ja —

42 Z 1910 Magnus Hübner, Schiffer 4 7 ja —

41 St 1840 Otto Hübner — — — —

84 — — — — — —

36b P 1899 Otto Niemann 3 6 ja —

Mittelstraße

14a Z 1907 Lh Frau Geheimrat Henni Lehmann. verw. Prof.-Gattin, Weimar, Lieselstr. 20 (dazu Nebenhaus 14 b) Bilderhalle — — — —

52 u. 53 siehe unter „Sprenge"

76 P 1884 Richard Hübner — — — —

55 Z 1875/;912 Ferdinand Wolter, Fischer 4 9 ja —

68 Z 1918 Robert Schluck, Fischer 2 5 ja —

80 P 1894 **Ewald Witt**, Fischer 3 6 ja ja
66 St 1872 **August Gau**, Fisch. 2 4 ja —
67 P 1879 **Theodor Niemann**, Tischlermeister 3 5 ja —

78a Z 1914 **Beamtenh. d.Post** (M) **Gustav Schulz**, Briefträger — — — —
(M) **Ernst Mibach**, Brftr. — — — —

78 P 1884 **Bernhard Hübner**, Fischer 3 6 ja ja
73 P 1894 **Friedchen Witt**, Witwe 3 5 ja ja
79 P 1887 **Malte Hübner**, Fisch. 3 5 ja —
65 F St Z 1860/1920 **Pension „Mühlenhof" Otto Baier** Kaufm., Fernspr. 20 15 24 — —
Dazu ein ausgebautes Nebenhaus

65a E St 19 0/1912 **Pension „Uns Hüsing" Fräulein Marie v. Trentorius** 15 24 — —
mit Nebenhaus

Heidestraße

65b St 1912 Lh **Frau Klein-D.polt**, Bln.-Nikolassee — — — —

Sprenge
(Straße am Binnenwasser)

14a (siehe Mittelstraße)
52 Z 1910 **Robert Hübner**, Fischer 2 4 ja —
53 Z 1910 **Fritz Schluck**, Häusler, Bootsvermieter 10 15 ja —
51a Z — Lh Dr. phil. **Felix Emmel**, Oberl.,(Fsp. 21) Studienrat, Berlin W 30, Nollendorfstr. 12 — — — —
54 St 1922 **Bruno Putbreese** 3 5 ja —
56 P 1900 **Joachim Gau**, Fisch. 4 8 ja —
71aP 1883 **Hermann Michaelis** Fischer 4 7 ja —
71b P 883 **Anna Schluck** Wwe. 1 2 ja —
58 St 1822 **Ferdinand Schluck** Fischer 1 2 — —
58a B Z 1905/1912 **Strandhotel Frau Amanda Sponholz** Fernsprecher 12 12 18 — Kl
59 St 1824 **Ferd. Niemann**, Fischer 1 2 ja —
60 St 1824 **Heinrich Gau** — — — —
61 P 1776 **Ernst Gau** 1 1 — —
81 P 1894 **August Gau**, Fisch. 2 3 ja —
62 A P 1895 **„Logierhaus zur Post"** Pension Fräulein **Margarete Nehls** Fernsprecher 17 14 24 — Kl

87 J P 1906/1919 **Privat-pensionat Else Hübner,** Gastwirtschaft, Laden, Fernsprecher Nr. 18 10 6 — —
63 (am Poststeig) St 1884 **Robert Hübner**, Fischer 3 4 ja —
64 Z 1907 **Otto Hübner**, Fisch. 5 9 ja —

Schulweg

50a (siehe Dorfstraße, Ostseite)
50 Z — **Gemeindeschulhaus**
1.Lehrer **Rich. Wrensch** — — — —
2.Lehrer **Heinr. Schöning** — — — —
70 St 1880 **Robert Schluck**, Fischer 2 4 ja —
55 (siehe Mittelstraße)
57 Z 1912 **Malte Schuhmacher** Fischer 5 9 — —
56 (siehe Sprenge)

Wallweg

53 (siehe Sprenge)

Heidestraße

65b (siehe Mittelstraße)

Vitter Dünenheide
(Kapitel 9 und Karte Nr. 7)

a P 1919 **Dünenhaus „Ursula" Carl Wothke**, Likörfabrik Stralsund Geschäft: Heilgeiststraße Wohnung: Seestraße — — — —
b Z 1913 **Dünenhaus „Ingeborg"** Dr. med. **Eduard Zirm** Olmütz in Mähren — — — —
c Z 1912 **Karl Groot**, Ober-Justizinspektor Kaulsdorf bei Berlin — — — —
d Z 1921 **„Dünenhof"** Bauern-gut, **Max Krüger**, 2 Nebengebäude, 6 Kühe, Fuhrwerk 4 8 — ja
e P 1921 **Kleines Blockhaus** am Strande **Karl Obermayer**, Ober-Justizsekretär, Berlin, Oldenburger Str. 8 und **Kurt Bentler**, Ober-Justizsekretär, Potsdam, Lennéstraße 19
f P 1860/1905 **„Gasthaus zur Heiderose" Paul Krüger** Fernsprecher 16 4 Kühe, Fuhrwerk 15 35 — —

Fährinsel
(zum Gutsbezirk Kloster gehörig)

Nr.	Vermieter	Z.	B.	Kbn	Sk.
1)	P 190l **Gastwirtschaft Marie Hübner**, Witwe (auch volle Pension) Fernspr. 2. 3 Kühe	4	8	—	—
2)	St 1750 **Altes Fährhaus**, Alter Fährmann Gau †1923	—	—	—	—
3)	Z 19 2 **Heinrich Gau**, Fährmann, 3 Kühe, Fuhrwerk	6	12	—	—

Kloster a. H.
(Kapitel 11 und Ortsplan Nr. 4)

Nr.	Vermieter	Z.	B.	Kbn	Sk.
a	Sch 1920 **„Strandhalle"** (a. dem Bollwerk), Erfrischungsr., Gepäckaufbewahrung, **Heinrich Gottschalk**	—	—	—	—
b	Z 1913 Nebenhäuschen dazu (früher, Verkaufsladen)	—	—	—	—
1	Schi 1897 Hauptgebäud. des Gutshof Kloster a. H. **Paul Wüstenberg**. Gutspächter, Amtsvorsteher von Hiddensee Fernsprecher Nr. 9				
1a	Z 1770/1850 **Nebenwohnhaus** (früh. sog. „Logierhaus für Gäste")				
1b	Z 1850 1. **Gutsarbeiterhaus**	sog. Katen			
1c	Z 1850 2. **Gutsarbeiterhaus**				
2	Z 1909/10 **„Hotel Hitthim"** (auf dem Plan: A), Frl. **Clara Häckermann** (Kl.) Fernsprecher Nr. 8	30	50	—	—
2a	Z 1840 **Das Schulhaus**, Heinr. Berg. Lehr. (Kl.) Fernsprecher Nr. 19	2	3	—	ja
3	Z 1861 **Johann Schluck**, Strandvogt	3	4	ja	—
4	Z 1875 Altes **Gasthaus z. Dornbusch**, Inh. **Paul Gau**				
5	Z 1912/13 **„Hotel z. Dornbusch"** (B), Paul Gau (Kl.), Fernspr. Nr. 7	35	60	—	—
6	RP 1904 Haus **„Meeresstille"**, **Emil Hirschfeld**, Ob.-Tel.-Assistent a. D., Sitz der Badeverwaltung (Kl.)	7	12	—	—
6a	Z 1909 **Villa „Elise"**, **Malte Schlleeker**	7	15	ja	—
7	P 1897 **„Pension z. Post"**, (D), **Alb. Matthias** (Kl.)	12	20	—	—
8	Z 1850 **Pfarrhaus.** Lic. Pastor **Arnold Gustavs** * Nur mit Beköstigung (Hausmannskost), (Kl.) Fernsprecher Nr. 11	3*	6	—	—
9	P 1904 **Sommerhäuschen** a. d. Strandhöhe. **Arved Jürgensohn**, Schriftst., Berlin-Friedenau, Sponholzstr. 38 (Anfr. schriftl.)	5	6	—	ja
9a	P 1905 Nebenhäuschen zu Nr. 9				
10	Z 1904 Lh Dr. med. **Hans Thalheim**, Arzt, Berlin W, Motzstr. 50 Tel. i. Berlin	50	—	—	
11	Z 1920 Lh Frl. **Martha Raeth**. Berl.-Charlottenburg, Tegeler Weg 25	—	—	—	
12	RP 1919 Lh **„Ditsuns"**, **Elisab. Schmidt**, Bankdirektorsgatt., Stralsund An den Bleichen 1a				
13	P 1919 Lh Dr. phil. **Hans Zwirnmann**, Ob.-Stud.-Rat, Stralsund, Mühlenstraße 23				
14	RP 19.9 Lh **Edwin Schümann**, Ratsherr, Baumschulenbesitzer, Stralsund, Bartherstr. 34				
15	Sch 1920 Lh **Georg Schuldt**, Dipl.-Ing., Werftbes., Stralsund, Werfstr. 11/12	—	—	—	—
16	Z 1904/05 Die **„Lietzenburg"**, Prof. **Max Kruse**, Bildh., Mitgl. d. Akad. d. Künste, Berlin W 15, Fasanenstr. 3 (Atelier) u. Kösen, Kukulauerstr. —				
17	Z 1912/13 Pension **„Haus am Meer"**, mit Nebenhäuschen (2 Kl.) Fernsprecher Nr. 10	20	45	—	—
18	Z 1914 **Wilhelm Mann**, Schmiedemstr. u. Techniker	8	10	ja	—

Nr.	Vermieter	Z.	B.	Kbn	Sk.
19	Z 1913 Haus „Seeblick", **Kasimir Frohstadt,** Gutsstatthalter	7	16	ja	–
20	Z 1921 **Franz Lamparski,** Waschanstalt	7	12	ja	–
21	Z 1922 **Heinrich Schluck,** Fischer	3	3	ja	–
22	Z 1914 **Adolf Dittmann,** Kaufmann (Hauptgesch. Strals., Heilgeiststr. 47)	8	20	ja?	–
	(M) **Karl Haertel,** Buchhändler(**„Sommerbuchhandl.,Bücherklause"**)				
22b	Z 1912 Pension „Landhaus Wieseneeck", Frl. **Elise Hirsekorn**	15	26	—	—
	Fernsprecher Nr. 5				
	Anbau Z 1921 „Klosterkaffee" Frau **Lina Hirsekorn**	—	—	—	—
	Fernsprecher Nr. 5				
23	Z 1913 Lh **Felix Dietrich,** Buchhändler, Oetzsch-Gautsch bei Leipzig	—	—	–	
24	Sch 1920 Lh **Georg Lüpnitz** (i.Fa.Voß & Schütz), Fabrik f. Holzbearbeit., Baumaterialien), Stralsund, Reiferbahn 12	—	—	—	—
25	Sch 1919 Lh **Otto Gebühr,** Schauspiel., Berlin W., Kurfürstenstr. 118 (Wichmannstr. 10)	—	—	—	—
26	Z 1919 Lh **„Haus Peggy",** Dr. phil. **Walter Reiß,** Verlagsbuchhdl., Berlin W 15, Duisburgerstr. 15	—	—	—	—
27	Sch 1920 Lh Frl. **Charlotte Kaufmann,** Pianist. u. Klavierlehrer., Charlottenbg., Bismarckstr.9	—	—	—	—
28	St 1924 Lh **Walt. Pingel,** Architekt (Innenarchitektur), Werkstätten: Berlin SW., Wilhelmstraße 132, 2. Hof	—	—	—	–

Grieben a. H.

Kapitel 12 und Ortsplan Nr. 5, Karte Nr. 6

Hausnummern von Westen nach Osten aufgezählt.

Nr.	Vermieter	Z.	B.	Kbn	Sk.
16	St 1769 **Carl Timm,** Fisch. 2	5	ja?	Sb	
15	Abgebrannt Januar 1923 Neubau in Arbeit (1924) **Karl Tiedemann,** Gutsarb.	—	—	—	—
14	P 1897 **Paul Nehls,** Rittergutsbesitzer in Grossow auf Rügen				
	(M) **Götsch,** Maschinist auf Dampfer „Caprivi"				
	(M) **Tiedemann, Sodemann**				
13	P 1913 **„Logierhaus Hiddensee",** Restauration, Gartenlokal, Witwe **Gustel Kollwitz** Pension, öff.Fernspr.	6	14	—	Kl
12	St 1757 Nebenhaus dazu früh. Ettenburgs schwedische Bauernschenke	—	—	–	
11	St 1863 (Doppelhaus) **Malte Gottschalk** (Sb.) 2	4	ja	ja	
	Johann Schluck				
10	P 1863 **Jakob Thürke**	4	8	ja?	ja
	Ruderboot, Segelboot				
9	P 1893 **Ferdinand Striesow,** Altrentner, Fischer				
8	St 1893 **Malte Schumacher** 2	3	ja	–	
7	St 1874 **August Gau** 1	2	ja	–	
5	St 1735 **Joh. Schuhmacher** 1	2	ja	–	
4	St 1771 **Paul Gottschalk,** Fischer 2	4	—	ja	
	Ruderboot, Segelboot				
3	St 1801 **Ferdinand Gau,** Fischer	—	—	—	–

Bergwald und Leuchtturm

(Kapitel 13, Karte Nr. 6)

Vermieter	Z.	B.	Kbn	Sk.
Z 1911 **Bergwaldhotel „Zum Klausner"**	11	20	—	—
mit 2 kl. Nebenhäusern (Blockh.) **kleiner Klaus und Erika**	6	10	—	—
Frau **Lina Hirsekorn,** Wwe. Fernsprecher Nr. 4				
Z 1887/8 **Leuchtturmwärterhaus** (3 Wohnungen) Fernsprecher (amtlich)				
a) **Lau,** Oberleuchtfeuerwärter				
b) **Berthold,** Leuchtfeuerwärter				
c) **Wulf,** „ „ „				
Gelegentl. Unterkunft, wenn Raum frei.				

Fernsprechanschlüsse auf Hiddensee
(Amt Vitte)
Alphabetisch nach Ortschaften und Namen

a) Fährinsel bei Hiddensee und **Seehof** (Rügen)
Fährhaus
Seehof, Gutsbes. Mahnke } Nr. 2

b) Grieben a. H.
Frau G. Kollwitz,
Logier- und Gasthaus Hiddensee
öffentliche Fernsprechstelle

c) Kloster a. H. mit Dornbusch
H. Berg, Lehrer, 2. Vors. der Genossenschaftsreed. Hiddensee (Sitz Vitte) Nr. 19
A. Dittmann, Feinkost-Hdlg. Nr. 25
P. Gau, Hotel zum Dornbusch Nr. 7
Lic. **A. Gustavs,** Pastor Nr. 11
Frl. **Cl. Häckermann, Hotel Hitthim** Nr. 8
Hirsekorn, Frl. und Frau Pension **Landh. Wieseneck** und **Klosterkaffee** Nr. 5
„Zum Klausner" Bergwaldhotel, Frau L. Hirsekorn Nr. 4
Leuchtturm und Wärterhaus dazu (amtlich)
A. Matthias, Pension **zur Post**
Frau **J. v. Sydow,** Pension „Haus am Meer" Nr. 10
P. Wüstenberg, Gutspächter und Amtsvorsteher Nr. 9

d) Neuendorf-Plogshagen a. H.
A. Freese, Gasthof am Meer Nr. 14
Oeffentl. Fernsprechstelle Posthilfsstelle (Haus Nr. 4)
Konr. Witt, Kaufmann

e) Vitte a. H. (mit Dünenheide)
O. Baier, Pension **Mühlenhof** Nr. 20
Dr. F. Emmel Nr. 21
E. Freese, Hotel z. Ostsee Nr. 3
W. Freese, Kaufmann Nr. 24
W. Kaiser (in Firma Fritz Gau) Kaufmann Nr. 23
Frau **E. Hübner,** Pension Nr. 18
P. Krüger, Gasthaus zur Heiderose Nr. 16
Dr. med. **F. Laible,** Badearzt (9—11) Nr. 6
Frl. **M. Nehls, Logierhaus zur Post** Nr. 17
Postamt Vitte, öffentliche Fernsprechstelle
C. Rohde, Bäckerei Nr. 22
H. Schluck, Pension Gemeindevorsteher, Genossenschaftsreederei, Badeverwaltung Nr. 13
Frau **A. Sponholz, Strandhotel** Nr. 12
P. Thürke, Obmann der Rettungsstation
C. Wothke, Dünenhaus „Ursula" Nr. 15

Dampfer „Caprivi" pflegt beim Landen in Stralsund auch gleich Fernsprechverbindung für das Dampfertelephon herzustellen.

Heimatmuseum der Insel Hiddensee
& Atelierraum

April bis Oktober 10.00 bis 16.00 Uhr

Heimatmuseum
Kirchweg 01
18565 Kloster
Tel. 03 83 00/3 63
Fax 03 83 00/6 42 25

Insel Information Hiddensee GmbH

Tourist Information - Kurverwaltung - Heimatmuseum - Leuchtturm

Norderende 162 · 18565 Vitte

Tel. 03 83 00/6 42 26/27/28 · Fax 03 83 00/6 42 25

100 Meter ü.N.N.
Der Hiddenseer Leuchtturm

April bis Oktober 10.30 Uhr bis 16.00 Uhr

Insel Information Hiddensee GmbH
Norderende 162 · 18565 Vitte
Tel. 03 83 00/6 42 26/27/28 · Fax 03 83 00/6 42 25

Gerhart Hauptmann besuchte Hiddensee 1885 zum ersten Mal. In seinem Sommerhaus, in dem er von 1930 bis 1943 lebte, können die Wohn- und Arbeitsräume des Dichters im Originalzustand besichtigt werden.

April bis Oktober   10 bis 17 Uhr
November bis März   11 bis 15 Uhr
Kein Schließtag!

Hauptmann- und Hiddenseeliteratur, Führungen und Abendveranstaltungen werden angeboten.

Gerhart-Hauptmann-Haus
Kirchweg, 18565 Kloster
Tel.: 038300/397

„Die Koralle"

Buchhandlung
Inh. Renate Seydel

**Die Buchhandlung auf der
Insel Hiddensee,
die Ihre Leserwünsche erfüllt.**

Eine breite Palette von Büchern informiert Sie über Geschichte und Gegenwart der Insel. Hervorzuheben sind die von der Eigentümerin Renate Seydel herausgegebenen Lesebücher über Hiddensee und Rügen sowie die Text-Bildbände „Rügen und Hiddensee aus der Luft" und „Hiddensee aus der Luft". Viele Titel vermitteln Wissenswertes über die Pflanzen- und Tierwelt, über Strand und Küste und den begehrten Bernstein.

In dem auf die Neuerscheinungen orientierten aktuellen Buchangebot finden sich alle Bestseller. Die führenden Taschenbuchverlage sind mit ihren wichtigsten Veröffentlichungen vertreten, so daß für spannende Lektüre im Urlaub gesorgt ist.

Ein umfangreiches Sortiment schönster Ansichtskarten bietet vielfältige Auswahlmöglichkeiten, Reiseführer und Wanderkarten informieren über die Insel.

Ein Bestellungs-Schnelldienst garantiert die möglichst umgehende Erfüllung spezieller Leserwünsche.

Es erübrigt sich also, Ihr Reisegepäck mit Büchern zu beschweren - Sie finden alles an Ort und Stelle in der „Koralle". Hier wird Wert gelegt auf individuelle Bedienung und das persönliche Gespräch. Autogrammwünsche werden gern erfüllt.

**Norderende 202 · 18565 Vitte/Hiddensee
Telefon 038300/218**

Damals
wie Hauptmann nach Hiddensee ...

Alleinige Verbindung

von **Stralsund** nach

Hiddensee, Vitte und Kloster

mit Post= und Salon=Dampfer „Caprivi"
Kapitän Gau

Fahrplan

15. Mai bis 15. September

Werktäglich:		Sonntags v. 15. Juni ab:	
ab Stralsd.	3.30 nachm.	ab Stralsd.	2.15 nachm.
ab Vitte	5.45		4.30 „
an Kloster	6.15		5.15 „
ab Kloster			7.30 vorm.
ab Vitte			15 „
an Stralsd.			„

Heute

mit den modernen Schiffen der

REEDEREI ⬛ HIDDENSEE

von den Häfen Stralsund, Schaprode, Wiek und Zingst
nach Hiddensee

Kloster auf Hiddensee
Hotel Hitthim

Ein Haus mit Tradition

„Hitthim" Hotel & Gaststätte
Hafenweg 8
18565 Kloster
Tel. 038300/2 08
Fax 038300/2 23

☞ **Direkt am Hafen** ☞ **Ganzjährig geöffnet** ☞ **Fordern Sie unseren Hausprospekt an**

WIESENECK

PENSION
RESTAURANT
CAFÉ

- Strandnähe

- mit Blick zum Bodden

- gegenüber „Gerhart-Hauptmann-Haus"

- für Seminare und Feiern bis 30 Personen

Kirchweg 18 · 18565 Kloster/Hiddensee
Tel. 038300/316 u. 68023 · Fax 68024

_____HOTEL_____
POST HIDDENSEE

Mitten auf der Insel Hiddensee, wo Ostseestrand und Bodden
zum Greifen nahe sind, liegt auf einem 8000 m² großen
Naturgrundstück unser 1995 fertiggestelltes
„Hotel Post Hiddensee".

Die Ausstattung der 12 exclusiven Appartements (ein-, zwei- und
dreiräumig, teilweise mit Dachgiebel-Zi., Größe 30 - 100 m²)
für 2-6 Personen genügt höchsten Ansprüchen:

Kamin, Südterasse, Loggia, Komfortküche, Bad, WC, Fön,
SAT-TV, Stereo, Telefon.

Die gemütliche Kamin-Lounge mit Bar und eigener
Sonnenterrasse mit Strandkörben, dient unseren Gästen als
Treffpunkt. Hauseigene Bäckerei, Café mit Frühstücksbuffet.

Fahrräder, Bibliothek, Video/CD-Auswahl sowie ein Samowar
stehen unseren Gästen frei zur Verfügung.
Sauna geplant ab Frühjahr 1997.

Hotel Post Hiddensee
Wiesenweg 26 · 18565 Vitte/Hiddensee
Telefon 038300/6430 · Fax 038300/643-33

Ev. Gemeindehaus

am Torbogen

Ferienwohnungen

Galerie/Ausstellung
mit Verkauf

Textildesign

Keramikwerkstatt
mit Kursangeboten

Infos unter:
Tel/Fax: 038300-328

Eisbär
Eis & mehr ...

Kugeleis, Milchreis,
rote Grütze
Fischerhemden
Seemannspullover
Mützen

in Vitte, Norderende 178 A
gegenüber der Blauen Scheune
Inhaber: Florian Hülsen, Tel. 03 83 00-2 45

30 brillante Postkarten aus der Region

Hiddensee

30 Postkarten · 30 Postcards · 30 Cartes Postales   Artcolor

Hiddensee in alten Ansichten

30 Postkarten · 30 Postcards · 30 Cartes Postales   Artcolor

Artcolor Verlag · Ostenallee 78 · D-59071 Hamm

30 brillante Postkarten aus der Region

30 Postkarten · 30 Postcards · 30 Cartes Postales   Artcolor

30 Postkarten · 30 Postcards · 30 Cartes Postales   Artcolor

Artcolor Verlag · Ostenallee 78 · D-59071 Hamm

30 brillante Postkarten aus der Region

30 Postkarten · 30 Postcards · 30 Cartes Postales   Artcolor

30 Postkarten · 30 Postcards · 30 Cartes Postales   Artcolor

Artcolor Verlag · Ostenallee 78 · D-59071 Hamm